경재선생 묘소 정면

경재선생 묘소 전경

경재선생 묘비(채제공 찬)

경재선생 묘비(심재완 역)

첨소재(경재선생 묘하재) 현판

경재선생 유촉비

경재선생 불천위사당

경절당(경재선생 종택) 입구

경절당 전경

경절당 현판

숭덕사(양산서원 묘우) 전경

숭덕사 현판

양산서원 전경

양산서원 읍청루

양산서원 강당

척서정

수산서당(원)

敬齋洪魯先生實紀

敬齋洪魯先生實紀

주관   부림홍씨 한밤문중
역편   홍우흠 · 홍원식
펴낸이   오정혜
펴낸곳   예문서원

인쇄 및 제책 주) 상지사 P&B

초판 1쇄   2016년 10월 31일

주   소   서울시 성북구 안암로 9길 13
출판등록   1993년 1월 7일 (제307-2010-51호)
전화번호   02-925-5913~4 / 팩시밀리   02-929-2285
Homepage   http://www.yemoon.com
E-mail   yemoonsw@empas.com

ISBN 978-89-7646-356-2   03990

YEMOONSEOWON 13, Anam-ro 9-gil, Seongbuk-Gu Seoul KOREA 136-074
Tel) 02-925-5913~4, Fax) 02-929-2285

값 40,000원

본 책은 홍원발(부림홍씨 26세) 주식회사 경동산기
대표이사의 성금으로 출판되었음.

敬齋洪魯先生實紀

홍우흠 · 홍원식 역편

예문서원

서문

홍로洪魯 선생은 자가 득지得之, 호는 경재敬齋이다. 선생은 1366
년(고려 공민왕 15) 경북 군위군 부계면 남산리 갓골마을(당시 경상도
善山府)에서 태어났으며, 1392년(고려 공양왕 4년, 조선 태조 즉위년)
문하사인門下舍人을 사직하고 낙향해 있던 중 스승 포은圃隱 정몽
주鄭夢周의 비보悲報를 접하고 27세를 일기로 자진순절自盡殉節하
였다. 선생이 순절하신 7월 17일 하루 전 고려가 망하고 조선이
건국되었다.

선생은 본관이 부림缶林으로, 시조는 고려 중엽 재상을 지낸
홍란洪鸞이며, 그는 부림홍씨 9세이다. 조부는 감무監務를 지낸
홍련洪漣이며, 조모는 문헌공文憲公 최충崔沖의 후손이다. 부는
진사 홍민구洪敏求로 자가 호고好古, 호가 죽헌竹軒이며, 익재益齋
이제현李齊賢, 우곡禹谷 정자후鄭子厚, 목은牧隱 이색李穡, 적성군赤城
君 우길생禹吉生 등과 교유하여 귀양歸養할 때 받은 증별시贈別詩
몇 수가 남아 있다.

선생은 동향 출신인 포은圃隱 정몽주鄭夢周의 문하에 출입하여
일찍이 포은이 팔공산八公山 동화사桐華寺에서 문하생과 지인 13명
과 소풍차 모임을 가졌을 때 참석하여 연구시聯句詩를 남겼고,

포은이 문하시중門下侍中으로 있을 때 단계를 밟지 않고 문하사인門下舍人의 자리에 올라 정치적 활동을 같이했으며, 관직을 버리고 낙향할 때도 서찰을 통해 서로 뜻을 같이하며 후일을 기약했다. 낙향 후에는 행적을 숨긴 채 중앙에서 돌아가는 정치적 상황에 귀 기울이고 있던 중 포은의 비보를 접하고서 크나큰 실의 속에 지내다 마침내 자진순절하였다.

선생의 행적이 정치적 혼란 속에 묻혀 있다 뒤늦게 알려지자 그의 충절을 기리는 문자가 쏟아져 나오고 향리에는 그를 제향하는 사묘와 서원이 연이어 세워졌다. 문자를 남긴 사람들 가운데 명유석학名儒碩學들이 즐비하며, 그들은 하나같이 선생을 포은 정몽주, 야은冶隱 길재吉再 등 삼은三隱의 반열에 놓고 있다.

선생은 젊은 나이에 세상을 떠났기 때문에 남긴 문자가 많지 않다. 앞에서 말한 유묵 2점과 「경재선생가훈시」(家訓), 「최이와 더불어 태극도설을 논하다」(與崔伊論太極圖說二首), 「고요 속의 읊조림」(靜中吟), 「품은 뜻을 읊음」(寫懷), 「귀향길 심경을 읊음」(歸田吟), 「사간 허조에게」(贈許司諫稠), 「우승 이지를 전송함」(送李丞輊)이 그 전부이다. 유묵 2점은 뒤늦게 발견되어 애석하기 그지없다. 그래도 정충精忠

의 혈흔으로 얼룩진 유시遺詩 몇 편을 고이 간직한 채 일치감치 행장行狀(1393)과 시집서詩集序(1400)를 받아 둔 것이 크나큰 다행이었다. 「행장」은 당시 사헌부감찰司憲府監察로 있던 피자휴皮子休가, 「시집서」는 예조참의禮曹參議로 있던 허조許稠가 지었는데, 두 사람 모두 선생과 동방급제한 도우였다. 뒤에 방예傍裔 홍대귀洪大龜가 발문跋文(1730)을 지었다.

그러나 선생의 유시는 간행되지 못한 채 400여 년을 내려오다 마침내 1826년(순조 26) 『경재선생실기敬齋先生實紀』가 간행되면서 그 속에 실리게 되었다. 『율리지栗里誌』의 기록에 따르면 초간본은 총 78판 단권으로 간행되었다고 하는데, 지금 전하지 않는다. 지금 전하는 가장 오래 된 판본은 126판으로, 사간원정언司諫院正言 홍종섭洪宗涉의 「지識」와 실린 내용 등으로 볼 때, 이것이 초간본인 것으로 추정된다. 초간 때 「서序」(1788)는 예조참의禮曹參判 이헌경 李獻慶이, 「후서後敍」는 조채신曺采臣이, 「발跋」(1790)은 이조참의吏曹 參議 정범조丁範祖가 지었다.

초간본은 3권으로 되어 있는데, 권두에 이헌경의 「서」와 「경재 선생부림홍씨세계敬齋先生缶林洪氏世系」, 허조의 「시집서」가 실려 있고, 권1은 선생의 유시와 홍대귀의 「시집발」이, 권2는 부록으로 피자휴의 「(경재선생)행장」에서부터 이광정李光靖의 「(세덕사)상향축문(世德祠)常享祝文」까지, 그리고 권3은 역시 부록으로 정희鄭熺의 「양산서원승호시개제고유문陽山書院陞號時改題告由文」부터 홍종섭의 「지」까지 실려 있다.

이후 『경재선생실기』는 1920년(庚申)에 총 153판으로 한 차례 더 간행되었는데, 이번에 책을 내면서 이 중간본의 원본을 사진으로 찍어 뒤에 실었다. 초간본과 비교해 보면, 권두의 「경재선생부림홍씨세계」를 뺀 뒤 권1에서 권3까지는 초간본의 판을 그대로 가져오되 권3의 「낙육재제영樂育齋題詠」은 뺐으며, 권4를 추가하여 부록에는 이돈우李敦禹의 「별묘상량문別廟上樑文」 등 총 6편의 글을, 이어 맨 뒤에는 1916년에 발견된 포은과 주고받은 유묵 서찰과 발문을 실었다. 1976년에 번역본이 출간되었는데, 중간 이후에 발견된 「백원첩白猿帖」을 권두에 실었으며, 권미에 「수산서당석채고유문」과 역본 출간 관련 글을 실었다.

정부 지원금으로 2015년 양산서원을 복원하게 됨에 따라, 선생의 실기와 양산서원지 발간의 필요성에 대한 중의가 일어 마침내

본 책을 펴내게 되었다. 이 책은 『경재선생실기』초간본과 중간본
및 역본을 바탕으로 『율리지』등 여타 자료들과 해방 후의 양산서
당 관련 자료들, 그리고 이번 양산서원 복원 관련 자료들을 더해
편찬하게 되었다. 읽는 사람들의 이해를 돕기 위해 편차를 대폭
수정하여 3권으로 만들었으며, 권1에는 선생의 유묵과 유시 및
이와 관련된 글들을 한데 모아 원형을 최대한 유지하였고, 권2는
선생의 생애 및 실기와 관련된 글을, 권3은 서원 및 제향과 관련된
글을 시간의 순서에 따라 실었다. 그리고 선생에 대한 전체적
이해를 돕기 위해 본인이 행장을 개찬改撰하고 연보를 지었다.
번역문은 이전의 역문을 바탕으로 약간 다듬었으며, 수정이 필요
한 부분은 바로잡았다. 미진한 마음을 놓지 못한 채 글을 맺는다.

2016년 10월
후손 철학박사 계명대 교수 홍원식 삼가 적다.

서문   5

敬齋洪魯先生實紀 권1 유묵과 유시

상편 · 유묵

백원첩[白猿帖]   18
  소사[所思]   20
  백원첩서[白猿帖序] 1   21
  백원첩서[白猿帖序] 2   23
  봉완아태조소사시유필 연구[奉玩我太祖所思詩遺筆聯句]   26
상포은선생서[上圃隱先生書]와 포은선생답서[圃隱先生答書]   27
  포은 선생에게 올리는 편지[上圃隱先生書]   28
  포은 선생이 답한 편지[圃隱先生答書]   29
  유묵발[遺墨跋]   30

하편 · 유시

경재 선생 시집 서[敬齋先生詩集序]   40
경재 선생 가훈시[敬齋先生家訓詩]   43
최이崔伊와 더불어 태극도설을 논하다[與崔伊論太極圖說二首]   45
고요 속의 읊조림[靜中吟]   46
품은 뜻을 읊음[寫懷]   47
귀향길 심경을 읊음[歸田吟]   48
사간 허조에게[贈許司諫稠]   49

우승 이지를 전송함[送李丞輕]　50

시집 발문[詩集跋]　51

敬齋洪魯先生實紀 권2 생애와 실기

상편 · 생애

경재 선생 세계[敬齋先生世系]　58

문과방목[文科榜目]　62

경재 선생 행장[敬齋先生行狀]　64

옛 묘갈의 남은 글자[舊碣遺字]　67

옛 묘갈의 발문[舊碣跋]　69

묘갈명 및 서문[墓碣銘幷序]　71

비를 세울 때의 원운[竪碣時原韻]　75

　차운[次韻] 정범조丁範祖 외　76

　비를 세울 때의 시에 차운함[次竪碣韻]　107

추술유사[追述遺事]　108

시호를 청원하는 상소문[請諡上言]　116

경재 홍로 선생 개찬행장[敬齋洪魯先生改撰行狀]　124

경재 홍로 선생 연보[敬齋洪魯先生年譜]　132

하편 · 실기

(초간) 경재 선생 실기 서문[敬齋先生實紀序]　146

(초간) 후서[後叙]　151

(초간) 발문[跋]　155

(초간) 지[識]　158

(중간) 실기의 뒤에 적다[書實紀後]　163

(역본) 경재 선생 실기 후서[敬齋先生實紀後序]　165

역본譯本 간행에 즈음하여　168

敬齋洪魯先生實紀 권3 서원과 제향

율리사 봉안문[栗里社奉安文]　173

　상향축문[常享祝文]　174

낙육재의 뜻을 읊음[樂育齋題詠]　175

　차운[次韻]　175

세덕사 상량문[世德祠上樑文]　177

세덕사 봉안문[世德祠奉安文]　183

　상향축문[常享祝文]　184

양산서원 승호 시 개제고유문[陽山書院陞號時改題告由文]　185

양산서원 승호 시 환안문[陽山書院陞號時還安文]　186

사액賜額을 청원하는 상소문[請額上言]　188

예조에 올리는 글[呈禮曹文]　194

양산서원 강당 중건 상량문[陽山書院講堂重建上樑文]　199

양산서원 강당 중건기[陽山書院講堂重建記]　205

별묘 상량문[別廟上樑文]　209

별묘의 신주를 조매하지 않음을 고하는 글[別廟不祧告由文]　216

척서정 상량문[陟西亭上樑文]　218

척서정기[陟西亭記]　223

수산서당에 석채를 고하는 글[壽山書堂釋菜告由文]　228

양산서당 중건기[陽山書堂重建記]　232

양산서당 중창기[陽山書堂重創記]　236

척서정 보수기[陟西亭補修記]　239

양산서원 복원기[陽山書院復元記]　242

양산서원 묘우 복원 상량문[廟宇復元上樑文]　246

양산서원 읍청루 복원기[挹淸樓復元記]　251

양산서원 복원 삼선생 환안 고유문[三先生還安告由文]　255

양산서원 목재·수헌 양선생 추향 고유문[木齋睡軒兩先生追享告由文]　257

양산서원 복원 경과　259

양산서원 연혁　263

敬齋洪魯先生實紀

권1

유묵과 유시

상편 · 유묵

백원첩[白猿帖]

해 설

백원첩白猿帖은 정포은鄭圃隱(鄭夢周, 1337~1392) 선생이 지은 별지
別紙에 의하면, 그가 중국 명나라에 사신으로 갔을 때 총마驄馬
유희억劉禧億이란 사람을 만났는데, 고려 태조 왕건王建이 왕위에
오르기 전 태봉국泰封國(鐵原에 도읍) 토벌 당시(병자년, 916) 유총마의
선대先代인 후량後梁의 유덕劉惠 장군에게 증별贈別의 선물로 이백
李白이 지은 절구絶句 상·하 두 편을 직접 써 주었던바, 그것을
보여 주기에 그 중 한 편을 얻어온 것이라고 한다. 그 뒷부분에
적힌 연구시聯句詩는 고려 우왕禑王 13년(정묘년, 1387) 8월 15일에
정포은 선생과 문생門生 13인(李寶林, 李種學, 吉再, 洪進裕, 高炳元, 金自粹,
金若時, 尹祥弼, 洪魯, 李行, 曹希直, 都應, 安省)이 팔공산八公山 동화사桐華寺에
소풍차 모인 자리에서 왕건 태조가 유덕 장군에게 써 준 그
유필을 함께 보면서 각자 한 구씩 짓고 친필로 써서 전한 것으로
되어 있다.

그런데 지금으로부터 약 100년 전(1920년경)에 본 문중에서 이것을 입수하여 「백원첩白猿帖」이라 이름을 붙이고 『경재실기敬齋實紀』의 번역본을 발간할 때(1976) 사진으로 찍어 함께 출간하였는데, 13인 중 7인의 유작만 남아 있다. 나머지는 안타깝게도 입수 당시부터 낙장된 것으로 생각된다. 「백원첩」과 연구시에 담긴 문장의 내용은 의심할 여지가 없지만 거기에 쓰인 서체書體는 보는 관점에 따라 논란의 여지가 있다. 그러나 그 중에 경재敬齋 홍로洪魯 선생의 유작이 들어 있으므로 그 내용의 가치를 소중히 여겨 여기에 싣는다.

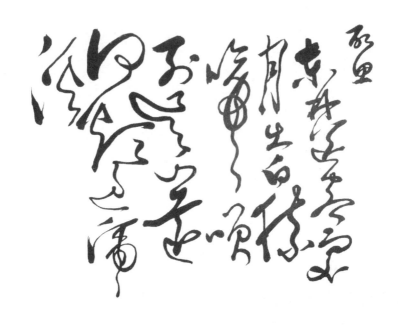

소사[所思]

東林送客處	동림사, 길손 떠나보내는 곳,
月出白猿啼	달이 뜨고 흰 원숭이 우짖네.
咲別廬山遠	웃으며 이별하니 여산은 멀어졌건만,
何煩過虎溪	어찌 호계 건넜음을 근심하리오.

해설: 이 시는 이백이 호계삼소虎溪三笑의 고사를 듣고 지은 작품이다. 여산
동림사의 고승 혜원은 수행을 위해 평생 여산 앞의 호계를 건너지 않겠다
는 다짐이 있었는데, 어느 날 자신을 방문한 육수정과 도연명을 배웅하다
한담의 즐거움에 빠져 호계를 건너 버린 줄도 몰랐다고 한다. 이에
세 사람이 문득 깨닫고는 크게 웃었다는 것이 바로 호계삼소의 고사이다.

백원첩서[白猿帖序] 1

余以菲才, 殊遇先朝, 癸甲以後, 荐遭國艱, 辭命中朝. 劉驄馬禧億, 出示我太祖微時, 手題所作, 絶句上下二篇, 璀燦玲瓏之氣, 蜿

蜿騰騰, 與岣嶁篆文, 同一異蹟. 驄馬自言, 先將軍劉憝, 梁貞明二
年討鐵原, ○留贈此詩以情也. 余起敬百拜, 請分一篇, 以全東國之
章, 驄馬許之. 曠感今昔, 略書頭也, 以照永許. 嗚乎, 我高麗臣民.

鄭夢周

　내가 보잘것없는 사람인데도 선왕(恭愍王)의 특별난 은혜를 입던
중 계묘년(1363)과 갑진년(1364) 이후로 나라가 어려움을 당하자
왕명을 받들어 중국에 사신으로 가게 되었다. 그때 총마驄馬 유희
억劉禧億이 우리 태조(王建)께서 아직 나라를 세우기 전 손수 쓴
절구시絶句詩 두 편을 보여 주었는데, 찬란하고 영롱한 기운이
힘차게 꿈틀거려 형산衡山 구루봉岣嶁峰의 전문篆文과 같이 빼어나
면서도 완연히 다른 필적이었다. 총마가 "선대 장군인 유덕劉憝이
양(後梁) 정명貞明 2년(916) 철원(弓裔)을 토벌할 때 이 시를 정표로
써 준 것을 간직해 온 것입니다"라고 말하였다. 이에 나는 일어나
공경스럽게 절을 한 뒤 시 한 편을 나누어 주어 동국의 보배로
길이 보존할 수 있기를 청하였더니, 총마가 허락하였다. 긴 시간
을 뛰어넘어 감개무량한 일이라 그 전말을 간략히 머리에 적어
오래도록 전하고자 한다. 오호라, 우리 고려 신민이여.

백원첩서[白猿帖序] 2

余自洪武五年壬子, 奉命如京師, 十有六載之間, 逆旅無暇, 未能
與諸君遊, 今日到達城桐華寺, 留相知己遊適也. 李寶林, 李種學,
吉再, 洪進裕, 高炳元, 金自粹, 金若時, 尹祥弼, 洪魯, 李行, 曹希直,
都應, 安省, 而十三友旣大飮, 奉觀太祖手題所思贈劉將軍詩一首,
各賦聯句, 使自書.

丁卯 八月十五日 鄭夢周

내가 홍무 5년 임자년(1372)에 왕명을 받들어 중국에 다녀온 뒤 16년 동안 객지생활에 겨를이 없어 제군들과 함께 노닐지 못했는데, 오늘에야 달성 동화사桐華寺에 와서 지기들과 만나 놀게 되었다. 이보림, 이종학, 길재, 홍진유, 고병원, 김자수, 김약시, 윤상필, 홍로, 이행, 조희직, 도응, 안성 열세 명이 술을 많이 마시고 나서 우리 태조께서 손수 써서 유장군에게 준 「소사所思」라는 시 한 수를 받들어 본 뒤 각각 연구聯句 한 수를 지어 직접 쓰도록 했다.

정묘년(1387) 8월 15일 정몽주

奉玩我

太祖所思詩遺筆

聯句

巍勳鄭博士利黃

河樵 澁李寶林

太祖白猿帖中

原聰馬家 李行
天地冷人金氣風
雲抱玉匏 洪曾
唾將西社事留
使東人誇 金自粹
合唐八子

先天太極靜今
日弘規者 安省
汴水山河重豐城
歲月縣 洪進裕
十年專使命千古
見文華 都脣

봉완아태조소사시유필 연구[奉玩我太祖所思詩遺筆聯句]

巍勳鄭博士	훈공이 우뚝한 정박사는
利黃河槎涉	뗏목으로 황하를 무사히 건넜도다. (李寶林)
太祖白猿帖	태조께서 쓰신 백원첩을
中原驄馬家	중국의 총마 집안에서 발견했네. (李行)
天地冷金氣	세상엔 어지러운 기운이 싸늘한데
風雲抱玉葩	풍운 속에서도 아름다운 시 지으셨네. (洪魯)
唅將西祀事	서사의 고사를 잘 간직해 뒀다가
留使東人誇	뒷날 동국 사람들에게 자랑했네. (金自粹)
(낙장)	
先天太極靜	선천의 태극은 고요한 형상이요
今日弘規奢	오늘의 큰 규모는 화려한 빛이로다. (安省)
汴水山河重	변수는 겹겹이 산하를 거쳐 흐르고
豊城歲月賖	풍성은 긴긴 세월을 건너 전하네. (洪進裕)
十年專使命	십년 동안 오로지 사명을 받들어
千古見文華	천고의 빛난 문적을 보게 했도다. (都應)

상포은선생서[上圃隱先生書]와
포은선생답서[圃隱先生答書]

해 설

이 두 친필 편지는 경재 선생이 포은 선생에게 관직을 버리고
낙향하게 되었음을 아뢴 글과 그에 대한 포은 선생의 답신으로,
후손 홍연덕洪淵悳, 홍철우洪轍佑 양인이 1916년 겨울에 시랑侍郎
홍병훈洪炳勳의 댁에서 발견하여 이듬해 봄에 부림홍씨缶林洪氏
한밤문중에서 입수하게 된 것이다. 1920년(庚申) 『경재선생실기敬
齋先生實紀』를 중간할 때 전사轉寫하여 싣고 「유묵발」을 통해 저간
의 사정을 자세히 밝혔다.

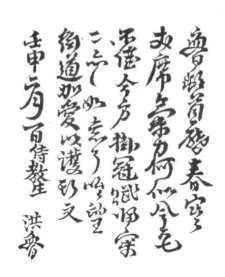

포은 선생에게 올리는 편지[上圃隱先生書]

魯頓首, 啓春寒, 丈席氣力何似. 令宅不佳, 今方掛冠賦歸, 寂寂
亦之如意耳. 唯望衛道加愛, 以護斯文.

壬申 二月一日 侍敎生 洪魯

저 홍로는 봄 날씨가 아직 차가운데 선생님의 기력이 어떠하신
지 머리 숙여 여쭙니다. 장인 댁에 좋지 못한 일이 있어 이제
막 벼슬을 버리고 고향으로 돌아가려 하온데 적적하겠지만 품은
뜻은 같은 따름입니다. 오직 바라옵건대 도를 지키는 데 더욱
애쓰셔서 우리 유학을 보호해 주십시오.

임신년(1392) 2월 1일 시교생 홍로

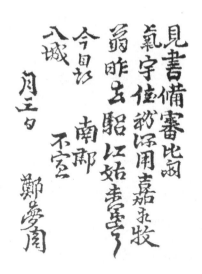

포은 선생이 답한 편지[圃隱先生答書]

見書, 備審比雨, 氣宇佳勝, 深用嘉求. 牧翁昨去驪江, 姑未還耳,
今日行南郡入城. 不宣.

月 三日 鄭夢周

편지를 받아 보고 좋지 않은 상황 속에서도 기개가 아주 빼어남
을 알게 되어 매우 기쁘오. 목옹(牧隱 李穡)은 어제 여강에 가서
아직 돌아오지 않았는데, 오늘은 남군으로 가 입성할 것이오.
이만 줄입니다.

(2)월 3일 정몽주

유묵발[遺墨跋]

炳勳世家京城, 多畜先賢遺墨, 其一卽圃隱先生書也, 其一卽敬
齋先生書也. 其他大賢名儒之手澤, 指不勝掘矣. 日洪淵悳 · 洪轍
佑訪余於齋洞精舍, 繙閱是帖, 因出涕而語曰, 先祖手跡, 幸見於此,
且蚤從圃隱先生遊, 而其掛冠之語, 拜門之實, 如是詳切, 當奉還爲
傳家之寶. 余鄭重而不敢諾矣. 翌年春, 先生後孫友欽氏, 又以那事
申之, 其事勤矣, 其志惻矣. 遂出帖而爲之說曰, 昔歐陽子得昌黎文
於覆瓿中, 布之天下, 傳之萬世, 萬一藏之而不出, 則只爲一家之寶
而已, 歸之於子孫, 則當鋟梓而傳于世, 使後之人, 知先生之事, 如
是其偉也. 豈敢惜哉. 旣歸因書其實, 以爲卷中故事.

歲 丁巳春 三月 淸明節 從二品嘉善大夫

行漣川縣監 宗後學 洪炳勳 謹書

나는 누대로 서울에 거하며 선현의 유묵을 많이 모아 두었는데,
그 중 하나가 포은 선생의 글이요 또 하나가 경재 선생의 글이다.
그 밖에 대현大賢과 명유名儒의 수택手澤이 손으로 다 꼽을 수 없을
만큼 많다. 하루는 홍연덕洪淵悳 씨와 홍철우洪轍佑 씨가 재동정사齋
洞精舍로 찾아와서 글씨첩을 뒤적이며 열람하다가 눈물을 흘리며

말하기를, "선조의 수적手跡을 여기서 보게 되니 이런 다행스런 일이 어디 있겠는가, 또 선조께서 일찍이 포은 선생을 종유했는데 그 벼슬을 버리고 귀거할 때의 말씀과 사문師門을 숭배한 실상이 이처럼 상세하니 돌려주기만 하면 전가傳家의 보배로 삼겠다"고 했으나, 나는 정중히 거절했다. 이듬해 봄에 선생의 후손 우흠友欽 씨가 또 찾아와 그 일을 말하고 간곡히 부탁하기에, 그 뜻이 갸륵하여 드디어 서첩을 내어주며 "옛날 구양수가 항아리 속에서 한유의 문집을 얻어 천하에 알리고 만세에 전했던 것처럼, 만일 이 글을 감추어 두고 내놓지 않는다면 다만 한 집의 보배로 그칠 뿐이나 자손에게 돌아가면 응당 책으로 나와 세상에 전해져서 후인들이 선생의 일이 훌륭했음을 알게 될 것이니 어찌 아깝게만 여기리요" 하였다. 돌려준 뒤 이 사실을 기록함으로써 서첩이 전해진 내력으로 삼게 할 것이다.

정사년(1917) 춘삼월 청명절에 종이품 가선대부
행 연천현감 종후학 홍병훈 삼가 씀

又

嗚呼, 高麗門下舍人, 敬齋洪先生仕于恭讓朝, 以時事日非, 炳幾
自靖于大嶺之南, 此其報鄭文忠公手書也. 言簡意切, 字不踰三十,
而所學之正, 所守之確, 槪可想耳. 丙辰冬, 先生裔孫淵惠・轍佑過
余崧陽, 講其世好, 出以見示. 噫, 高麗之亡, 已經五百有餘載矣, 而藐
玆遺仍, 輾到今日, 得覩此帖, 三復之餘, 肅然而敬, 慨然而歎, 不覺世
代之爲遠, 人事之變遷也. 爲錄一通藏于篋笥, 敬書其後以歸之.

通訓大夫 前弘文館侍講 後學 開城 王性淳 謹書

오호라! 고려 문하사인門下舍人 경재敬齋 홍선생은 공양왕조恭讓
王朝에 벼슬했으나 시사時事가 날로 그릇되어 감을 알고 영남
땅으로 숨어버렸는데, 이것은 그때 정문충공鄭文忠公 포은圃隱과
소식을 주고받은 글이다. 말이 간략하고 뜻이 간절하니, 30자를
넘지 않으나 그 배운 바가 바르고 지키는 바가 굳건함을 가히
알 수 있다. 병진년丙辰年(1916) 겨울 선생의 후손 연덕淵惠 씨와
철우轍佑 씨가 지나는 길에 숭양崧陽으로 나를 찾아와 대대로
세의世誼가 있음을 말하고 글씨를 내게 보였다. 아! 고려가 망한
지도 500년, 보잘것없는 이 왕씨의 후손이 근근이 살아오다 오늘

이 서첩을 보고 되풀이해서 읽어 본 나머지 숙연히 공경하고
개연히 탄식함에, 세대世代의 요원遼遠함과 인사의 변화무상함을
알지 못하겠노라. 이에 한 통을 베껴서 상자에 간직한 후 이
글을 써서 돌려보낸다.

　　통훈대부 전 홍문관시강 후학 개성 왕성순 삼가 씀

又

右遺墨, 敬齋洪先生與我先祖文忠公圃隱先生書. 五百餘年之後, 得此古紙於人家篋笥中, 心畵如昨, 辭旨凜然, 先生之心與跡, 復著於世. 於乎偉矣. 航頭之傳, 爲千古眞經, 則今日此書之出, 豈偶然而已哉. 況蚤親有道之蹟, 昭然如日星, 非但於先生益榮, 於吾祖有光, 可謂神人共孚者也. 掛冠賦歸四字又在書中, 其告師門處義之實, 於此可見矣. 先生之後孫友欽氏, 間關千里, 責余以識其事, 然徵卽文忠先生之裔也, 雖執鞭之役, 何敢辭. 今此斷爛一紙, 尋千古淵源之正, 又爲後嗣難忘之資, 故敬書一言以歸之.

洪武八壬申 丁巳 後學 烏川 鄭然徽 謹書

여기에 실린 유묵遺墨은 경재敬齋 홍선생과 나의 선조 문충공文忠公 포은圃隱 선생의 글이다. 500년이 지난 후에 남의 집 상자 속에서 이 고지古紙가 나왔는데, 그 마음이 잘 나타나 있고 말뜻이 늠연凜然하여 선생의 마음과 필적筆跡이 다시 세상에 드러나게 되니 기쁜 일이다. 항두航頭에서 얻은 상서尙書가 천고의 진경眞經이 되었듯이, 오늘날의 이 글이 어찌 우연이라 하리요. 더구나 일찍이 도학道學을 사랑한 자취가 밝게 드러났으니, 선생의 영예榮

譽가 더해질 뿐 아니라 나의 선조 또한 더 빛이 나게 되니 선조와
후손들이 함께 기뻐할 일이로다. "괘관부귀掛冠賦歸"라는 네 글자
가 또한 글 가운데 있으니, 그 스승에게 아뢰어 의리에 처한
실상을 여기서 볼 수 있다. 선생의 후손 우흠友欽 씨가 천리를
멀다 않고 찾아와서 글을 청하니, 연휘然徽는 곧 문충공文忠公선생
의 후예後裔로서 비록 힘에 겨운 일이지만 감히 사양할 수가
있으리오. 이제 이 낡은 종이쪽지에서 옛 임신년壬申年 고사故事의
연원淵源을 올바로 찾고, 또 후손들이 길이 잊지 못할 자료가
될까 하여 경건히 이 글을 써서 보낸다.

홍무洪武의 임신년이 여덟 번 지나간 정사년丁巳年(1917)에
후학 오천 정연휘 삼가 씀

又

忠誠貫日窮天地亘萬世而不顧者, 皆自學問淵源中出來也. 先祖
敬齋先生, 師事圃隱先生, 官至翰林學士門下舍人. 恭讓壬申, 掛冠
南下, 隱跡于栗里陽山之側, 旣而聞圃翁之變, 泫然流涕曰, 邦國殄
瘁, 七月十六日夜, 夢太祖大王, 十七日晨, 謁家廟, 省親側, 退而席
地, 北向四拜曰, 臣與國偕亡, 遂就枕而逝. 嗚呼, 懍矣. 貞忠卓節, 豈
不與竹橋之事同條而共貫乎. 樹此大節而不聞於當世, 不垂於竹
帛者, 非萬世不顧者乎. 旣聞道於大賢門下, 無一言一字於賦歸之
日者, 爲子孫百世之恨也. 何幸韞山之玉, 不得掩其精彩, 埋道之鐘,
自有應於勵聲, 蓋有本者, 自然露其實也. 先生掛冠時, 上圃隱先生
書, 今丙辰十二月日, 始出於漢城洪侍郎炳勳家簡帖, 首一帖, 卽圃
隱先生書也, 第二帖, 先祖書也. 過漢朝五百二十餘年, 而今始發見
者, 抑又何哉. 遺書蠹食, 存者無幾, 然足以知先生學問之有來也,
可以知先生去就之分明也. 載之集中, 以寓子孫感慕.

後孫 義欽 盥手謹書

충성이 해를 꿰뚫고 천지가 다하도록 만세에 걸쳐 변치 않는
것은 모두 그 학문연원에서 나온 것이다. 선조 경재 선생은 포은

선생에 사사師事하여 관직이 한림학사翰林學士와 문하사인門下舍人에까지 이르렀다. 공양왕 말년(壬申年, 1392)에 괘관掛冠하고 영남의 율리栗里에 있는 양산陽山에 은적隱跡했다가, 포은 선생이 변을 당해 죽었다는 소식을 듣고는 슬피 울며 "이제 나라가 망했구나" 하고 탄식했다. 그해 7월 16일 밤에 왕건王建 태조太祖를 꿈에 뵈었고, 17일 새벽에 일어나 가묘家廟에 배알하고 어버이에게 문안드린 후 물러나 북쪽을 향해 사배四拜하며 "신臣은 나라와 함께 죽나이다" 하였다. 이어 자리에 들어 조용히 돌아가시니 슬픈 마음 금할 길이 없다. 곧은 충성과 뛰어난 절의는 어찌 선죽교에서 포은이 죽은 일과 한가지로 통하지 않으리오. 대절大節을 세웠으니, 세상에 알려지지 않고 역사에 기록되지 않았다고 해서 어찌 만세불변의의 충신이 아니라고 하리오. 이미 대현大賢의 문하에서 도학을 전수했음에도 돌아가신 그때의 사실을 문자로 기록해 두지 않은 일은 자손들에게 한없는 아쉬움으로 남게 되었다. 다행히도 산에 묻힌 옥이 그 빛을 감추지 못하고 길에 묻힌 종鐘이 스스로 소리를 내듯 대개 근본이 있는 것은 저절로 그 실상이 겉으로 드러나는 법이다. 선생이 벼슬을 그만두고 고향으로 돌아오실 때 포은 선생에게 보낸 서한이 올해(丙辰年, 1916) 12월에 한성의 홍시랑洪侍郎 병훈炳勳 댁 서첩書帖에서 처음으로 나왔는데, 하나는 포은 선생의 글이요 또 하나는 경재 선조의 글이다. 조선조 520년이 지난 지금 처음으로 발견되었으니 이 어찌된 일일까. 남긴 글이 좀먹어 없어지고 몇 편 안 되지만 족히 선생의 학문 내력을 알 만하고 또한 거취去就의 분명함을 알 수 있어 이 실기 가운데 실었는데, 후손으로서 경모敬慕의 마음을 금할 길이 없다.

후손 희흠 삼가 씀

하편 · 유시

경재 선생 시집 서[敬齋先生詩集序]

　洪公得之, 余之同年友也. 學行雅望爲儕類所推, 而天下慭遺, 未得其壽, 余每抱先逝之恨. 公之胤在明, 袖其先考行狀及遺藁若干篇, 泣而示余曰, 竊聞, 先考於令公道義交勉, 臭味相合, 知先考平日之所踐履者, 莫若我令公也. 幸爲文以記之. 余遂唶爾曰, 公之學也, 邃而正焉, 狀其行者, 詳且盡矣, 則公之學行, 曾不假是而著, 子之所囑, 如是其懇, 余雖眇見謏聞, 豈可虛孤其盛意, 而不記萬一也哉. 蓋洪氏之本貫缶林者, 未知其幾百年矣. 世濟其美, 蟬冕接武, 而以德行文章鳴於一世者, 不能盡記. 至于公, 襲九齋圭臬之芬, 著一心誠正之學, 持身謹重, 爲世所宗, 妙年登第, 顯親以孝, 經筵講道, 事君以忠, 臣子之職, 可謂盡矣. 惜乎其中道夭夭, 不得展施於明時, 而嘉言善行不傳於世也. 噫, 余以蒹葭倚玉, 半世從遊, 同榜當年, 甚喜寇公之得人, 豈意今日泣編柳子之遺文, 悲愴哽咽不忍書, 亦不忍忘也.

　　　　　　洪武三十一年 戊寅八月日 禮曹參議 許稠 謹書

홍공 득지得之는 나와 동년의 벗으로 학행과 명망이 유달리 뛰어났으나 하늘이 무심하여 수壽를 얻지 못했으니, 나는 매양 그가 먼저 갔음을 한스럽게 여겨 왔다. 하루는 공의 아들 재명在明이 그 선고先考의 행장行狀과 유고遺稿 몇 편을 가지고 와 울며 말하기를 "들으니 공께서는 선고와 도의로 사귀시고 취미가 상합하시어 선고의 평소 이력을 누구보다도 잘 아신다고 하니 글로써 기록해 주시면 다행이겠습니다" 함에, 내 감개하여 이르기를 "공의 학문은 깊고도 밝았으며 행장 또한 소상하고 극진했으니 구태여 공의 학행을 내가 쓰지 않더라도 드러날 것이나, 자네의 간곡한 소망이 이와 같으니 내 비록 견문이 적으나 어찌 성의를 저버리고 만의 하나라도 기록하지 않을 수 있으리요" 하였다.

대저 홍씨의 관향을 부림缶林으로 한 지가 몇 백 년인지 잘 알 수 없으나 대대로 높은 벼슬을 하고 덕행과 문장을 일세에 떨친 것을 일일이 다 기록하지 못하거니와, 홍공에 이르러서는 외조상外祖上 최구재崔九齋(崔冲)의 법도 있는 훌륭한 학문을 이어 한결같은 성정지학誠正之學으로 몸가짐을 근중謹重히 하여 세상의 종사宗師가 되었다. 공은 젊은 나이에 급제하여 효도로써 어버이를 섬겼으며 경연에서 도의를 강론하고 충성으로 임금을 섬겼으니, 신하와 자식으로서의 직분을 다한 것이다. 그러나 아깝게도 중도에 요절하여 좋은 때에 포부를 펴보지도 못하고 가언선행嘉言善行을 세상에 전하지도 못하였도다.

아! 갈대가 옥에 의지하듯 반세 동안 그를 따라 교유했는데, 같이 급제하던 당년에는 구공寇公(寇準)이 인재를 얻은 듯 매우 기뻐했더니 오늘날 유자후柳子厚(柳宗元)의 유문을 울며 편집하는 슬픔이 있을 줄이야 어찌 알았으랴! 슬픔에 목이 메여 차마 글도 쓰지 못하고 또한 차마 글을 잊지도 못하노라.

홍무 31년(1400) 무인戊寅 8월 일
예조참의 허조許稠 삼가 씀

경재 선생 가훈시[敬齋先生家訓詩]

皇天豊賦與,　　하늘이 뭇 사물을 낳으실 때,

物則備吾人.　　우리 인간에게 사물의 법칙을 갖추어 주셨으니,

子孝先愉色,　　어버이께 효도함엔 밝은 표정 먼저 하고,

臣忠貴致身.　　나라에 충성함엔 몸 바침을 귀히 하라.

至誠承陟降,　　지극한 정성으로 조상(陟降)의 뜻을 이으며,

庸敬閑飛淪.　　항상 공경하여 나쁜 언행(飛語와 淪沒) 짓지 말라.

交友思偲切,　　친구를 사귈 땐 겸손하고 친절히 하며,

惇宗務睦親.　　일가를 대할 때는 화목함에 힘쓰라.

獨居尤戰戰,　　혼자 있을 때일수록 더욱더 방심 말고,

羣處必恂恂.　　여러 사람 있는 곳엔 정성과 공경을 다하라.

舜枕師爲善,　　순임금은 꿈속에서도 착한 일만 생각했고,

湯盤法日新.　　탕임금은 목욕할 때마저 새로움을 되새겼다.

整襟輸肅厲,　　옷깃을 바로 하여 엄숙한 태도 보이고,

端坐囿和春.　　단정하게 앉은 모습 봄 동산 같이 하라.

志念恒存道,　　뜻은 언제나 도道에다 두고,

憂愁不以貧.　　가난하다고 근심하지 말라.

闡微探理窟,　　아무리 작은 일이라도 이치에 맞게 하며,

襲馥擇芳鄰.　　선조의 세덕을 계승하고 좋은 이웃 선택하라.

入室安吾分,　　집에 들어와서는 분수를 지키고,

出門戒大賓.　　밖에 나가서는 손님 대하듯 조심하며,

當行日用事,　　일상생활을 함에 있어서는,

隨遇勤持循.　　항상 순리를 지키도록 힘쓰라.

克盡喪昏葬,　　상례 혼례 장례는 지극함을 다하고,

周旋禮義仁.　　예절 의리 인덕을 두루 행하라.

愛憎須勿僻,　　사랑하고 미워함을 편벽되게 하지 말고,

物我固無畛.　　남과 나를 구별하여 보지 말라.

砥節當輕命,　　절개를 지킬 때는 목숨을 가벼이 알고,

厲廉芥重珍.　　청렴한 마음은 지푸라기라도 무겁게 알라.

揚人無細行,　　남을 칭찬할 때는 작은 선행도 드러내어 주고,

修己絶纖塵.　　나를 닦음에는 작은 잘못도 용서하지 말라.

默會參三玅,　　내 몸이 삼재(天地人)의 하나임을 가만히 생각하고

服膺敍五倫.　　오륜을 항상 가슴 깊이 새겨 두라.

一心游道學,　　일심으로 도학을 닦으며,

萬事聽洪匀.　　만사는 천리를 따라 처리하라.

噓嗒麾塵慮,　　세속의 잡된 일은 아예 생각지 말고,

沖恬養性眞.　　화평한 정신으로 참된 본성 수양하라.

於玆須勉勉,　　여기 적은 일들을 힘써 행할지니,

所以語申申.　　그러므로 내 거듭 당부하노라.

최이崔伊와 더불어 태극도설을 논하다

[與崔伊論太極圖說二首]

太極君知否,	태극의 이치를 그대는 아는가 모르는가?
吾今辨析明.	나는 이제 이해함이 분명하다네.
方圓初未闢,	하늘과 땅이 처음 열리기 전에,
理氣已先萌.	리理와 기氣가 먼저 존재했음에,
二五精凝合,	음양과 오행이 정밀하게 엉기고 합하여,
紛綸萬化生.	복잡하게 천지만물 변화 생성되었다네.
象山曾不曉,	그 이치 육상산陸象山은 깨닫지 못했으니,
貽笑有無爭.	있다 없다 논쟁한 일 우습기도 하구나.
極是陰陽妙,	태극은 음과 양의 오묘한 이치,
初從造化生.	태초에 그것 좇아 조화가 생겨났네.
虛中包實理,	허한 가운데 참다운 이치 있어,
二氣斡無停.	음양이 돌고 돌아 그침이 없네.
有豈云依著,	있다고 어찌 보인다 할 것이며,
無何謂杳冥.	없다고 어찌 보이지 않는다 하리.
濂溪超獨寤,	염계濂溪가 초연히 홀로 깨달아,
千載牖羣旨.	영원히 많은 이치 깨우쳐 주었네.

고요 속의 읊조림[靜中吟]

楊柳光風細,　　　　버들가지에 바람이 자니,

方塘活水恬.　　　　연못의 물결도 잔잔하구나.

一般無限趣,　　　　이와 같은 무한한 정취가,

聊向此中占.　　　　애오라지 이 가운데 가득하도다.

품은 뜻을 읊음[寫懷]

平生忠義蘊諸心,　　평생토록 충과 의를 마음속에 가득 담아,
致澤君民抱負深.　　임금과 백성 위한 포부가 깊었건만,
萬事于今違宿計,　　모든 일이 이제 와 품은 계책에 어긋나니,
不如歸去臥雲林,　　차라리 돌아가 자연에 묻혀 살리.

귀향길 심경을 읊음[歸田吟]

秋入扶蘇木葉飛,　　산천에 가을 들자 나뭇잎 흩날리니,
故園魚菜政甘肥.　　내 고향 어채 맛은 참으로 좋으리라.
三年作客庭闈曠,　　삼 년간 타향살이 고향집 더욱 멀어,
千里思親宦念微.　　천리 밖 부모 생각 벼슬 뜻이 없어지네.
辭陛今朝心眷眷,　　임 하직한 오늘 아침 마음 못내 애달프니,
歸田他日夢依依.　　돌아간 뒤에라도 꿈엔들 잊을쏜가.
宸居漸遠南還路,　　남쪽으로 향하는 길 궁궐 점점 멀어지니,
行邁遲遲懶勸騑.　　나귀야 너의 걸음 부디 더디 걸어 다오.

사간 허조에게[贈許司諫稠]

昨夜雙親入夢來,　　어젯밤 꿈속에 부모님을 뵈었는데,

今朝倍覺宦情灰.　　오늘 아침 깨어나니 벼슬할 뜻 더욱 없다.

多端苦緖吾誰告,　　하 많은 괴로움을 어느 뉘에 호소할고,

壹鬱心懷爲暫開.　　울적한 이 마음을 잠시 풀어 보내노라.

補闕乏人悲仗馬,　　나라 지킬 사람 없어 이별 자리 슬프고,

致君無術愧涓埃.　　임 도울 재주 없어 부끄럽기 그지없네.

離筵多少殷勤意,　　떠나는 이 자리서 은근한 나의 뜻은,

扶厦昇平勉憲臺.　　나라를 바로잡아 태평성세 이룸일세.

우승 이지를 전송함[送李丞輊]

半世潛郎久縶英,	반평생 낭관郞官에 매여 있던 영재英才가,
一朝莊驛始揚名.	하루아침 장역莊驛으로 이름 떨치네.
靑袍駬馬咸稱艶,	푸른 관복 훌륭한 말 모두 아름답고,
白髮烏紗衆嘖榮.	흰머리 검은 사모 영화롭기도 하다.
莫道郵丞少滋味,	우승郵丞 벼슬 재미없다 말하지 말게,
暮年華職軼公卿.	늘그막 호화로운 벼슬 공경公卿에 못잖네.
男兒事業官無薄,	장부의 할 일이 벼슬에 달렸는가,
勤幹攻駒不隕聲.	부지런히 일하면 명성이야 절로 나리.

시집 발문[詩集跋]

방예傍裔 대귀大龜

義興之南, 八公山下, 有缶林縣, 乃高麗舍人敬齋洪先生之姓鄕
也. 余以庚戌秋往, 宗族百餘人, 始得奉翫先生詩集凡如干首, 其中
有寫懷·歸田兩詩, 卽恭讓末年棄官時所作, 志操之堅, 去就之明,
卽此而可徵已. 是時冶隱又有詩曰, 身雖從衆無奇特, 志則夷齊餓
首陽, 若先生者, 眞可謂麗朝之忠臣而冶隱之徒也. 然冶隱庚午棄
官, 已告其志於牧隱, 而牧隱之詩, 陽村之序, 皆襃揚之焉. 先生棄
官時, 乃稱疾而歸, 不欲使人知其志, 固已與冶隱異. 又未幾先生夭,
而王氏亡矣. 故知己有如許文敬公, 而不曾稱道之焉. 然先生志操
去就, 如此其明白, 而皮殿中之狀, 亦足證據也. 余又觀先生家訓詩,
則學行之純備也. 觀太極圖吟, 則見到之精微也. 觀靜中吟, 則工夫
之靜專也. 蓋先生所養深, 故所見精, 而先生之節, 又自學問中做出
來. 文化公所謂, 智炳幾先, 學矜來後, 豈不信哉. 但天不假先生以
年, 而使先生之學益進而節益著, 是可惜耳. 且先生於吾先祖虛白
先生, 爲四從族父行也. 其文詞不少, 槪見何哉. 吾王大父木齋公,

修麗史撰義烈儒學等傳甚詳, 獨先生不見錄焉. 今距先生之亡, 三百有餘年, 寂寥殘篇, 始出於世, 其於無闡幽之君子焉何哉. 冶隱海平人也, 旣其退卜于金烏山下, 講明性理之學, 缶林麗時爲海平屬縣, 先生之同鄕人也.

　　의흥 남쪽 팔공산 아래 부림현缶林縣은 고려 문하사인門下舍人 경재 홍선생의 향리이다. 내가 경술년(英祖 6, 1730) 가을 한밤에 가서 종족宗族 100여 명과 함께 처음으로 선생의 시집에 실린 몇 편의 시를 볼 기회를 가졌다. 그 가운데 사회寫懷, 귀전음歸田吟 두 편은 선생께서 공양왕恭讓王 말년(1392)에 관직을 버리실 당시에 쓴 것이었는데, 그 지조의 굳음과 거취의 밝음을 이 시로써 알 수 있었다. 이 당시 야은冶隱의 시에도 "몸은 비록 뭇 사람과 다를 바 없으나 뜻은 곧 수양산首陽山에서 굶어죽은 이제夷齊와 같다"라고 했으니, 선생께서는 야은冶隱과 같은 고려조의 참다운 충신이라 하겠다.

　　그러나 야은은 경오년庚午年(1390) 관직을 버릴 때 자기의 뜻을 목은牧隱에게 알림으로써 목은이 시로 칭찬했고, 양촌陽村 또한 서문에서 찬양했다. 이에 비해 선생께서는 벼슬을 버리실 때 다만 병이 나서 고향으로 돌아간다고만 했을 뿐 사람들에게 자기의 참뜻을 알리려 하지 않았으니, 그 지조의 굳음이 야은과는 다르다 하겠다. 또 귀향하신 지 얼마 안 되어 요절하셨고 고려조도 망하였기 때문에 지기知己의 벗 허문경공許文敬公(許稠) 같은 이도 세상에 드러내어 말하지 않았다. 그러나 선생의 지조와 거취가 이처럼 명백한 것은 피전중皮殿中(皮子休)이 쓴 선생의 행장行狀을 보아도 충분히 알 수 있다. 내가 또한 선생의 가훈시家訓詩를 본즉 그 학행이 순비하고, 태극도음太極圖吟을 본즉 그 식견이 정미하며, 정중음靜中吟을 본즉 그 공부가 정전靜專하였다. 이는 선생의 소양이 깊고 정밀하기 때문이니, 선생의 절개 또한 그 학문으로부터 나온 것임을 알 수 있다. 문화공文和公(선생의 외삼촌)이 이른바 "지혜는 앞일을 훤히 내다볼 만하고 학문은 뒷사람들의 규범이 될 만하다"라고 한 말을 어찌 믿지 않을 수 있으리오. 다만 하늘이 선생을 더 오래 살게 하여 선생의 학문이 더욱 진보되고 절의가 더욱 두드러지게 하지 못한 것이 안타까울 뿐이로다.

선생은 나의 선조 허백虛白 선생의 사종숙四從叔뻘이어서 문사文詞가 적지 않을 듯한데도 거의 보이지 않으니 어찌된 일인가. 나의 조부 목재공木齋公이 고려사를 수찬하실 때 의열사義烈士과 유학자儒學者들을 상세하게 전했는데 유독 선생의 기록만 보이지 않는 것은 또 어찌된 까닭인지 알 수가 없다. 선생이 돌아가신 지 300여 년이 지난 지금에야 겨우 몇 편의 글이 세상에 나왔을 뿐 감추어진 것을 드러내는 군자가 없는 것은 어찌된 까닭인지 모르겠다. 야은은 선산善山 해평海平 사람으로 고려 말에 벼슬을 버리고 물러나와 금오산 아래 숨어 살면서 성리학을 가르쳤으니, 부림缶林은 고려 때 해평의 속현이었으므로 선생과는 같은 고향 사람이다.

「시집발」에 대한 안[詩集跋按]

按木齋公修麗史, 而不爲先生立傳, 蓋先生之歸, 稱疾乞退, 不言其志, 故當世
無知其意者, 旣不見知於人, 則其不入於王氏本史宜也. 木齋公因本史而述之,
則其不得爲先生立傳亦宜也. 自古節義之士, 殷有伯夷, 而周召二公不曾褒異,
晉有陶潛, 而李唐諸人不曾稱述, 向微夫子表而出之, 晦菴特而書之, 孰知西山
之有餓夫, 而晉國之有徵士哉. 噫, 遭遇命也, 顯晦時也. 東菴公跋語微婉成章, 發
前人所未發, 悲壯感漑, 帶了千載不平之氣, 讀之可隕淚. 後孫龜命謹書.

상고하건대 목재공이 고려사를 수찬할 때 경재 선생에 대해 기록하지
않은 것은 선생이 귀향하실 때에 다만 병이 나서 물러간다고만 했을 뿐
그 참뜻을 말하지 않았기 때문이다. 당시에 그 뜻을 아는 사람이 없었고,
이미 남들에게 알려지지 않았으므로 고려본사高麗本史에는 의당 기록되지
않았으리라 짐작된다. 그리고 목재의 『휘찬여사彙纂麗史』도 『고려사高麗史』에
따라 기술된 것이므로 선생의 전기를 기록하지 아니함은 당연한 일이라
여겨진다. 자고로 절의지사節義之士인 은殷나라의 백이伯夷를 주공周公과 소공召
公이 별달리 포미褒美하지 않았고, 진晉나라의 도연명陶淵明을 당唐나라의 제인
諸人들이 칭찬하지 않았다. 지난날 공자가 백이를 드러내어 주고 주자가 백이와
도연명의 사적을 특별히 기록해 주지 않았더라면, 그 누가 수양산에서 굶어죽
은 충신 백이가 있었고 진나라의 명사 도연명이 있었음을 알았으리요 슬프도
다, 드러나고 드러나지 않음은 천명天命이 아니랴. 동암공東菴公(洪大龜)이 글
끝에 선인先人들도 하지 아니한 흐릿한 말을 써 놓아서 감개感慨가 비장悲壯하고
영원히 불만스러운 기분이 드니, 읽을수록 만족스럽지 못하다.

후손後孫 귀명龜命이 삼가 쓰다.

敬齋洪魯先生實紀

권2

생애와 실기

상편 · 생애

경재 선생 세계[敬齋先生世系]

始祖 諱 鸞

麗朝中葉官至宰相. ○ 按木齋公序譜曰, 公自南陽徙于嶺之缶林, 則分于南陽自公始也. 自公至直長公, 譜逸, 莫得詳其世系, 故自直長公始連系云.

一世 佐

直長.

二世 楊濟

中郎將.

三世 祐

謚忠肅公.

四世 敍

左僕射.

五世 仁祖

左僕射.

仁楊

禮賓卿(咸昌派).

六世 文正

七世 漣

監務. ○ 配海州崔氏文憲公九齋沖之後.

八世 敏求

字好古, 進士. 奉母夫人以孝聞, 與益齋・牧隱・廉東亭諸賢交游. 牧隱贈以
詩曰, 激勵後生風采遠, 依俙前輩典刑存, 其稱許如此. 號竹軒.

九世 魯

字得之, 生至正丙午, 洪武丁卯中生員, 庚午別試文科, 官門下舍人, 號敬齋,
卒我太祖元年壬申, 入享陽山書院. ○ 配興陽韋氏, 相公臣哲之女.

十世 在明

禦侮將軍.

十一世 球

建功將軍.

瓚

司勇.

琛

將仕郎.

十二世 禹濬

參奉.

悌文

贈參議.

시조 란鸞

고려 중엽에 관직이 재상에까지 올랐다. 목재공木齋公의 족보 서문에 의
하면, "공公이 남양南陽에서 영남의 부림缶林으로 옮겨 왔으니, 남양에서
갈라져 나옴은 공에서부터 시작되었다. 공으로부터 직장공直長公 좌佐까
지는 계보를 잃어버려 그 세계世系가 상세하지 않기 때문에 직장공에서

부터 계보系譜를 이어 간다"라고 했다.

1세 좌佐
직장直長.

2세 양제楊濟
중랑장中郎將.

3세 우祐
시호는 충숙공忠肅公.

4세 서敍
좌복야左僕射.

5세 인단仁袒
좌복야.

인석仁楊
예빈경禮賓卿. 함창파咸昌派.

6세 문정文正

7세 련漣
감무監務. 배배는 해주최씨海州崔氏 문헌공文憲公 구재九齋 충沖의 후손.

8세 민구敏求
자字는 호고好古이다. 진사進士. 모부인母夫人을 극진히 봉양하매 그 효성이 널리 알려졌으며, 익재益齋·목은牧隱·염동정廉東亭 등의 제현諸賢과 교유하였다. 목은이 이별에 즈음하여 준 시에 "후생을 격려하던 풍채 멀어져 갔어도 어슴푸레 선배들의 훌륭한 모습이 남아 있구나" 하였으니, 그 허여함이 이와 같았다. 호는 죽헌竹軒이다.

9세 로魯
자字는 득지得之이다. 지정至正 병오년에 태어났으며, 홍무洪武 정묘년에 생원이 되고 경오년 별시문과에 합격하였다. 관직은 문하사인門下舍人에 이르렀다. 호는 경재敬齋이다. 태조 원년 임신에 졸하였으며, 양산서원에 입향되었다. 배배는 흥양위씨興陽韋氏 상공相公 신철臣哲의 따님이다.

10세 **재명**在明

　　어모장군禦侮將軍.

11세 **구**球

　　건공장군建功將軍.

　　찬瓚

　　사용司勇.

　　침琛

　　장사랑將仕郎.

12세 **우준**禹濬

　　참봉參奉.

　　제문悌文

　　참의參議에 증직.

문과방목[文科榜目]

洪武二十三年_{恭讓王二年} 庚午
文科榜目

  知貢擧 門下評理 成石璘
  同知貢擧 趙浚

乙科 三人
  生員 李慥
  生員 申商
  生員 李合

丙科 七人
  生員 鄭守弘
  生員 許稠
  生員 朴剛生
  生員 金可珍
  生員 朴寬
  新進士 李逖
  生員 金宗義

同進士 二十三人
  宗簿注簿 皮子休
  進士 鄭忖
  生員 劉直
  生員 尹壽台

홍무 23년_{공양왕 2년} 경오
문과방목

  지공거 문하평리 성석린
  동지공거 조준

을과 3인
  생원 이조
  생원 신상
  생원 이합

병과 7인
  생원 정수홍
  생원 허조
  생원 박강생
  생원 김가진
  생원 박관
  신진사 이적
  생원 김종의

동진사 23인
  종부주부 피자휴
  진사 정촌
  생원 유직
  생원 윤수태

生員 鄭孝復	생원 정효복
新進士 金邇	신진사 김이
新進士 李輊	신진사 이지
生員 張弛	생원 장이
生員 盧仁度	생원 노인도
生員 吳一德	생원 오일덕
生員 洪魯	생원 홍로
生員 李子澂	생원 이자징
生員 崔潤	생원 최윤
生員 李簡	생원 이간
生員 康慮	생원 강려
慈惠府注簿 金汾	자혜부주부 김분
生員 崔沅	생원 최원
生員 崔伊	생원 최이
新進士 金有生	신진사 김유생
新進士 林栖筠	신진사 임서균
生員 任聘	생원 임빙
生員 金彦璋	생원 김언장
生員 金孝恭	생원 김효공
畢	마침

경재 선생 행장[敬齋先生行狀]

公姓洪氏, 諱魯, 字得之, 進士諱敏求之子, 監務諱漣之孫, 以至正二十六年丙午正月十三日寅時生. 幼莊雅粹美, 年甫七歲, 通孝經一部, 遂孜孜不舍焉. 及長, 勵志性學, 古今家禮及伊洛淵源錄日潛翫焉. 於擧子之業, 未嘗經意, 進士公曰, 夫幼而學之, 壯欲行之, 況親老在堂者乎. 公於是遂事科曰之業, 年二十二, 擢生員試, 二十五中別試第, 時洪武二十三年庚午六月日也. 公以妙齡, 文章彬蔚, 德望巍碩, 一榜之人, 無出其右, 同朝推仰, 天眷優紆, 遂以不次, 除左拾遺, 由翰林學士, 陞門下舍人. 公平生所學, 誠敬上做著, 以成就君德爲己任焉. 越二年壬申, 朝廷日非, 時事維棘, 公遂決歸田之計, 稱疾乞退, 來觀進士公于栗里之私第, 奉養盡誠, 無意就仕, 扁其室曰敬齋. 是年秋七月四日, 公始有疾, 十七日巳時, 整衣冠, 就寢而逝, 時年二十七也. 葬于缶東市峴艮坐之原, 公內舅文化公, 作文以弔之. 有曰, 惟靈, 圭璋之質, 冰蘗之操, 智炳幾先, 學矜來後云爾, 則觀此益信. 夫公之平生所養之卓卓也.
公配興陽韋氏酒相公臣哲之女, 有一男曰在明, 幼而頴悟, 可以
繼公之業, 仁者有後, 豈非驗歟.

洪武 二十六年 癸酉 七月 日

同進士朝散大夫 行司憲府監察 皮子休 謹狀

　공의 성은 홍씨洪氏요 이름은 로魯, 자字는 득지得之이니, 민구敏求
의 아들이요 감무監務 연漣의 손자이다. 지정至正 26년(1366) 병오丙
午 정월 13일 인시寅時에 태어났다. 어릴 때부터 장아莊雅하고
수미粹美하여, 나이 일곱에 이미 효경孝經에 통했고 책 읽기를
게을리 하지 않았다. 장성해서는 성리학에 전념하여, 고금가례古
今家禮와 이락연원록伊洛淵源錄 등을 열심히 읽었다.

　공은 일찍이 과거 볼 뜻이 전혀 없었는데, 부친 진사공進士公이
"대저 어려서 글을 배움은 커서 실행하기 위함인데, 하물며 어버
이가 늙어 집에 있음에랴" 하니 드디어 과거 볼 것을 마음먹었다.
나이 스물둘에 생원시生員試에 뽑혔고, 스물다섯에 별시別試에
급제하니 때는 홍무洪武 23년(1390) 경오년 6월이었다. 공은 젊은
나이에 문장이 훌륭하고 덕망이 높아서 함께 급제한 사람들
중에서 뛰어났으니, 조정 내에서도 추앙을 받았다. 임금님께서
지극히 사랑하시어 차례를 밟지 않은 채 좌습유를 제수하고
한림학사翰林學士를 거쳐 문하사인門下舍人에 올랐다.

　공의 평생 학문을 보면, 성경誠敬을 탐구하고 이로써 임금님이

덕을 이루도록 하는 것이 자신의 책임이라 여겼다. 2년 후 임신년
壬申年(1392)에 조정의 정치가 날로 그릇되고 정세가 더욱 어지러워
지자 공은 귀향을 결심하고 병이라 일컬으며 물러났다. 율리栗里
의 고향집으로 돌아온 공은 벼슬의 뜻을 버리고 정성을 다해
부친 진사공을 봉양하면서 그 실호室號를 경재敬齋라 했다. 이해
(1392) 가을 7월 4일 공이 병을 앓기 시작하였는데, 그달 17일
사시巳時에 의관을 정제하고 자리에 누워 자는 듯이 서세逝世하시
니 이때 공의 나이 스물일곱이었다. 부계면 동쪽 시현市峴(지금의
군위군 산성면 백학동에 위치함) 간좌지원艮坐之原에 장사지냈다. 공
의 외삼촌 문화공文和公이 글을 지어 조상弔喪하기를 "구슬 같은
자질에 얼음 같은 깨끗한 지조, 그대의 지혜는 밝게 앞일을 살폈고
학문은 뒷사람들의 규범이 될 만하다"라고 하였으니, 공의 평생
동안의 소양이 탁월했음을 더욱 믿을 수 있다.

공의 배위는 흥양위씨興陽韋氏로, 상공相公 신철臣哲의 따님이다.
외아들 재명在明은 어려서부터 영리하여 공의 뒤를 훌륭히 이을
만하니, 어진 사람은 반드시 훌륭한 자손을 두게 된다는 말을
입증하고 있지 않는가.

홍무洪武 26년(1393) 계유 7월 일, 함께 진사에 급제했던
조산대부 행 사헌부감찰 피자휴 삼가 행장을 쓰다

옛 묘갈의 남은 글자[舊碣遺字]

○以至正二十六年丙午正月十三日寅時生○儀貌如玉○德器
成就大異常人家貧親老屈意公車非其志也○牧隱○得之之文眞
菽栗○也○圃隱鄭○薦入翰苑○舍人趙璞與左司○吳司忠等上
疏請治李穡曹敏修○罪○臣惴惴無敢出一言事將不測公心傷之
乘間密啓召還○其力也○諸名士輻湊請款一不往謝○圃翁歎曰
得之得之蓋以其字戲之○聞金震陽○疏起歎○將死者譫語爾○
盍訪冶翁爲與之○還是自標○吾夜夢太祖王將以今日歸○逝○
其日巳時也○享年二十七○進士公○知其面者稀人或疑怪然其
自守益堅○葬于○峴艮坐○原

(공은) 지정至正 26년(1366) 정월 13일 인시寅時에 나셨다. (글자
빠짐) 모양이 옥과 같고 덕기德氣가 성취成就함에 보통사람과는
크게 달랐고, 집 형편이 가난하여 늙으신 어버이를 받들기를
바랐으며, 벼슬길에 나아가는 것은 그의 뜻이 아니었다. (글자

빠짐) 목은牧隱은 (글자 빠짐) 득지得之의 문장이 참으로 훌륭하다. (글자 빠짐) 포은圃隱 정鄭 (공이) 한림원翰林苑에 추천하여 들어가게 되었다. (글자 빠짐) 사인舍人 조박趙璞과 좌사(의)左司(議) 오사충吳司忠 등이 상소하여 이색李穡과 조민수曹敏修의 죄를 논할 때 (여러) 신하들이 겁을 내어 떨며 감히 한마디 말도 못하고 있었는데, 일이 장차 어찌될지 모를 지경이라 공도 마음속으로 걱정을 하시다가 몰래 임금께 밀계密啓를 올려 그들을 귀양 땅에서 불러오게 하니 (글자 빠짐) 그것은 공의 힘이었다. (글자 빠짐) 명사들의 초청이 많았으나 한 번도 찾아가지 않았다. (글자 빠짐) 포은 선생이 탄식하며 말하기를 "득지득지得之得之"라고 했는데, 이것은 대개 "득지가 뜻을 얻었도다!"라는 뜻으로 선생이 귀향하는 뜻을 높이 사면서 자字를 가지고 찬탄하여 말한 것이다. (글자 빠짐) 김진양金震陽이 (글자 빠짐) 소疏를 일으켰다는 말을 듣고 탄식하여 (글자 빠짐) 곧 죽을 사람들이 무슨 헛소리냐 (글자 빠짐) 야옹冶翁을 찾아가지 않는 것은 (글자 빠짐) 도리어 이것이 스스로를 드러내는 것이다. (글자 빠짐) 내가 어젯밤 왕건王建 태조太祖를 꿈에 보았으니 오늘 죽을 것이다. (글자 빠짐) 죽으니 (글자 빠짐) 그날 사시巳時였다. (글자 빠짐) 향년 27세 (글자 빠짐) 진사공進士公 (글자 빠짐) 그의 얼굴을 아는 사람이 드물었으니 사람들은 의아스럽게 여겼으나, 그의 절개를 지킴은 더욱 굳었다. (글자 빠짐) (시)현(市)峴 간좌(지)원艮坐(之)原에 장례지내다.

옛 묘갈의 발문[舊碣跋]

광릉廣陵 이만운李萬運

敬齋洪先生墓前, 有舊堅碣, 莓苔剝落, 字多刓缺, 後人恐其久
而不辨, 摹索石面, 錄其可讀者, 其不可讀者殆半, 無以盡見其首
尾, 亦不知作者名姓, 爲可恨. 然此蓋當時信筆, 據其遺字, 尋其句
語, 先生志事, 猶可考信於斯文, 非如岣嶁石鼓之不可解也. 今於
累百載之下, 尙論其本末大節, 歷歷無疑, 以碣足徵也. 世之君子,
必取而藏之石室, 編之集古, 而敬翫之不已, 是宜俱載于斯, 而傳
示於無窮也.

경재 홍선생의 무덤 앞에 옛날에 세워진 비가 있었는데 이끼가
돋고 마멸되어 글자를 알아볼 수 없게 되었다. 후손들이 더 오랜
시간이 흐르고 나면 판독하지 못하게 될 것을 두려워하여 석면石
面을 닦아 내고 읽을 수 있는 글자들을 기록해 보니 읽을 수
없는 부분이 태반이었다. 그 첫머리와 끝부분도 다 알 수 없고
글을 쓴 분의 성명마저 알 수 없었으니 참으로 한스러운 일이었다.

그러나 이 비문은 대개 당시 유명한 문장가의 글일 터이고 또 그 남아 있는 글자들에 의거하여 그 문구文句와 어의語義를 살펴보면 선생의 뜻과 사적을 상고하여 사문斯文에 알릴 수 있는지라, 저 중국 구루산비岣嶁山碑와 석고문石鼓文을 이해할 수 없는 것과는 다르다. 수백 년이 지난 지금에도 오히려 그 본말과 대절을 논함이 분명하여 의심할 수 없음은 이 옛 비(舊碣)로써 족히 증빙할 수 있기 때문이다. 세상의 군자들이 반드시 이 옛 비를 석실에 보관해 두고 남은 글자들을 모아 편집하여 공경스럽게 읽어 보면, 그 마땅함이 여기에 기재되어 영원무궁토록 전해질 것이다.

묘갈명 및 서문[墓碣銘幷序]

蓋當麗氏運訖, 冶隱去, 圃隱死, 牧隱罔僕以終身, 此其義各殊, 然自靖自獻, 蓋未嘗不同耳. 若敬齋洪公, 其跡婉, 其志微, 不欲使人知, 而君子之尙論者, 以公爲三隱之徒, 豈無所稽而然哉. 恭讓壬申, 公以門下舍人, 移疾, 不俟報, 歸覲大嶺之南. 已而, 聞圃翁死之, 泫然曰, 人之云亡, 邦國殄瘁. 自是意忽忽不樂, 以其年七月初得疾, 十七日晨起曰, 夜夢太祖王, 吾其以今日歸乎. 遂入謁祠堂, 詣進士公寢側, 跪受敎, 又北向拜曰, 臣與國偕亡, 整衣冠, 就寢而逝, 年二十七. 公諱魯, 字得之, 七歲通孝經, 及長, 志性理學, 進士公命就公車, 二十二擢生員, 二十五中別試第, 恭讓二年也. 以不次除左拾遺, 由翰林學士, 陞門下舍人, 嘗密啓, 救李穡·曹敏修, 不抵罪. 公之移疾歸也, 圃翁歎曰, 得之得之矣, 蓋以其字戲之也. 進士公問曰, 來時見圃爺否, 公愀然曰, 知其心矣, 見之何及, 見之必不許歸, 歸無日矣. 得邸報, 輒歔欷不視, 及聞金震陽等疏起, 歎曰, 此將死者譫語爾. 性愛淵明詩, 每月明夜深, 端坐朗誦, 音聲悲越, 進士公傷其意, 語之曰, 閒居無聊, 盍訪冶翁爲. 公對曰, 此老有時望, 與之往還, 是自標也. 時冶翁棄官, 在金烏山下, 已三年也. 公吿林人, 洪之

貫缶林, 自侍中諱鸞始, 有諱敍, 諱仁祖・連兩世爲左僕射, 僕射生
諱文正, 寔公曾祖, 祖諱漣監務, 考諱敏求進士, 事母孝, 與益齋・
牧隱游, 知名當世, 公媲韋氏, 相公臣哲之女, 一子曰在明, 公葬在
缶東市峴艮坐之原, 今三百七十有餘載, 子孫家焉, 蕃衍至數百餘
人, 公有詩若干首, 傳於人世, 言東國之知有程朱學, 自圃隱始, 今
以公之詩觀之, 理趣見識, 宛是洛閩口氣, 於是乎益信公之問學淵
源有得於圃翁, 而出處之正, 節操之確, 未始不由於講明之有素, 欲
知公者, 蓋於是攷之. 銘曰,

淵明之終, 紫陽書特曰, 晉處士卒. 公之門, 手植五柳, 其必尙友
於柴桑高躅, 公墓之石, 書之曰, 高麗舍人之藏, 足矣.

崇政大夫行戶曹判書兼判義禁府事

弘文館提學藝文館提學知春秋館事

蔡濟恭 撰

<1980년 심재완 문학박사가 본 비문을 국문으로 번역한 것이 경재선생 묘소에 세워져 있으므로 아래에 그대로 옮겨 싣는다.>

高麗의 國運이 다함에 冶隱은 가셨고, 圃隱은 죽으셨고, 牧隱은 절개를 지켜 몸을 바치셨으니 그 義를 行하는 方法은 각각 다르나 나라를 위하여 몸을 바침은 다 같은 것이다. 敬齋 洪公은 그 자취를 감추시고 뜻을 숨겨 세상에 알리고자 아니하였으므로 당시 君子 들이 公을 三隱의 列에 두었으니 어찌 근거 없는 論評이리요.

恭讓王 壬申에 公이 門下舍人으로서 病이라 일컫고 고향으로 돌아갔는데, 얼마 후에 圃隱의 壯한 悲報를 듣고 "사람도 죽고

나라도 망하는구나" 하고 이로부터 슬픔에 잠겨 病席에 눕고 반달만인 七月 十七日 새벽에 갑자기 일어나서 "지난 밤 꿈에 太祖大王을 보았으니 나는 오늘 죽을 것이다" 하시며 祠堂에 拜謁하고 아버님 進士公에게 문안드리고 北面四拜하시여 "臣은 나라와 함께 몸을 마치나이다" 하시고 衣冠을 整齊하고 조용히 운명하시니 그때 나이가 二十七歲였다.

公의 諱는 魯요 字는 得之니 七歲에 孝經에 通하셨고 자라며 性理學에 뜻을 두셨다. 進士公의 命으로 벼슬길에 올라 二十二歲에 生員進士에 뽑혔으며 二十五歲에 別試에 及第하셨으니 그 때는 곧 恭讓王 二年 壬申이었다. 차례를 밟지 않고 左拾遺와 翰林學士를 거쳐 門下舍人에 이르렀으며, 密啓를 올려서 李穡과 曹敏修 등을 罪에서 免하게 하기도 하셨다.

公이 病이라 하고 歸鄕하신 후에 圃隱이 이를 듣고 탄식하여 말씀하시기를 "得之는 得之로다" 하였으니, 이는 公의 字를 두고 戲言한 말이었다. 進士公이 묻기를 올 때 圃隱을 보았느냐 하시니, 公은 슬픔에 잠기여 "先生의 心中을 알고 있아온데 찾아 뵈면 무엇하오리까" 하시었으며, 조정의 邸報를 받고도 한숨만 쉬시면서 펴보시지 않으셨다. 또 金震陽 등의 上疏가 있었다는 말을 듣고 장차 다 죽을 사람들의 허황한 소리라고 하실 뿐이었다. 公은 陶淵明의 詩를 좋아하시어 달이 밝으면 밤이 깊도록 단정히 앉아 그 詩를 읊으시니 성음이 처량하였다. 進士公이 그 뜻을 가슴 아프게 여겨 "寂寂하거든 冶隱이나 찾아보라" 하시니, 公이 대답하시기를 "名望

이 높은 분을 구태여 찾아 뵙지 않겠나이다" 하였으니, 당시 冶隱은 官職을 버리고 금오산으로 돌아온 지 三年이었다.

公은 缶林人이니 洪氏가 缶林으로 관향한 것은 侍中 諱 鸞으로부터 시작하였다. 그 뒤 諱 叙와 諱 仁祖 兩代는 左僕射였고, 仁祖의 子 諱 文正은 公의 曾祖이며 祖 諱는 漣이니 監務를 지냈고 아버님 諱 敬求는 進士로서 號는 竹軒이니 어머님께 효성이 지극하였으며, 益齋 牧隱 等과 交遊하여 그 이름이 당세에 알려졌다. 公의 配位는 興陽 韋氏니 相公 臣哲의 따님이며, 아들 한분을 두었으니 諱 在明이다. 公의 무덤은 缶溪 東쪽 市峴 艮坐이다. 三百 七十年이 지난 지금 그 자손이 수백여 명에 이르렀다.

公의 詩 몇 편이 세상에 전해지고 있으니 世人들이 말하기를 우리나라 程朱學은 圃隱으로부터 시작되었다 하는데 지금 公의 詩를 보면 그 義趣와 見識이 完全히 程朱學에서 나온 것을 알 수 있으니 公의 學問淵源 또한 圃隱으로부터 얻은 것이라 하겠다. 出處의 바름과 志節의 굳음이 그 講明에 바탕이 있었기 때문이다. 공을 알려면 이 점을 상고할지어다. 이에 銘하노니,

陶淵明의 죽음을 朱子가 晋處士 卒이라고 特書하였으니, 公이 門前에 五柳를 심어 淵明의 隱居한 자취를 따르고자 함이거늘 公의 墓碑에는 高麗舍人의 墓라고 쓰는 것이 마땅하리로다.

숭정대부 행 호조판서 겸 판의금부사 홍문관제학 지춘추관사 채제공蔡濟恭 지음

비를 세울 때의 원운[竪碣時原韻]

苔荒沒字百年深,　　이끼 자라 글자 덮어 백년 세월 흘렀으나,
碑上誰憐白日臨.　　비문 위에 햇빛 비침을 그 누가 마음 아파했으랴.
伐石應從顔氏願,　　안씨顔氏의 원을 따라 새 비를 세웠음에,
徵文始闡伯夷心.　　사실을 기록한 비문은 백이의 정신 드러냈네.
階前一道歸東水,　　뜰 앞의 한 갈래 길은 동쪽을 향하는 물이요,
礄下千尋拱北林.　　계곡물은 구비 쳐 북쪽 숲을 안았구나.
拜讀黃絹還飮泣,　　비문을 배독拜讀하며 도리어 울음을 삼키노니,
人間黿暮有知音.　　인간 일생 제반사는 알아주는 이 있구나.

차운[次韻]

정범조丁範祖

靑蔥雲木八公深, 짙푸른 운목雲木으로 팔공산이 깊었는가,
想像先生杖屨臨. 선생을 상상컨대 죽장망혜로 왕림하신 듯.
軒冕非關高枕夢, 벼슬을 버리시고 베개 높여 잠들어도,
日星常揭本朝心. 마음은 언제나 고려조에 두시었네.
百年邱壑扶人紀, 백년 이 산골에 인륜기강 세웠으니,
南國蘋蘩愴士林. 남국의 부평초는 사림을 슬프게 하네.
天半金烏分體勢, 팔공산과 금오산은 양쪽에서 우뚝한데,
衆峯琴操有遺音. 한티재는 거문고처럼 유음遺音을 타듯 하네.

又

김몽화金夢華

忠義堂堂問學深, 충의忠義는 당당하고 학문도 깊었으니,
山河大夜日星臨. 한밤 산하에 해와 별이 비쳤도다.
獨憐王氏統三業, 삼국통일 왕씨조를 선생 홀로 걱정하여,
高揖冶翁不二心. 야은과 한가지로 불사이군 행하셨네.
五柳門前今靖節, 오류五柳의 문전門前은 오늘의 정절靖節이요,
八公山下古雲林. 팔공산 밑자락은 그 옛날의 운림雲林이로다.
遺篇盥手薔薇露, 남긴 글 손을 씻고 책장을 뒤적이며,
一讀猶餘不盡音. 한번 읽어 봄에 그 여음餘音 다함이 없네.

又

김몽화金夢華

數畝靈宮窈且深,　여러 무畝의 영궁靈宮이 그윽하고 깊은데,

瞻之在上儼如臨.　바라보니 선생모습 엄연히 임하셨네.

澗松不改前朝色,　간송澗松은 고려색高麗色 여전히 간직했고,

山日長懸故國心.　산일山日은 길게 걸려 고국심故國心 말해 주네.

公議百年仍建院,　공의公議 백년 만에 이제야 사원祠院을 세우니,

儒風他日莫慙林.　유림儒林은 뒷날에도 부끄럽지 않으리라.

一通實紀皆徵信,　한 통의 실기가 당시를 알려 주니,

奚借拙吟續大音.　어찌 졸렬한 이 읊음으로 대음大音을 이으리.

又

이정규李鼎揆

遺碣當年鑴不深,　옛 비碑 세운 당년엔 새김이 깊지 못해,

只敎麗日卷中臨.　고려 때의 일들은 책 속에 적게 했네.

先生欲守烏山節,　선생은 야은과 같은 절개를 지키려 했고,

一死非無圃老心.　한 번 죽어 포은圃隱과 충성심 같이했네.

懿蹟潛淪由史闕,　빛나는 자취가 사적에서 빠졌으니,

鄕祠論議自儒林.　유림에서 스스로 향사享祀를 논의했네.

極圖家訓今猶在,　태극음太極吟, 가훈시가 지금까지 전하노니,

千古瑤琴未盡音.　천고千古의 거문고로도 다 타지 못하리.

又

류풍柳灃

舍人當日入山深,　사인舍人이 돌아온 날 입산한 뜻 깊었으나,

頭上高麗日月臨.　머리 위엔 고려의 해와 달이 임했도다.

非乏廣陵擊藥地,　광능廣陵땅 약지藥地가 없음도 아니지만,

自同冶老閉門心.　야은冶隱의 폐문심閉門心과 스스로 같이했네.

淸祠惜撤今天馬,　청사淸祠가 석철惜撤 되어 이제는 천마天馬인데,

片石巍劘古缶林.　조각 비 우뚝하게 옛 부림缶林을 새겼구나.

認得孤忠歸臥處,　외로운 충신이 돌아와 숨은 곳에,

那堪每夜聽鵑音.　밤마다 두견새 울음소리 구슬프도다.

又

류풍柳灃

松岑雲暮朴淵深,　송악산松岳山 저녁노을 박연폭포 깊었는데,

二絶遺篇一讀臨.　두어 절구 유편遺編을 읽어 보게 되었어라.

異代聞風猶可立,　이대문풍異代聞風이 오히려 우뚝한 건,

先生自獻此其心.　선생께서 스스로 충성심을 바쳤기 때문일세.

片碑三尺銘墳道,　석 자 조각 비에 묘도를 새겼으니,

特節千秋揭史林.　천추에 높은 절개 역사에 알렸도다.

看取玉笙踰嶺地,　벼슬 버리고 조령鳥嶺 넘으며 분 피리소리,

誰聽五百年前音.　그 누가 오백 년 전 그 소리를 들을 건가.

又

이집두李集斗

江漢東流歲月深,	강한江漢이 동류東流하여 세월은 깊었는데,
南祠遺像暮朝臨.	남쪽 사당엔 선생 모습 조석으로 임하시네.
山河異代孤臣淚,	주인 바뀐 산하에는 고신孤臣의 눈물이요,
星日當年故國心.	별과 해는 당년의 고국심故國心을 일러 주네.
終古馨香雙老蕨,	옛날의 향기는 백이숙제(夷齊)의 고사리요,
至今光色八公林.	오늘날의 광색光色은 팔공산 숲이로다.
金烏善竹曾同調,	금오산 선죽교善竹橋도 일찍이 같은 충심,
栗里枯桐不盡音.	율리栗里의 고동枯桐은 그 소리 다함없네.

又

김종덕金宗德

金烏山下閉門深,	금오산 야은冶隱이 깊게 문을 닫고,
樹木莽蒼相對臨.	울창한 공산 숲과 서로 마주 우뚝하다.
何事先生斬命駕,	선생은 어이해서 오고가지 않았던고,
當時顯達杪窺心.	당시의 명사들은 그 마음 서로 통했다네.
溯流行色遙分酒,	떠돌이 행색으로 멀리서 술잔 나누니,
回棹風懷耿透林.	귀향의 회포는 깊은 산림을 꿰뚫어 비치네.
此意有人能解得,	이 뜻을 능히 알아줄 사람 있다면,
千秋方許遇知音.	천추千秋에 알아주는 사람 만났다 하리.

又

鄭璞

齋顔驗得敬工深,	경재敬齋란 현판 보니 깊은 공부 알 만하고,
夙夜淵氷履更臨.	조석으로 얼음 밟듯 조심조심 지나셨네.
出世未能行所學,	벼슬길에 올라서 배운 바 다 못하고,
歸田非但遂初心.	고향에 돌아 온 뜻 초심 이룸 아니어라.
八公逸士今元亮,	공산에 숨은 선비는 지금의 도잠陶潛인가,
麗代貞臣舊翰林.	고려대의 곧은 신하 옛 한림학사였도다.
何處野花春已晚,	들에 핀 야화野花는 봄이 이미 저물었고,
竹橋流水有哀音.	선죽교 흐르는 물 그 소리 구슬프다.

又

신택화申宅和

風聲異代樹之深,	고려 때 깊게 남긴 빼어난 행적,
景仰新碑古墓臨.	새 비석이 옛 무덤에 세워짐을 바라보네.
閥閱麗朝淸選地,	여조麗朝를 섬기던 벌족閥族이 사는 땅에,
節操烏岳晦藏心.	금오산의 절조를 남몰래 감추었네.
千年秘德銘金字,	천고의 숨은 덕을 비석에 새겼으니,
百世遺庄誌缶林.	백세의 유업을 부림缶林에 기록했다.
此日光先由孝裔,	오늘날 효손孝孫들이 선조를 빛내노니,
山禽亦獻賀成音.	산새도 경하하여 소리 내어 지저귀네.

又

人間何處首陽深,	인간 어느 곳에 수양산首陽山이 깊었는고,
山上分明殷日臨.	산 위엔 분명히 은殷나라 해 비치도다.
短碣半千年改石,	작은 비碑 반천년에 다시 고쳐 세웠으니,
廢祠曠百世傷心.	황폐한 사당은 백세를 상심하네,
斜陽草綠南歸路,	초록빛 석양 길에 남쪽으로 돌아가니,
夜月鵑啼古臥林.	달밤에 두견새는 옛 숲에 숨어 우네.
聞說眞珠學士惠,	학사學士의 구슬 같은 높은 지혜 들으니,
蕭蕭不絕白楊音.	소소히 끊임없는 백양白楊의 소리로다.

又

방예傍裔 필귀必龜

金烏東望八公深,	금오산서 동녘으로 팔공산 바라보니,
曾有淸祠日月臨.	일찍이 청사淸祠에는 일월이 임했도다.
芳躅今無山仰地,	꽃다운 옛 자취는 이제 다시 볼 길 없고,
磵松猶帶歲寒心.	오히려 간송磵松만이 세한심歲寒心 되었구나.
荒碑改立多孫子,	황비荒碑를 개립改立하는 많은 자손들,
盛學爭傳簪士林.	성학盛學 다퉈 전수하니 사림士林에 우뚝하다.
刊事吾家當此際,	오가사吾家事를 펴내는 이때를 맞이하여,
一時相慶唱酬音.	함께 서로 경축하는 수작 소리 즐겁구나.

又

조상변趙相抃

不有孤臣戀國深,　　고신孤臣의 나라 생각 깊지 않았다면,
先王何事夢中臨.　　어이해 선왕先王이 꿈속에 임하실까.
葩傳太極濂溪學,　　시서詩書와 태극도 염계학濂溪學을 전했고,
柳帶殘春栗里心.　　버들은 잔춘殘春에 율리심栗里心을 띠었도다.
一片精忠爭日月,　　한 조각 정충精忠이 일월과 다투노니,
百年靈宇傍園林.　　백년 영우靈宇에는 원림園林이 둘러쳤네.
碑陰題故舍人字,　　비석에 깊게 새긴 사인舍人이란 글자는,
烏竹淸風更送音.　　금오산과 선죽교에 청풍 불어 보낸다.

又

권사호權思浩

東淮垂渴主恩深,　　낙동강이 다 말라도 군은君恩은 깊었는데,
一曲缶溪赤日臨.　　한 구비 부계缶溪에 붉은 해가 임했도다.
史氏闕文由隱跡,　　은적隱跡으로 말미암아 사적史籍에는 빠졌으나,
圃翁稱許正知心.　　포은圃隱은 그 마음 바르게 알았으리.
前朝志節光今世,　　고려조의 지절志節이 금세에 빛이 나니,
鄕里誠禋式士林.　　향리와 사림이 정성들여 제사하네.
敬讀遺書盥水罷,　　남긴 글 손을 씻고 경건히 독파讀罷하니,
端球廟琴又希音.　　단구묘슬端球廟瑟 음곡 소리 청아하게 들리누나.

小註: 高麗時, 有淮水渴而王氏亡之謠. 故首句云.(고려 때에 淮水가 마르면 왕씨가 망한다는 노래가 있었기 때문에 首句에서 이렇게 말한 것이다.)

차운하고 아울러 �서함[次韻幷序]

권이복權以復

嗚呼. 當麗氏之末, 爲世間扶植綱常者, 死焉而圃隱也, 生焉而
冶隱也. 若夫不失存亡之幾, 從容晉退之間, 生罔爲聖朝之臣僕,
死作故國之純臣者, 卽敬齋洪先生也. 世皆知竹橋之碧血斑斑, 砥
柱之卓節, 巍巍而至於公山之下栗里之中, 有此苦心卓行而直與
之, 埒高風而配貞躅, 而或未之及知也, 是可恨也, 抑未知今之太
史氏書之曰, 高麗舍人洪某卒云耶, 否乎. 今其遺書, 不過家訓·
太極韻數篇而已, 比如崑山一片, 愈少而愈爲世間寶也. 余於泮
邸, 遇先生之裔宅龍氏, 出示余錄中韻, 因要余一言, 蓋不知其拙
也, 然其感慕之心, 不以不習而已也. 謹忘拙以呈, 卽先生發夢後
三百九十九年也.

슬프다! 고려 말에 세상을 위해 강상綱常을 부지한 사람들이
있었으니, 죽은 이는 포은圃隱이요, 산 사람은 야은冶隱이었으며,
존망의 형세를 살펴 그 기회를 잃지 않고 조용히 물러나 살아서
조선조의 신복臣僕이 되지 않고 죽어 고려의 순신純臣이 된 분은
경재敬齋 홍선생이었다. 포은 선생이 선죽교에서 벽혈碧血을 뿌려
나라의 기둥으로서 충신의 탁절卓節을 높이 지켰다는 것은 세상
이 다 아는 바이지만, 팔공산 아래 율리栗里에 고심탁행苦心卓行과

고풍정절高風貞節의 자취가 있다는 것은 세상이 알지 못하니 한스러운 일이다. 오늘날의 사관史官은 고려 사인舍人 홍모洪某가 나라를 위해 생을 마쳤다고 써야 하지 않을까? 꼭 그렇게 써야 할 것이다. 이제 그가 남긴 글을 보니 가훈시家訓詩와 태극음太極吟 등 불과 몇 편뿐이지만, 이것은 비유컨대 곤산崑山의 일편옥一片玉은 작으면 작을수록 더욱 보배가 됨과 같은 것이다.

내가 성균관에서 선생의 후손 택용宅龍 씨를 만났는데, 내게 녹중錄中의 운韻을 내보이며 한마디 글을 써 주기를 요구하였다. 이것은 그가 나의 졸필을 알지 못한 까닭이겠지만, 그러나 선조를 감모感慕하는 그의 마음이 지극한지라 졸필이란 이유로 그만둘 수는 없었다. 이에 삼가 졸拙함을 잊고서 이 글을 써 드리니, 선생께서 돌아가신 지 399년 되는 해이다.

先生歸臥故山深,	선생께서 고향 산 깊은 곳에 숨어드니,
舊國君王夢裏臨.	구국舊國 임금님이 꿈속에 임하셨네.
知退克遵夫子誠,	물러남을 알았으니 부자계夫子誠를 지키었고,
罔臣端合父師心.	망신罔臣은 정히 부사심父師心에 일치했다.
家謨鄭重仁人語,	집에선 언제나 인인어仁人語를 가르쳤고,
巷柳扶疎處士林.	마을의 버들은 처사림處士林에 울창하다.
國破身亡同一歲,	나라와 몸 함께 같은 해에 망했으니,
竹橋蕭瑟和淸音.	선죽교의 소슬한 거문고는 맑은 소리 화답하네.

又

公山崒崒鳳溪深,　공산은 우뚝하고 봉계鳳溪(야은)는 깊게 흘러,
一節吾東兩曜臨.　한 절개 이 나라에 해와 달 임했도다.
要把天經供隱趣,　천경天經을 미리 알고 숨은 뜻 실천하니,
肯將人爵攬初心.　벼슬에 얽매여 초심을 어지럽히랴.
禮虔古廟趨縫掖,　경건히 예를 올려 고묘故廟를 받드노니,
光闡新碑聳嶽林.　빛나는 새 비석이 악림嶽林에 솟아 있네.
磅礡形神留宇宙,　방박한 형신이 이 우주에 존재하지만,
峩絃曲裏少知音.　그 속에 숨은 뜻을 어느 누가 알아주리.

又

김시전金始全

山自峩峩水復深,　산은 절로 높이 솟고 물은 다시 깊이 흘러,
先生高躅昔登臨.　선생의 고향에는 옛적에도 온 적 있네.
松杉翠老前朝色,　송림松林의 푸르름은 전 왕조의 빛깔이요,
日月照懸故國心.　일월의 밝음은 고국故國 향한 마음이라.
一代倫常扶道脈,　일대의 윤상倫常으로 도맥道脈을 부지하니,
百年根柢立詞林.　백년의 깊은 뿌리 사림詞林을 세웠구나.
孤桐栗里無絃曲,　고동율리孤桐栗里의 현絃 없는 곡조 소리,
冶隱淸標獨和音.　야은청표冶隱淸標에 홀로 화음 이루네.

又

霜露荒原歲月深,　　상로霜露 내린 황원荒原에 세월이 깊었는데,
摩挲遺跡客登臨.　　남긴 자취 더듬고자 나그네가 찾아왔네.
柴桑處士曾同趣,　　시상柴桑처사 도연명과 의취意趣를 같이하니,
圃隱先生獨解心.　　포은圃隱선생 홀로 그 마음 알았어라.
零落殘篇塵沒篋,　　영락零落한 잔편殘篇은 상자 속에 파묻히어,
蒼茫往事烏啼林.　　지난 일은 창망한데 숲새만 지저귀네.
墓前三尺瞻新碣,　　묘 앞의 석 자 남짓 새 비를 바라보며,
百世高風想德音.　　백세의 높은 바람 덕음德音을 생각는다.

又

신체인申體仁

衣冠難作九原深,　　선생 모습 볼 수 없는 구원九原이 깊었는가,
惟記堂堂大節臨.　　당당한 대절大節이 임하셨다, 기록할 뿐이네.
一體邦家終盡分,　　나라와 집에 대해 하나같이 직분을 다했으나,
同時亡滅却從心.　　사람과 나라 함께 망함에 자기 마음 좇았네.
忠魂想帶寒空月,　　충혼은 밤하늘의 달처럼 걸리었고,
淸夜歸啼故國林.　　달밤 고원림故園林에 두견새만 슬피 우네.
五百倫常扶一脈,　　오백년 윤상倫常의 일맥을 부지해 왔으니,
休憐冥漠閟容音.　　아득히 음용音容이 안 들린다고 아쉬워 말라.

又

신완申完

三復瓊篇曠感深,　　유편遺編을 읽어 보니 감개가 무량한데,
君王當日夢中臨.　　죽은 당일 꿈속에서 임금님 뵈었도다.
始知張翰秋風興,　　처음엔 장한張翰의 가을 흥취 아시더니,
終始淵明歲暮心.　　마침내 도연명의 귀거래 마음 일으켰네.
萬死丹忠依國社,　　나라 위해 죽음으로 충성을 다했음에,
一生素履衿儒林.　　일생의 깨끗한 행적은 유림儒林의 규범이었네.
如何太史波濤筆,　　어찌하여 태사공太史公의 역사 기록은
不識瑤琴有正音.　　음악에도 정음正音이 있음을 알지 못했던가.

又

이갑룡李甲龍

自靖孤忠堅且深,　　고신孤臣의 나라 걱정 굳고도 깊었는데,
孰將周栗敢來臨.　　백이伯夷 같은 절개를 누가 또 이룰는고.
山河壯結爭秋色,　　산하山河는 장엄하게 추색秋色을 다투는데,
日月明懸照本心.　　일월日月은 밝게 걸려 본심을 비치누나.
五柳猶存今栗里,　　오류五柳는 아직도 오늘의 율리栗里에 남아 있고,
八公長鎖古雲林.　　팔공산은 길게 그 옛날 운림雲林을 에워싸네.
沈吟四字終時語,　　운명할 때 남긴 넉 자 침통하게 읊조리니,
君子由來有末音.　　군자가 군자다움은 훌륭한 유언에 있었다네.

又

김약련金若鍊

投笏當年此意深,　사직하던 당년에 그 뜻이 깊었으리니,
丹衷炳炳上天臨.　붉은 충심 밝고 밝게 하늘까지 뻗치었네.
金烏山近聯雙節,　금오산은 가까워 쌍절雙節을 이루었고,
善竹橋危矢一心.　선죽교善竹橋는 위태하나 한마음으로 맹세했네.
誰闡幽光登史筆,　그 누가 사실 밝혀 역사에 기록하랴,
謾將高躅聳儒林.　고촉高躅만 부질없이 유림에 솟아 있다.
松老隱前爭下馬,　노송老松 선 무덤 앞에 서로 다퉈 말 내리니,
謖謖淸風萬古音.　엄숙한 맑은 바람은 만고의 소리로다.

又

김희직金熙稷

跪讀遺碑釀淚深,　비문을 읽어 보니 감회의 눈물 흐르는데,
滿山星月照空臨.　만산滿山의 성월星月이 빈 하늘만 비치누나.
穤田運歇悲諸隱,　제전穤田에 운 다하여 제은諸隱이 슬퍼함에,
松嶺天寒見一心.　송령松嶺 찬 하늘에 일심一心을 보겠구나.
元亮宅邊無落絮,　도연명 집 가에는 버들 솜이 없어지고,
伯夷塚下有脩林.　백이伯夷의 무덤 아랜 숲만이 우거졌네.
至今嗚咽寒溪水,　지금도 오열하는 한계수寒溪水 차운 물은 ,
萬古長流不變音.　만고에 깊이 흘러 그 소리 변함없네.

又

권성제權聖躋

移疾當年去意深,　이질移疾 당년當年에 돌아갈 뜻이 깊어,
出城惟見日星臨.　하직하고 물러나니 임 모습만 보이누나.
從游冶老猶嫌跡,　야은冶隱과 교유交遊함이 오히려 혐의롭고,
默契圃翁獨喩心.　포은圃隱과는 말없이도 서로 마음 달래었네.
潛德一時違史籍,　숨은 덕이 사적에서 한때 빠졌으나,
淸風千古動儒林.　청풍이 천고에 유림을 움직였네.
遺詞數板堪傳後,　남긴 글 두어 편이 후세에 전하노니,
五百麗朝有正音.　오백 년 고려조의 바른 소리 여기 있네.

又

이정국李楨國

萬古綱常烏峀深,　만고강상萬古綱常이 오산烏山에만 깊었는가,
堂堂大義日星臨.　당당한 대의大義는 성월星月같이 비치도다.
如何自靖同歸地,　어이해 나라 걱정 같은 땅에 돌아와서,
不見當時共討心.　서로 찾아 마음을 위로하지 않았던고.
史籍至今無住感,　사적史籍에 이제까지 기록되지 않았으니,
門前爭說敬齋林.　경재敬齋의 충효忠孝를 다투어 말을 하네.
乾坤不墜文和句,　문화공文和公의 글귀는 천하가 다 아는데,
片石寒山是正音.　한산寒山의 조각 비엔 정음正音을 새겼구나.

又

김상구金象九

栗里春長五柳深,　율리에 봄이 길어 오류가 깊어지니,
精靈千古月空臨.　정령은 천고토록 월공月空에 임하시네.
好山萬里看花淚,　호산만리好山萬里에 꽃 보고 눈물지으며,
南嶺一時祭菊心.　영남이 함께 일편단심을 추모하네,
明理學傳論極圈,　성리학에 밝아 태극도를 논했으니,
崇賢祠古式儒林.　숭현사는 오래되어 유림儒林의 모범되리.
闡幽豈乏韓公誌,　숨은 것 드러냄에 한공지韓公誌가 없을쏜가,
家訓寫懷是正音.　가훈과 사회시寫懷詩가 정음正音이 아니런가.

又

김광련金光鍊

大栗爭如栗里深,　대율이 옛 율리와 다름이 없어,
竝明今古日星臨.　예나 지금이나 일성日星이 임했도다.
淵源濂洛相傳法,　연원은 염계와 낙양의 도통을 이어셨고,
出處義文不俟心.　출처는 옛 경전에 의거해 멋대로 하지 않았네.
遺澤千年流滾滾,　남긴 은택이 천년토록 끝없이 흘러옴에,
聞風百世起林林.　유풍은 백세토록 사림을 일깨우네.
遙知善竹橋頭水,　멀리 선죽교의 흐르는 시냇물이,
鳴入缶溪咽一音.　한 소리 슬피 울며 부계缶溪로 흘러드네.

又

조상언趙相彦

八公歸臥水雲深, 팔공산 수운水雲 깊은 곳에 돌아와 숨었으니,
大夜王家日月臨. 한밤에 왕씨가王氏家의 일월이 임했도다.
舊國風光惟有柳, 구국舊國의 풍광은 오로지 오류五柳에 있었고,
新朝爵祿本無心. 신조新朝의 벼슬은 본래 마음에 없었네.
扶綱大義撐天地, 강상綱常을 부지한 대의大義는 천지를 떠받들고,
獎節靈宮起道林. 절개를 장려하는 무덤은 사림을 일으켰도다.
一體三仁同自靖, 삼인三仁이 한 몸같이 나라 위해 헌신하니,
圃翁冶老報知音. 포은과 야은이 그 마음 알아주리.

又

성언근成彦根

前朝契遇夢猶深, 고려조高麗朝 근심하여 꿈에조차 깊어가니,
太廟先靈枕上臨. 태조의 영혼이 베개 위에 임하셨네.
門外柳垂元亮宅, 문밖의 수양버들은 도연명陶淵明의 집이런가,
山中薇老伯夷心. 산중의 고사리는 백이伯夷의 마음이로다.
一方遺慕新精舍, 한편엔 추모하는 새로운 정사精舍 있고,
百世淸風舊翰林. 백세百世의 청풍은 옛 한림에 있었구나.
浩劫驚塵能不朽, 세상이 변해도 영원히 불후不朽한 건,
瓊箱玉珮尙餘音. 아름다운 구슬보다 여음餘音이 귀중하네.

又

이동항李東沆

罷官南下入山深,　사직하고 돌아와 산속 깊이 숨어서도,
心事分明日月臨.　마음속엔 분명히 일월이 임했도다.
五柳田園陶令宅,　오류五柳 심은 전원은 도연명의 집이었고,
一家松竹冶翁心.　일가의 송죽은 야은冶隱 같은 마음이네.
吟詩對月悲桑海,　달 보고 시 읊으며 상전벽해桑田碧海 슬퍼하고,
居敬名齋起士林.　경재敬齋에 기거하니 사림士林이 일어났다.
數尺荒碑光墓道,　몇 자의 오래된 비석이 묘도墓道를 빛내노니,
樊巖文字是知音.　채번암蔡樊巖의 문자가 실상을 알려주네.

又

김종발金宗發

山更高高水更深,　산은 새삼 높디높고 물은 다시 깊이 흘러,
何年杖屨此登臨.　이곳에 오른 지가 몇 년이나 되었는가.
處身有地方懷跡,　처신했던 땅에는 그 자취 품었으니,
知我其天肯說心.　그때의 그 충심 말해 줌을 알리로다.
義意當時應直筆,　충의는 응당 직필直筆해야 옳을 것을,
風聲百代尙空林.　풍성백대風聲百代에 사림이 비었든가.
金烏一髮遙連翠,　금오산 한 가닥 멀리 이어 푸르른데,
長送寒雪玉珮音.　차가운 옥패玉佩 소리 길이 부쳐 보내노라.

又

신광오申光五

仁聲仁聞入人深,	인성인문仁聲仁聞을 가슴 깊이 명심함에,

仁聲仁聞入人深,　인성인문仁聲仁聞을 가슴 깊이 명심함에,
精爽依如古地臨.　정령은 의구依舊하게 옛 땅에 임하셨네,
一似桐江垂釣趣,　동강桐江에 고기 낚는 의취意趣를 같이하고,
同符西崒採薇心.　서산에 채미採薇하는 충심忠心을 함께했네.
揄揚盛烈銘牲石,　비석에는 빛나는 성열盛烈을 새기었으며,
芬苾遺祠簇士林.　유사遺祠에는 사림士林이 정성껏 제사하네.
景仰高山無語立,　고산을 우러러 보며 말없이 서 있는데,
空餘門柳送淸音.　공연히 문 앞의 버들은 맑은 바람 보내오네.

又

강식준姜式雋

一腔丹血得天深,　일편단심으로 군은君恩이 깊었으니,
大義堂堂白日臨.　대의大義도 당당하게 백일白日이 임했도다.
生惟不讓金烏節,　살아서는 금오산 야은 절개 못지않고,
死亦同歸善竹心.　죽어서는 선죽교 포은 충심 같이했네.
萬古綱常撑宇宙,　만고萬古의 강상綱常은 우주를 떠받들고,
千年俎豆映缶林.　천고千古의 향사는 부림缶林에 빛이 나네.
須信忠貞根道學,　모름지기 충정신忠貞信은 도학에 근원하니,
潺湲洛脈有遺音.　유음遺音은 흘리흘러 낙맥洛脈을 이루었다.

又

성언술成彦述

瞻拜祠前敬慕深,　　사당 앞에 절을 하니 경모심 더욱 깊어,

千秋氣像儼如臨.　　천년 전의 그 기상이 엄연히 임하신 듯.

巖巖壁立風生面,　　우뚝한 절벽에는 바람이 일어나고,

混混泉流月照心.　　출렁이는 냇물에는 달빛이 어리었다.

平海日紅公嶺樹,　　평해에 뜨는 해는 공산마루 숲에 붉고,

烏山雲白缶溪林.　　오산烏山의 뜬구름은 부계림에 비치었다.

洞中松栢風風響,　　마을 앞 송백에 스쳐 가는 바람 소리,

擬和薇歌太古音.　　채미가採薇歌 옛 곡조에 화운시 지어 보네.

山有蕨, 隰有薇兮,　　산에도 고사리, 진펄에도 고사리,

西山春日兮, 映殘暉矣.　　서산의 봄날이여, 석양이 비치네.

憶西方之美人兮,　　서방의 미인을 생각함이여!

夢維何兮, 將安歸矣.　　꿈이 어떠하기에 장차 어디로 돌아갈 것인가.

薄言採之, 不盈傾筐兮,　　잠깐 캔 고사리가 광주리에 차지 않았는데,

于以寘彼山之陽矣.　　벌써 저 서산에 해가 넘어가려 하는구나.

善竹橋下水, 源通洛兮,　　선죽교에 내린 물이 낙강洛江으로 통함이여,

流入缶溪兮, 淸且長矣.　　부계로 흘러들어 맑고도 길게 흐르도다.

採薇採薇歌啾啾兮,　　고사리 캐는 채미가의 구슬픔이여!

松琴栢瑟兮,　　송백松栢이 우는 소리.

風入寒颼颼矣.　　바람은 우수수 차갑게 불어오네.

蜀魄何意來相近兮,　　두견새는 무슨 뜻으로 가까이 와서 우는고!

上枝下枝竟日終宵兮,　　여기저기서 밤과 낮이 다하도록,

啼血聲聲愁矣.　　피를 토하며 우는 소리 구슬프구나.

又

류태춘柳泰春

水回山轉廟宮深,　　산과 물 구비 돌아 묘궁廟宮도 그윽한데,
想得精靈儼若臨.　　생각건대 정령이 엄연히 임하신 듯.
隔世田園眞樂界,　　세상 등진 전원田園은 즐거움의 경지요,
懸天星月是公心.　　하늘에 걸린 성월星月 선생의 마음이네.
同時節義爭烏嵒,　　같은 때의 절의節義로 오산烏山과 같이하고.
千古聲名在缶林.　　천고千古의 명성은 부림缶林에 남아 있다.
聖上卽今修廢典,　　성상께서 이제 곧 새 법을 낸다 하니,
佇看旌美下綸音.　　정미旌美할 윤음綸音을 내리기만 기다리네.

又

김종헌金宗憲

當年茅屋玉人深,　　당년의 띳집(茅屋)엔 옥인玉人이 계셨으니,
夢裏松巒舊日臨.　　꿈속에 송악松岳의 구일舊日이 임했도다.
太極圖中審至理,　　태극도太極圖 시詩 가운데 지극한 이치 있고,
歸田篇上寓貞心.　　귀전음歸田吟 속에는 곧은 마음 숨어 있네.
聞風百代方成廟,　　문풍백대聞風百代에 묘우廟宇가 세워지니,
慕德輩髦蔚似林.　　추모하는 선비들이 울창한 숲과 같구나.
須識三仁同自靖,　　모름지기 삼인三仁의 같은 충절 기리노니,
冶翁圃老送知音.　　야은과 포은이 지음知音을 보냈도다.

又

강세문姜世文

缶山漠漠缶溪深,　　　부산缶山은 막막하고 부계缶溪는 깊이 흘러,
獨有前朝日月臨.　　　홀로 고려조高麗朝의 일월이 임했도다.
圃老襟期絃上淚,　　　포은圃隱의 마음속 눈물로 울게 했고,
顯陵松栢夢中心.　　　현능顯陵의 송백松柏은 꿈속의 마음인가.
餘風不沫矜多士,　　　여풍餘風이 이어지니 선비들 모범이요,
片碣依然映故林.　　　비석은 의연히 고림故林을 비치누나.
一酌蘭漿侑何曲,　　　향기로운 한 잔 술로 무슨 곡조 드리울꼬,
淵明詩句有淸音.　　　도연명의 시구詩句가 청음淸音을 알려 주네.

又

김태익金台翼

田園歸臥地深深,　　　돌아온 전원田園은 깊고도 깊숙한데,
壁立公山萬丈臨.　　　깎아지른 팔공산이 만 길이나 솟았도다.
大厦欲傾空隻手,　　　대궐이 기우는데 한 손으로 어찌 하리,
蒼天可質只丹心.　　　창천蒼天만이 그 단심丹心을 알아주리라.
千秋斗仰苔碑字,　　　천추千秋에 추앙하는 이끼 돋은 비문이요,
一壑芬留桂樹林.　　　한 골짜기 가득한 계수림桂樹林이 향기롭다.
流落人間詩律在,　　　유락流落하는 인생은 시율詩律 속에 있으니,
盎然廟瑟有餘音.　　　성대한 묘우의 예악 여음餘音이 들려오네.

又

김서구金叙九

濺淚城春草木深,　　눈물짓는 성춘城春에 초목이 유심幽深한데,
煌煌麗日短碑臨.　　밝고 밝은 고려의 태양 작은 비碑에 비쳤도다.
蘭芝尙濕西天露,　　난초 지초 오히려 서천西天 이슬에 젖어 있고,
葵藿長傾北斗心.　　해바라기는 영원히 북두北斗 향한 마음일세.
芳澤百年添活水,　　방택芳澤엔 백년 이래 산 물결이 출렁이고,
淸風千古灑缶林.　　청풍은 천고千古의 부림缶林을 씻어 주네.
烏雲橋血爭光色,　　오산운烏山雲과 선죽혈善竹血 충성을 다투는데,
去國遲遲不盡音.　　나라 떠나는 더딘 걸음 어찌 말로 다하리.

又

권형복權馨復

八公之洞窈而深,　　팔공산 율리 마을 깊고도 그윽한데,
曾有高麗學士臨.　　일찍이 고려의 한림학사가 계셨도다.
翠滴晴嵐雙淚眼,　　푸른 물 맑은 남기는 두 줄기 눈물이요,
紅昇曒日百年心.　　붉게 뜨는 아침 해는 변함없는 마음일세.
釣臺風古淸生壑,　　조대釣臺의 옛 바람은 골짜기에 차가옵고,
烏峀氣佳爽透林,　　금오산 맑은 기운은 숲속에 상쾌하다.
一敬由來爲入道,　　한결같이 공경하여 도에 들어서니,
名齋遺韻永垂音.　　경재敬齋라 남긴 이름은 메아리도 길어라.

又

이상발李祥發

先生衣履此間深,　선생의 행적이 이 사이에 깊었는가,
宰樹蒼涼浩劫臨.　재수宰樹는 창량蒼涼하게 영원히 임했도다.
山自高麗留片土,　산은 스스로 고려 땅 간직했고,
碑開南斗得眞心.　비석은 남쪽을 향한 진심을 말해 주네.
緖言獨揭昏衢燭,　충언忠言은 홀로 난세를 밝혀 주고,
祠屋長鄰大栗林.　사당祠堂은 길이 대율림大栗林을 이웃했네.
繼起名門多節義,　명문의 절의節義가 뒤를 이어 일어나니,
千秋薦設仰知音.　천추에 제사 올리며 지음知音을 우러르네.

又

김기찬金驥燦

風聲百載入人深,　풍모와 성화는 알려진 지 오래인데,
一片碑頭白日臨.　한 조각 비석에는 고려 태양이 임했도다.
畫邑誰知王蠋義,　획읍 왕촉王蠋의 의리를 그 누가 알아주며
首陽高把伯夷心.　수양산 백이의 마음을 드높이 받들쏜가.
誠通寤寐夢先主,　정성이 지극하여 꿈속에 태조를 뵙고,
學泝濂閩倡士林.　학문은 성리학을 계승하여 사림을 일으켰네.
最愛溪山遺躅地,　부계양산缶溪陽山 유촉지를 몹시도 사모하노니,
門前疏柳有餘音.　문 앞의 성긴 버들엔 여음餘音이 남아 있네.

又

박정원朴鼎元

孤臣苦悃晦而深,　고신孤臣의 고충苦忠은 어둠속에 묻혔으나,
迢遞危衷赫有臨.　멀리 숨은 위충危衷은 밝게도 드러나네.
地叶柴桑元亮宅,　땅은 시상고촉柴桑高躅 원량댁元亮宅에 비등하고,
山抽薇蕨伯夷心.　산은 고사리 캔 백이심伯夷心을 드러내네.
當時大老知微意,　당시의 포은圃隱은 숨은 뜻을 알았으며,
異代高風緬缶林.　오늘날엔 고풍高風을 부림缶林에서 받드는구나.
一片貞珉泉路煥,　비에 새긴 충절로 묘도墓道가 빛나노니,
莫言千載少知音.　천재千載에 지음知音 없다 말하지 말라.

又

황익희黃翼熙

先生令德入人深,　선생의 높은 덕이 깊은 영향 끼침에,
腏食南祠儼若臨.　향사 받드는 남사南祠에 엄연히 임하신 듯.
栗里淸風古今士,　율리栗里의 청풍淸風은 고금의 선비이고,
陽山高躅後前心.　양산陽山의 고촉高躅은 전후의 충심이네.
由來門戶揭扁號,　경재敬齋라 편호扁號한 그 옛날 유래 따라,
繼往根基植缶林.　충효 이을 뿌리 부림缶林에 심었구나.
撫劍長吁浩歎意,　칼을 어루만지며 길게 탄식하는 뜻은,
斯文無復續希音.　유림儒林이 희음希音을 다시 잇지 못함일세.

채시택蔡時澤

刻字團團石面深,　　글자도 단단하게 석면 깊이 새겼으니,
圃翁冶老若相臨.　　포은 야은 두 선생이 다함께 임하신 듯.
磨成十代賢孫計,　　현손들이 오랫동안 비碑 세우기 도모하여,
鐫得千年烈祖心.　　천년열조千年烈祖의 충심을 새겼구나.
一片精神麗世界,　　일편단심一片丹心은 고려의 세계이고,
萬枝廕德缶溪林.　　만 가지의 음덕은 부계림缶溪林을 이루었다.
拜瞻墓左還多感,　　비문을 읽어 봄에 많은 감회 일어나니,
山有薇風作晩音.　　불어오는 고사리 바람은 옛일을 알려주네.

又

이규진李奎鎭

風聲凜凜樹之深,　　풍모와 성화 늠름하게 마음속에 심어져,
史策煒煌星斗臨.　　역사에 휘황하게 큰 별같이 임하셨다.
松嶽千秋猶正氣,　　송악은 천추에 정기가 서리어,
竹橋當日許同心.　　선죽교 그날의 마음을 같이했네.
貞忠不但扶綱紀,　　정충貞忠은 기강을 세웠을 뿐만 아니라,
文學由來倡士林.　　학문은 사림을 흥성하게 하였도다.
過劫遺篇今不泐,　　남겨 놓은 글들이 지금도 전하노니,
琅然山水有淸音.　　낭랑히 산수에 청음이 들려오네.

又

衣冠俯仰百年深,　　선비들이 경앙景仰하여 백년이 지났는데,
圃冶同襟宛覿臨.　　포은 야은 두 선생이 완연히 임하신 듯.
慷慨永辭周粟日,　　강개롭게 영원히 조선조 벼슬 사양하고,
歸來初服晉臣心.　　전원으로 돌아올 땐 도연명의 마음이었네.
山南公議修籩豆,　　영남의 공의公議 일어 제사를 받드노니,
海左詩篇賁壑林.　　남겨 두신 시편은 골짝 숲에 빛이 나네.
地隔恨無趨院拜,　　멀리 떨어져 사원 참배 못했어도,
淸風回首惠新音.　　고개 돌려 바라보니 청풍이 새롭구나.

又

이기영李期榮

敬齋先生永慕深,　　경재 선생을 추모한 지 오래었는데,
處義千秋日月臨.　　천추에 절의 지킴에 일월이 임했어라.
歸來東晉陶潛事,　　돌아옴은 동진東晉의 연명과 같이했고,
去就高麗冶隱心.　　거취는 고려의 야은과 같이했네.
自古人臣無異節,　　자고로 충신은 두 임금 섬기지 않았음에,
八公草木獨靑林.　　팔공산 초목마저 홀로 푸르렀네.
龜頭三尺重磨立,　　석 자의 비석을 다시 깎아 세우노니,
幸有肖孫誌祖音.　　다행히 현손賢孫들이 선조 사적 기록했네.

又

신재위申在緯

圃老淵源活水深,　　포은圃隱이 연원이라 이어진 물 깊었으니,
忠臣有語考終臨.　　고종考終에 임하여 충신 된 말씀 하셨도다.
葆貞何待殷薇採,　　정충貞忠을 지킴은 어찌 백이숙제가 놀라우며,
全節偏憐晉菊心.　　절조를 보전함이야 도연명陶淵明만 가련하리.
異代芬芳傳隱石,　　고려 충신의 사적을 비에 새겨 전하노니,
專門腏享聳儒林.　　문중의 향사享祀는 유림儒林에 우뚝하네.
八公山下東流洛,　　팔공산 내린 물이 낙강洛江으로 흘러가니,
嗚咽千秋不盡音.　　천추에 오열하는 그 소리 다함이 없네.

又

신도일申道一

人聲終古入人深,　　칭송하는 성화는 전해짐이 오래이니,
肅肅英靈廟宇臨.　　엄숙한 영령英靈이 묘우廟宇에 임하신 듯.
炳炳貞忠不二節,　　빛나는 정충貞忠은 변절을 아니했고,
堂堂高義罔臣心.　　당당한 고절高節은 유신遺臣의 마음 이었도다.
淸風百世鄕邦則,　　청풍淸風은 백세 동안 고을마다 본받았고,
遺躅八公杖屨林.　　유촉遺躅은 팔공산 속 참배지가 되었네.
莫恨後生親炙未,　　후생에게 회자 안 됨 한스러이 생각 말라,
餘篇況若聽徽音.　　남긴 시편 황홀하게 휘음徽音이 들리누나.

又

도우경都宇暻

百世風聲景慕深,　　백세풍성百世風聲을 경모함이 깊었는데,
陽山猶有舊登臨.　　옛날 오르던 양산陽山이 아직도 여기 있네.
滄桑獨灑君亡淚,　　나라가 바뀌었으나 홀로 충신의 눈물 씻어 주고,
松栢能傳歲暮心.　　소나무와 잣나무는 능히 그때 그 마음 전해 주네.
簡策於今懸日月,　　선생의 사적 지금까지 일월같이 전해 옴에,
籩豆之禮走儒林.　　향사享祀하는 제례祭禮로 유림이 분주하다.
箇中只要無絃聽,　　현絃 없는 곡조를 듣는 것이 중요하니,
剩得千年栗里音.　　천년 율리栗里에 그 소리 남아 있네.

又

신택중申宅中

家訓詩中翫味深,　　가훈시家訓詩 읽을수록 그 뜻이 깊이 있어,
先生怳若儼然臨.　　선생께서 엄연히 임하신 듯하도다.
千春雷首採薇義,　　천추의 으뜸 명성 채미하는 절의이고,
一代烏山種竹心.　　일대의 금오산은 대를 심는 충심이네.
本欲君民致仁澤,　　군민에게 인택仁澤을 이루고자 하였으나,
空看歸去臥雲林.　　끝내는 돌아와 운림雲林에 숨으셨다.
道源始發貞珉字,　　도道의 연원과 시작은 비석에 새겨져 있고,
又聽育齋絃誦音.　　동서재의 현송음絃誦音 귓가에 들려온다.

又

류인언柳仁彦

敬以名齋學力深,　　경敬자로 현판하니 학력도 깊었음에,
先生生死彼蒼臨.　　선생의 정령이 저 창공에 임하셨다.
一時竝垞棲烏躅,　　한때는 야은과 행적을 같이했고,
萬世同歸叩馬心.　　영원히 백이의 충심과 길을 함께했네.
報祖諸孫重建廟,　　선조 위해 자손들이 다시 묘우 세우니,
尊賢多士更如林.　　존현다사尊賢多士가 숲같이 모였구나.
五株柳植相傳語,　　다섯 그루 버들 심어 어진 말씀 전했으니,
續得無絃去後音.　　현 없는 거문고 메아리 뒷날까지 전해지네.

又

김경기金慶基

先生已遠景昻深,　　선생은 가시어도 경모심敬慕心 깊었는데,
今看碑文若日臨.　　이제 보니 비문이 백일같이 빛나네.
種菊東籬元亮節,　　동리東籬에 국화 심음은 도연명의 절개였고,
採薇西崗伯夷心.　　서산에서 고사리 캠은 백이伯夷의 마음이었네.
志全五百年高麗,　　뜻은 오백년 고려만 생각하며,
跡遯一隅地缶林.　　부림땅 한 자락에 자취를 감추셨네.
德必不孤鄰冶老,　　덕필불고德必不孤라 야은과 이웃했으니,
兩賢相望有知音.　　양현兩賢이 바라보며 그 마음 알았으리라.

又

신정오申鼎五

公山片石水雲深,　　공산公山의 조각 비碑 세월도 깊었는데,
銘闡丹衷白日臨.　　단충丹衷을 새김에 백일白日이 임했도다.
不愧當時元老血,　　포은 선생 흘린 피에 부끄럽지 않았으며,
齊名千古注書心.　　야은 선생 충성심과 그 명성 같이했네.
衣冠想像辭松岳,　　송악松岳을 고별하는 선생 모습 생각하면,
詩禮傳家守缶林.　　시례詩禮를 전하여 부림缶林을 지키었네.
猶有精神餘墓栢,　　무덤가 송백松栢에 그 정신 남았으니.
風搖老樹聽希音.　　바람이 노수에 불어오니 그 음성 들리는 듯하네.

又

이광증李光增

八公高秀磵溪深,　　팔공산 높이 솟고 개울물도 깊은데,
杖屨何年此地臨.　　어느 해 이곳에 선생이 오셨던고,
栗里名同扶晉義,　　율리栗里라는 이름은 도연명의 의리와 같고,
陽山號近耻周心.　　양산이란 칭호는 백이의 주속周粟 부끄러워한
　　　　　　　　　마음에 가깝네.

苔文重煥樊翁筆,　　낡은 비가 채번암蔡樊巖의 글로 다시 빛나니,
縟禮今行嶺士林.　　영남의 사림이 마음 다해 참례參禮하네.
始識瑤琴猶不絶,　　현송絃誦 소리 부절不絶함을 비로소 알겠으니,
精通圍冶許知音.　　정령은 포은 야은과 서로 이해하리라.

又

先生之學本源深,　　선생의 학문은 연원이 깊고 깊었음에,
主敬存誠儼若臨.　　임 섬긴 충성이 엄연히 임하신 듯.
兩隱行藏雖異道,　　포은 야은 행장과 길은 비록 달랐어도,
三仁惻怛共傳心.　　세 분의 지극한 충심은 다 같이 전하였네.
夢朝是夜歸松嶽,　　꿈꾼 그날 밤에 송도에서 태조를 뵙더니,
色擧何時臥缶林.　　형색과 동작 어느새 부림 땅에 오셨던고.
信筆貞珉無愧字,　　비석에 새긴 문장은 모두가 진실이라,
至今山水和淸音.　　오늘날의 산수가 청음에 화답하리.

又*

박천우朴天祐

公議千年始發揮,　　공의公議 천년에 비로소 발휘되어,
幽堂重煥鹿牲碑.　　무덤의 낡은 비석을 새 비석으로 바꾸었네.
山含麗代衣冠色,　　산은 고려시대의 그 모습 간직하고 있으나,
石帶松京黍稷悲.　　비석은 고려 멸망의 슬픔을 띠고 있구나.
栗里豈專元亮美,　　율리栗里가 어찌 도연명의 전유물이랴,
黃絹無愧伯喈辭.　　비문은 채백개蔡伯皆(蔡邕)의 문장 못지않으리라.
嶠南多士如雲集,　　교남嶠南의 많은 선비 구름같이 모였으니,
好德方知出秉彝.　　유덕遺德은 바야흐로 상도常道를 알려 주네.

* 박천우의 이 시는 홍귀명의 시를 차운한 것이 아닌데도 기존 간본들에는 차운
시로 실려 있다. 박천우가 추술유사를 쓰면서 함께 지은 시라고 추정해 보지
만, 상세한 내력은 확인할 길이 없다.

비를 세울 때의 시에 차운함[次竪碣韻]*

왕성순王性淳

松嶽嵯峨禮水深,　　송악산 우뚝하고 예성강 물 깊은데,

小註: 開城郡南四十里, 有禮成江. 高麗時, 朝天之使, 皆於此登舟, 中國使之來高麗者, 至此迎接, 故名禮成江. 上有世祖昌陵, 陵下尙傳永安城舊址云.(개성군에서 남쪽으로 40리를 가면 예성강이 있다. 고려 때 조천사들이 모두 여기에서 배를 탔고 중국에서 고려로 사신이 올 경우에도 여기에서 영접했기 때문에 禮成江이라 이름하였다. 강 상류에는 고려 세조[태조 왕건의 父로, 고려 건국 후의 추존왕]의 창릉이 있고, 능 아래쪽으로 永安城의 옛터가 있다고 한다.)

舊時簪佩此登臨.　　그 옛날의 명사들이 여기에 오셨도다.

來仁自是成仁術,　　인仁을 구함은 인仁을 이루는 방법이니,

去國誰知報國心.　　나라 떠난 그 누가 애국심을 가졌던고.

山上採薇應有曲,　　수양산에서 고사리 캠은 곡절이 있었으며.

門前種柳未成林.　　대문 앞에 버들 심었으나 숲 이루지 못했네.

小註: 先生歸田, 未幾卒, 故云.(선생이 귀거한 지 얼마 지나지 않아 졸하셨기 때문에 이렇게 말한 것이다.)

逢君說得遺詩好,　　임금 만나 하신 말씀 남은 시도 훌륭하니,

復聽人間正始音.　　인간세상의 바른 소리 이제 다시 들어 보세.

---

* 이 시는 1920년 『경재선생실기』 중간본에 처음 수록된 것으로 원래는 「척서정기」의 뒤에 실려 있었는데, 시의 성격을 감안해 이곳으로 옮겨 실었다. 1916년 겨울 문중의 洪淵惠, 洪轍佑가 개성 숭양서원의 왕성순을 방문하여 그 즈음에 발견된 경재 선생 유묵의 발문을 청하였는데, 이때 왕성순은 초간본 실기의 竪碣韻 차운시들을 보고 그 역시도 차운시를 한 수 써서 발문과 함께 보낸 듯하다.

추술유사[追述遺事]

先生諱魯, 字得之, 洪氏貫于缶, 自侍中諱鸞始, 其初與南陽人同祖, 學士公至侍中, 徙嶺之缶林縣, 因以爲氏. 有諱祐, 謚忠肅, 於先生爲六世祖也. 是生諱敍, 左僕射. 是生諱仁祖, 左僕射, 寔先生高祖. 曾祖諱文正, 隱德不仕, 祖諱湅, 監務, 考諱敏求, 進士, 號竹軒. 奉母以孝聞. 今於牧隱李先生歸養詩跋可攷. 先生以至正丙午生, 幼莊重端雅, 儀貌如玉, 甫七歲, 通孝經, 及長, 篤意硏究, 文章日進, 牧隱李先生嘗歎曰, 得之之文, 眞菽粟也. 洪武丁卯擢生員, 庚午中別試文科, 時恭讓王二年也. 圃隱鄭先生薦入翰苑, 辛未, 陞門下舍人. 先時舍人趙璞與左司議吳司忠等, 上疏請治李穡曹敏修之罪. 廷臣惴惴, 無敢出一言, 事將不測. 先生心傷之, 乘間密啓召還, 多其力也. 壬申, 朝政日紊, 遂決歸, 移疾乞假, 不竢報而行, 諸公聞先生歸, 相顧愕然, 圃翁歎曰, 得之得之矣. 蓋以先生之字戲之也. 及歸覲, 溫凊備至, 日讀古人書以自娛, 未嘗語及時事. 或得邸報, 輒歔欷不視, 曰無益, 徒亂人心曲爾. 所居里, 舊號大食, 或稱大夜, 先生乃改以大

栗. 搆一小室扁曰敬齋, 手植五柳于門前, 平日最愛陶詩, 每遇月夜,
正坐諷誦, 聲韻悲壯, 進士公傷其意, 語之曰, 間居無聊, 盖訪冶翁爲
也. 先生對曰, 此老有時望, 與之往還, 是自標也. 進士公曰, 汝言之
是也. 四月聞金震陽等疏起, 先生歎曰, 此將死者, 譫語爾已, 而圃翁
被籍, 先生泫然曰, 人之云亡邦國殄瘁, 時門前柳新栽未結根, 舊葉
盡凋枯, 新葉方抽, 就而撫之曰. 嗟乎, 那時得見汝之成蔭乎. 自是,
意忽忽不樂, 七月初始有疾, 恐傷親意, 未嘗作呻吟聲, 十七日晨起
盥櫛, 家人止之, 先生曰, 吾夜夢太祖王, 將以今日歸乎. 遂冠服入謁
于祠堂, 詣進士公寢室, 拜跪受敎, 又設席于庭, 北面四拜曰, 臣與國
偕亡, 死亦何言, 遂就枕, 家人泣請命, 先生終無一言, 命侍者屛婦
人, 有頃過然而逝, 卽其日巳時也. 享年二十有七, 是年九月, 葬于市
峴艮坐之原. 先生娶興陽韋氏, 相公臣哲之女, 賢有行, 傷夫子早歿,
事舅姑益謹, 舅姑終葬之以禮. 後十年, 韋氏亦歿, 墓所未詳. 或曰,
與先生同穴云. 有一子曰, 在明, 早孤, 幾不能保, 數世後始蕃衍, 今
至數百餘人矣. 始進士公得九齋之學, 又與益齋牧隱諸老游, 名重
當世, 先生內承庭訓, 外則請益於諸老先生, 德器成就, 大異常人, 家
貧親老, 屈意就公車, 非其志也. 性簡重, 未嘗妄與人交, 及釋褐年
妙, 聲望翁赫, 文敬公許稠嘗曰, 吾榜中多得人, 醞藉無如洪某, 諸名
士輻湊請款, 一不往謝, 由是, 知其面者蓋希, 人或疑怪, 然其自守益
堅. 壬申之歸, 進士公問曰, 來時見圃爺否. 先生愀然曰, 知其心矣.
見之何及, 且見之, 必不許歸, 歸無日矣. 俄而時事大變, 先生又降年

不永, 玆非命歟. 竊伏惟念, 先生負當世德望, 進不苟合, 退不苟名,
時則有若圃隱・牧隱・冶隱・諸先生, 每加推奬, 又契分甚厚, 未
嘗往復訂質何哉. 移疾徑歸, 其意甚微, 當時無知之者, 迄今數百載
亦無所謂後世之子雲者, 抑又何哉. 豈篤信好學, 守死善道, 人不知
而不慍者耶. 文和公祭之曰, 智炳幾先, 學矜來後, 這八字說出先生
心跡, 而皮殿中書之於狀, 其旨亦微矣哉. 舊有墓碣, 歲久而泐, 已至
沒字, 碣本且爐于壬亂, 無可徵信, 天祐以謏識未及廣採國乘與野
史, 而忝在外裔, 敬慕有素矣. 謹撫舊碣遺字, 參其家乘, 質之輿誦,
綴爲一通, 以備當世秉筆君子之裁擇云爾.

後學 月城 朴天祐 謹書

　　선생의 이름은 로魯요 자는 득지得之이다. 홍씨洪氏가 관향을
부림缶林으로 한 것은 고려 시중 홍란洪鸞으로부터 비롯되었다.
그 원조元祖는 남양홍씨南陽洪氏와 같은 조상인 학사공學士公(諱
天河)이었는데, 시중侍中 란鸞의 대에 이르러 영남 부림현缶林縣으로
옮기면서부터 부림으로 관향을 정했다. 그 뒤 충숙공忠肅公 우祐는
선생의 6대조였으며, 그의 아들 좌복야左僕射 서敍는 슬하에 좌복
야 인단仁旦을 두었으니 이분이 바로 선생의 고조高祖이다. 증조인
문정文正은 벼슬하지 아니하였고, 조부 연漣은 감무監務를 지냈으
며, 부친 민구敏求는 진사進士로서 호를 죽헌竹軒이라 했는데 어버
이에 대한 효성이 지극하여 세상에 알려졌다. 목은牧隱의 귀양시歸

養詩 발문을 보면 그 점을 알 수 있다.

선생은 지정至正 병오년丙午年(1366)에 태어났는데, 어릴 때부터 장중하고 단아하며 용모가 옥과 같았다. 나이 7세에 효경에 통했고, 장성함에 뜻을 돈독히 하여 학문을 힘써 문장이 날로 늘어나니 목은이 "득지得之의 글은 참으로 숙속菽粟과 같다"라고 감탄해 마지않았다.

홍무洪武 정묘년丁卯年(1387)에 생원生員이 되고, 경오년庚午年(1390)에 별시문과別試文科에 급제했는데 이때가 공양왕恭讓王 2년이었다. 포은圃隱이 추천하여 한림원翰林院에 들어가 신미년辛未年(1391)에 문하사인門下舍人에 올랐다. 이에 앞서, 사인舍人 조박趙璞과 좌사의左司議 오사충吳司忠 등이 이색李穡과 조민수曹敏修의 죄를 다스리라고 임금께 상소를 올림에 조정 신하들은 두려워 감히 한마디도 말을 꺼내지 못했다. 이 사건이 장차 어떻게 진행될지 몰라 선생도 마음 아프게 여겨오던 중, 기회를 얻어 비밀리에 장계를 올림으로써 두 분(이색, 조민수)을 유배지에서 소환케 했으니 이는 오로지 선생의 공이었다.

임신년壬申年(1392)에 국정이 날로 문란해지자 선생은 귀향을 결심, 신병을 이유로 회보도 기다릴 여유 없이 돌아오니 여러 동료들이 선생의 귀향 사실을 알고 놀라움을 금치 못하였다. 포은 선생은 이 소식을 듣고 탄식하며 말하기를 "득지득지得之得之!"라고 하였으니, 이것은 진실로 "득지가 뜻을 얻었도다!"라는 뜻으로 선생이 귀향하는 뜻을 높이 사면서 자字를 가지고 찬탄하여 말한 것이다. 고향에 돌아온 뒤에는 어버이를 극진히 봉양함과 동시에 날마다 옛사람의 글을 읽으며 세상일은 일절 말하지 않았다. 간혹 조정의 통문이 있어도 보지 않았으며, 사람의 마음을 어지럽힐 뿐이라고만 했다.

선생 마을은 옛날 이름이 대식大食(한밥) 또는 대야大夜(한밤)였는데, 선생이 대율大栗(한밤)이라 고치고 작은 집 한 채를 지어 경재敬齋라는 현판을 걸었다. 그리고 대문 앞에 손수 버드나무 다섯 그루를 심고 도연명陶淵明의 시를 애송愛誦하였는데, 달 밝은 밤이면 바로 앉아 그 시를 읊으니 소리와 운치가 비장했다. 부친 진사공進士公이 아들의 뜻을 애상哀傷히 여겨 "한가로워 무료하면 왜 야은冶隱이라도 방문하지 않느냐?"라고 말씀하시니, 선생이 대답하기를 "그분은 이 시대에 명망이 높은 분이라 서로 내왕하면 저 자신을 세상에 드러내는 일이 됩니다"라고 하였고, 진사공은 "너의 말이 옳다" 하였다.

4월에 김진양金震陽 등이 소疏를 올렸다는 소식을 듣고 선생은 탄식해 이르기를 "장차 죽을 사람들의 헛소리일 뿐"이라고 했으며, 얼마 후 포은이 피살되었다는 소식을 듣고는 눈물을 흘리며 "이제 사람이 없으니 나라도 망했다"라고 하였다. 이때 대문 앞에 새로 심은 버드나무는 뿌리가 내리지 않아 묵은 잎이 다 떨어지고 바야흐로 새잎이 돋아나고 있는지라, 선생은 나아가 그것을 어루만지면서 "슬프다! 언제 너의 무성한 녹음을 볼 수 있을꼬"라고 하였다. 이때부터 언짢아하다가 7월초에 갑자기 병을 얻어 자리에 눕게 되었으나 어버이의 마음을 상하게 할까 두려워서 신음소리조차 내지 않았다. 17일 새벽에 일어나 세수하고 머리를 빗음에 집사람들이 말리자 선생은 "내 어젯밤에 태조대왕을 꿈에 뵈었으니 오늘 돌아가리라" 하고, 이내 의관을 정제하여 사당에 배알한 뒤 진사공의 침실에 나아가 교훈을 들었다. 그리고 마당에 자리 펴고 북향사배北向四拜하면서 "신은 나라와 함께 죽사오니 무슨 말을 하겠나이까" 하고는 드디어 자리에 누웠다. 집안사람들이 울며 유명遺命을 기다렸으나 끝내 한마디 말도 하지 않고 그날 사시巳時에 조용히 운명하니 향년 27세였다.

이해 9월에 시현市峴의 간좌지원艮坐之原에 장사지냈다. 선생의 배위는 흥양위씨興陽韋氏 상공相公 신철臣哲의 따님으로 천성이 현숙하여 남편이 일찍 죽음을 슬퍼하며 시부모를 섬김에 더욱 힘썼다. 시부모가 돌아가시자 가례家禮에 의해 장사지내고 10년 후에 죽었으나 그 묘소가 분명하지 않으니, 어떤 이는 선생과 합장했다고도 한다. 외아들 재명在明은 일찍 고아가 되어 거의 대가 끊어질 뻔했으나, 몇 대가 지난 후 번창하기 시작하여 지금은 그 자손이 수백 명에 이른다.

부친 진사공은 구재九齋(崔沖)의 학문을 계승함과 아울러 익재益齋, 목은牧隱 등 여러 사람들과 교유하여 당시에 명망이 높았다. 때문에 선생은 안으로 부친의 가르침을 받고 밖으로 여러 선생들의 교육을 받아 남다른 덕성을 갖추게 되었다. 집안이 가난하고 어버이가 늙음에 벼슬길에 올랐으나, 그것은 본의가 아니었다.

성품이 간중簡重하여 가볍게 교우하지 않았고 젊은 나이에 급제하여 성망이 높았다. 문경공文敬公 허조許稠는 일찍이 "나와 같이 급제한 많은 사람들 중에 홍로洪魯처럼 도량이 크고 온후한 사람은 없었다"라고 했으며, 여러 인사들이 몰려와 교제를 요청했으나 한 번도 가서 사례하지 않았다. 때문에 서로 아는 사람이 별로 없어 사람들이 혹 괴이하게 여기기도 했으나, 그것은 선생께서 자신을 굳게 지키신 것이었다.

임신년(1392) 조정에서 돌아올 때 진사공進士公이 묻기를 "정포은을 만나고 왔느냐" 하니 선생은 슬픈 낯빛으로 "그의 마음을 제가 아는데 구태여 만나본들 무엇하겠습니까. 만나보면 반드시 못 가게 붙들 것이요, 그렇게 되면 차마 돌아올 수도 없었을 것입니다"라고 대답했다. 얼마 지나지 않아 고려가 망하고 조선이 건국되었으며 선생 또한 천수를 다 누리지 못하게 되고 말았으니, 이것이야말로 천명天命이 아니겠는가.

삼가 생각건대 선생은 당대의 덕망이 높았던 명사이었기에 나아가서는 구차스럽게 남과 영합하지도 않았고 물러난 뒤에도 구차스럽게 명예를 구하지 않았다. 포은·목은·야은 등 제 선생이 매양 선생을 높여 친분이 매우 두터웠으나 일찍이 서로 내왕하여 의논하는 일이 없었음은 어찌된 까닭인지 모를 일이다. 병이 들어 급히 고향으로 돌아올 때의 정황도 선생이 직접 속뜻을 밝히지 않았기 때문에, 당시에 아는 사람이 없었으며 지금까지 수백 년 동안 그 일에 대해 말하는 사람도 없었다. 뒷날 양자운揚子

雲과 같은 사람이 나타나면 거기에 대해 무어라 말하겠는가. 아마도 "신의를 돈독히 하고 학문을 좋아하여, 인의仁義의 도리를 목숨 걸고 지킴으로써 남이 알아주지 않더라도 성내지 아니한 사람이었다"라고 하지 않았을까. 문화공文和公이 선생을 조상하는 글에서 "지혜는 지난 일을 밝힐 수 있었고, 학문은 뒷사람들의 규범이 될 만했다"(智炳幾先, 學矜來後)라고 했으니 이 여덟 자는 선생의 심적心跡을 드러내어 말한 것이나, 피전중皮殿中(皮子休)이 쓴 행장에서도 선생의 귀향함에 대한 뜻은 자세히 밝히지 않았다.

옛 비문은 세월이 오래되어 허물어지고 글자가 닳아 없어질 지경에 이르렀으며, 비문의 원본 또한 임진란 때 불타 버려 증빙할 데가 없으니 안타까운 일이다. 천우天祐가 학식이 없어 널리 국승國乘(正史)과 야사野史 등에서 자료를 다 채집하지 못할 처지에서도 굳이 붓을 잡게 된 것은 외손外孫(外裔)으로서의 경모하는 마음이 간절했던 탓이다. 삼가 옛 비문의 글자를 수집하고 가승家乘(家譜) 및 여론을 바탕으로 이 유사를 작성하였으니, 이 시대 학식 높은 분들의 수정 보완이 있기를 바랄 뿐이다.

후학 월성 박천우 삼가 씀

시호를 청원하는 상소문[請諡上言]

정사년丁巳年(1797) 8월 일 후손後孫 낙서洛瑞

伏以褒忠尙節, 晟代之徽典, 發潛闡幽, 子孫之情私也. 樹名節於
前朝, 曠百代而播揚者, 豈非懿範今世, 激勵後人哉. 以言乎麗末,
則或有殺身成仁以殉社稷, 或有守義罔僕以保名節, 而恭惟我列
聖朝, 褒尙之典, 靡不用其極, 專由於扶植風敎, 爲萬世立綱常者
也. 竊伏念, 臣所居鄕, 有陽山書院, 卽臣先祖高麗舍人洪魯, 本朝
先正臣文匡公洪貴達, 燕山朝直節名臣洪彦忠, 妥靈之所也. 臣先
祖洪魯之貞心苦節, 道學淵源, 可質於諸先賢所撰文字中, 而當時
同節者, 文忠公鄭夢周, 文靖公李穡, 忠節公吉再是耳. 洪魯之登
第筮仕, 在恭讓末年, 鄭夢周薦入翰苑, 以不次除左拾遺, 由翰林
學士, 陞門下舍人, 平生所學, 誠敬上做著, 以成就君德爲己任焉.
泊乎人心已去, 天命有歸, 見國事日非, 遂決意歸田, 移疾不俟報
而行, 時與鄭夢周李穡, 義兼師友, 而不見其歸, 恐其不遣歸也. 又
不欲見志於人也, 同朝諸公聞歸, 相顧愕然, 鄭夢周歎曰, 得之得
之矣. 蓋以其字戲之也. 手植五柳於門前, 每月夜, 誦淵明詩, 及聞

鄭夢周死, 泫然流涕曰, 人之云亡, 邦國殄瘁. 自是廢食成疾, 北向四拜曰, 臣與國偕亡, 因就寢而逝, 卽壬申七月十七日也. 有若干詩, 行于世, 觀其靜中·太極吟, 則淵源之接於鄭夢周矣. 觀其寫懷·歸田吟, 則去就之符於吉再矣. 先正臣文敬公許穆, 弁遺集曰, 惜乎中途夭天, 不得展施於明時, 而嘉言善行不傳於世也. 蓋當時之知己者, 處於當時, 雖不敢明言節義之如此, 而隱然有百世, 以俟子雲之意矣. 臣豈敢以無稽之言, 仰陳之哉. 噫. 南歸之志, 北向之拜炳炳然, 一片丹心, 千古白日, 則西山採薇之風, 栗里種菊之節, 庶可竝美於前後矣. 遠近章甫慕義立祠, 至今尸祝而俎豆之, 公議之不泯, 此亦可見, 而惜乎其志微, 其跡婉, 當時藝閣諸人, 未及稱述而闡揚焉, 迄今累百載之下, 尙未蒙爵諡之恩典. 噫, 遭遇命也, 顯晦時也, 自古節義之士, 殷有伯夷, 而周召二公不曾褒異, 晉有陶潛, 而李唐諸人, 不曾稱述, 向微夫子表而出之, 晦菴特而書之, 孰知西山之有餓夫, 而晉國之有徵士哉. 稱疾乞退, 跡雖晦於一時, 扶綱殉國節, 不泯於千古, 則與鄭夢周之殉社稷, 吉再之保名節, 別無輕重難易於其間, 而易名之典, 宣額之恩, 獨有彼此之殊者, 雖緣不肖屪孫僻在遐陬, 未及陳請, 而終使卓然忠義, 泯沒無稱, 則安得無向隅之歎乎. 或以爲事係前朝, 久遠難擧云, 而竊伏念, 臣先祖與鄭夢周·李穡·吉再同是一體之節義, 而鄭夢周·李穡·吉再之諡額, 在於聖朝, 亦有先後之不同, 則愈久愈彰, 一體竝擧, 尤有光於曠世之恩典, 或以爲位至正卿, 乃可貤諡云, 而竊伏念, 吉再以注書而贈諡, 則臣先祖舍人之職, 未必不及於注書矣.

以本朝臣論之, 端廟朝生六臣, 亦因其本孫之上言, 李孟專・趙旅
・南孝溫, 或以正言而特施, 或以韋布而蒙諡, 苟有節義之可尙可
褒, 則不拘於位卑也明矣. 又況臣先祖洪魯與吉再去就之相符, 節
義之相垺, 而北向四拜與國偕亡, 尤有難於其間矣. 吉再則爵諡而
褒之, 恩額而崇之, 而臣先祖尙未蒙褒異之典者, 非獨爲子孫之寃
鬱, 在朝家一體尙節之道, 恐爲欠典. 惟我聖明臨御以來, 揚微闡
幽, 無遠不屆, 凡在三百州, 忠義之蹟, 燦然彌彰, 實爲億萬年鞏固
之根本, 而惟此臣先祖洪魯, 以鄭夢周・吉再之一般忠義, 獨漏於
大同之澤者誠寃矣, 不勝抑鬱之私, 敢冒猥越之誅, 裹足千里, 仰
籲於凝旒之下. 伏乞臣先祖洪魯扶綱殉國之節, 特降恩諡之典, 使
百世貞忠, 昭著聖代事, 得蒙天恩. 謹啓.

　＜啓下令該曹稟處. 小註: 時本曹以體重回 啓事遂寢＞

　충성을 포상하고 절의를 숭상하는 것은 성대晟代의 아름다운
법이며, 조상의 숨은 충의忠義를 드러내고 밝히려는 것은 자손들
의 사사로운 정이옵니다. 전조前朝에서 명절名節을 세운 것을
널리 백대에 파양播揚하는 것이 어찌 금세今世의 후인들을 격려하
는 훌륭한 모범이 아니라고 하겠나이까. 여말麗末에 대해 말씀
드리건대, 혹은 살신성인殺身成仁으로써 나라에 순사殉死하거나
혹은 망국의 신臣으로서 의義를 지켜 명절名節을 보존했으니,
우리 열성조列聖朝가 포상하는 은전恩典이 그 극진한 것에 베풀어
지지 않는 것이 아니온데 이는 오로지 만세의 강상을 세우기

위하여 풍교風敎를 심는 일에 있다고 하겠나이다.

엎드려 가만히 생각하옵건대, 신臣이 사는 고을에 양산서원陽山
書院이 있으니, 신의 선조인 고려 사인舍人 홍로洪魯와 본조本朝의
선정신先正臣 문광공文匡公 홍귀달洪貴達 및 연산조燕山朝 때의 직절
명신直節名臣 홍언충洪彦忠의 영위를 모신 곳이옵니다. 신의 선조
홍로의 정심고절貞心苦節과 도학연원道學淵源은 제 선현들의 글
가운데서 가히 알 수 있사온데, 당시 동절자同節者로는 문충공文忠
公 정몽주鄭夢周, 문정공文靖公 이색李穡, 충절공忠節公 길재吉再가
있사옵니다.

홍로가 과거에 급제하여 관직에 오른 것은 고려 공양왕 말년(1392)
으로, 정몽주가 천거하여 한림원翰林院에 들어가서 차례를 밟지
않고 좌습유左拾遺가 되고 한림학사翰林學士를 거쳐 문하사인門下舍人
에까지 올랐는데, 평생에 학문함이 성실하고 경건하여 군덕君德을
성취하는 것만을 맡은 바 임무로 했다 하나이다. 고려에 대한 인심이
이미 떠나고 아조我朝에 천명이 돌아옴에 국사가 날로 그릇되어
감을 보고, 드디어 고향으로 돌아갈 것을 결심한 후 병으로 인해
저보邸報도 기다릴 사이 없이 가 버렸나이다.

이때에 정몽주, 이색 및 의義를 같이한 사우들은 그가 돌아가는
것을 보지 못했으니, 그는 또 그들이 알게 되면 보내 주지 않을
것을 짐작하여 그 뜻을 사람들에게 알리지 않고자 했다 하옵나이
다. 고려조의 제공들이 그가 돌아감을 듣고 서로 돌아보며 놀란
표정을 지었는데, 정몽주는 탄식하며 "득지득지得之得之"라 했으니

이것은 그가 귀향하는 뜻을 높이 사면서 자字를 가지고 찬탄하여 말한 것이옵니다.

문 앞에 오류五柳를 심고 달 밝은 밤이면 도연명陶淵明의 시를 애송愛誦했으며 정몽주의 죽음을 듣고는 슬피 눈물 흘리며 "사람도 죽고 나라도 망했도다" 하고 이로부터 음식을 먹지 않고 병이 들어 북향사배北向四拜하며 "신은 나라와 함께 죽나이다" 하고 자리에 들어 자는 듯이 죽으니 이때가 곧 임신년(1392) 7월 17일이옵니다. 약간의 시가 세상에 전해졌는데 정중음靜中吟·태극음太極吟·사회寫懷 ·귀전음歸田吟을 보면 거취가 길재吉再와 꼭 같나이다. 선정신先正臣 문경공文敬公 허조許稠가 유집遺集에서 말하기를 "아깝도다 중도에서 요절함이여! 좋은 시대를 만나 그의 재질을 펼 수 없어 훌륭한 언행이 세상에 전하지 못함이여" 하고 탄식했다 하나이다.

대개 그때에 홍로를 아는 자들은 당시의 사정으로 이와 같이 비록 절의節義를 감히 밝게 말하지는 못했사오나 은연중에 백세百世 후의 자운子雲과 같은 이를 기다리겠다는 뜻을 가지고 있었사옵니다. 신이 어찌 증거 없는 말을 늘어놓을 수 있겠나이까.

아! 남쪽으로 돌아간 뜻과 북향해 절을 올림은 일편단심이 천고에 빛남이니, 서산에서 고사리를 캔 일과 율리栗里에서 국화를 심은 절의節義와 더불어 전후를 통하여 다 같이 아름다운 일이옵니다. 원근의 선비들이 충의를 사모하여 사당을 세우고 이제까지 제사를 지내오고 있으니 이로써 유림의 공의公議가 없어지지 않았음을 또한 알 수 있사온데, 그의 지조와 행적이 소상하지 않은 것은 당시의 사관史官들이 밝게 기록하지 않았기 때문이니 얼마나 안타까운 것이옵니까. 오늘날까지 수백 년 동안 아직도 시호를 내리는 은전을 받지 못하고 있음은 슬픈 일이옵니다.

때를 만나는 것은 천명天命이요 드러나고 묻히는 것은 시운時運이옵니다. 예로부터 절의지사節義之士로는 은殷나라의 백이伯夷가 있사온데 주周·소召 이공二公이 별달리 찬양하지 않았고, 진나라의 도연명陶淵明은 일찍이 당대唐代의 모든 이들이 칭찬한 바가 없었습니다. 만일 공자께서 백이를 표 나게 드러내지 않았고 또 주자朱子가 도연명에 대해 특별히 쓰지 않았다면, 그 누가 서산에서 굶어죽은 사람이 있음을 알 것이며 진나라에 높은 선비가 있었음을 알 것이겠나이까. 병으로 인해 물러난 자취는 한때 파묻혀 버렸으나 강상綱常을 붙들고 순국殉國한 절개는 천고에 사라지지 않았으니, 이는 곧 정몽주가 사직에 순殉하고 길재가 절의의 이름을 지킨 것과 견주어도 그 경중을 가리기 어렵사온데 홀로 시호諡號와 사액賜額의 은전을 입지 못했나이다. 불초한 잔손孱孫이 멀리 벽지에 있어 진정陳情과 청원請願이 미치지 못한다는 이유로 끝내 탁연卓然한 충의忠義가 사라져 감을 말하지 않는다면 어찌 향우지탄向隅之歎이 없겠나이까.

혹자는 고려조 때의 일이라 너무 오래되어 시액諡額이 곤란하다고 하나, 생각하건대 신의 선조와 정몽주, 이색, 길재는 똑같은 절의였음에도 정몽주·이색·길재만이 성조聖朝에서 시액을 했으니 이는 전후가 맞지 않는 일인즉 똑같은 절의를 다 함께 시액한다면 은전恩典이 세상에 더욱 더 빛이 날 것이옵니다.

혹자는 벼슬이 정경正卿에 이르러야만 시액한다고 하지만, 생각하옵건대 길재는 주서注書로서도 시액을 받았은즉 사인舍人의 직위가 주서注書에 미치지 못하는 것은 아니옵니다. 본조本朝의 신으로써 말씀드리자면, 단종조端宗朝 때 생육신生六臣은 그 본손의 상언上言으로 시액을 받았는데 이맹전李孟專·조려趙旅·남효온南孝溫 등은 정언正言이나 위포韋布로서도 은전을 입었으니 진실로 절의로써 포상한다면 그 벼슬의 낮음에 구애되지 않는 것이 옳은 일이라 하겠나이다.

하물며 신의 선조 홍로는 길재와 더불어 그 절의와 거취를 같이했다고 하나 북향사배北向四拜하고 "신은 나라와 함께 죽나이다"라 고 하는 것은 더욱 어려운 일이 아니겠나이까. 길재는 곧 시호를 내려 포상하고 은액恩額을 내려 숭상했으나 신의 선조는 시액을 내리지 않음은 비단 자손으로서도 억울하고 원통한 일일뿐만 아니라 조정의 모든 상절지도尙節之道에 결함이 생길까 두렵나이다.

성상聖上께서 보좌寶座에 오르신 이래 원근과 시대를 가리지 않고 숨은 절의를 드러내니, 삼백주三百州 충의忠義의 자취가 찬연하게 되었사옵니다. 이는 실로 억만년의 근본을 공고히 하는 빛나는 실적이오나, 오직 신의 선조 홍로는 정몽주, 길재와 똑같은 충의로써도 홀로 은전에서 빠졌으니 진실로 원통하고 억울한 마음 이길 길이 없어 감히 외람됨을 무릅쓰고 천리를 달려와 성상께 청원하나이다. 엎드려 바라옵건대, 신의 선조 홍로의 강상綱常을 세우고 순국한 절개를 기리어 특별히 시액을 내리는 은전을 베푸신다면 백세의 곧은 충절이 밝게 드러날 것이오며 성대聖代의 천은天恩을 입는 일이 되겠사옵니다. 삼가 계啓를 올리나이다.

　<계 아래에 해당 조曹에 품신하라는 영이 있다. 소주: 당시에 본조는 사태가 중함에 장계를 회람하였으나 끝내 일이 이루어지지 못했다.>

경재 홍로 선생 개찬행장[敬齋洪魯先生改撰行狀]

경재 홍로 선생의 행장行狀은 일찍이 고려조高麗朝에서 경재선생과 동방급제同榜及第하고 조선조에 들어와 사헌부감찰司憲府監察을 역임한 피자휴皮子休 공이 지은 것이 있다. 그러나 당시는 경재 선생께서 여조麗朝를 위해 순절殉節하신 지 1년밖에 지나지 않아 집안 사정이 아직도 황망慌忙하여 선생의 몇몇 유문遺文마저 미처 수습하지 못한 때였다. 뿐만 아니라 그 즈음은 이씨李氏왕조가 막 시작되던 때라 전조前朝를 위해 자진순절自盡殉節한 사실은 멸문滅門의 화를 입을 수 있으므로 감히 발설發說하지 못할 상황이었다. 따라서 피자휴가 쓴 행장의 내용은 자연 소략할 수밖에 없었다. 이러한 연유로 인해 시간이 흐르면서 선생의 행적은 점차 가려지고 때로는 왜곡되게 전해짐을 면하기 어려웠다. 그럼에도 불구하고 가전家傳된 몇 편의 유문遺文과 유사遺事 그리고 뜻있는 군자君子들의 문자 등에 힘입어 선생의 행적이 완전히 소실消失되지는 않았다. 다행히 선생께서 순절하신 지

500년이 지난 뒤에도 귀중한 문적文籍들이 연이어 발견되고, 마침내 선생의 죽음에 대해 당대當代 저명한 역사학자인 조동걸趙東杰 박사의 '자진순절自盡殉節'이라는 엄정한 사필史筆이 내려짐으로써 선생의 생애에 대해 좀 더 상세하고 바르게 기록할 필요가 제기되었다. 이에 불초不肖 후손이 지금까지 전해오는 여러 가지 자료를 근거로 감히 이전의 행장行狀을 보충하여 개찬改撰한다.

선생께서는 1366년(丙午年, 공민왕 16) 정월 13일 인시寅時에 경상북도 군위군 부계면 남산리 갖골마을(당시는 경상도 善山府에 속함)에서 부림홍씨缶林洪氏 9세로 태어났으며, 이름은 로魯, 자는 득지得之, 호는 경재敬齋이다. 부림홍씨의 시조는 고려 중엽 재상을 지낸 란鸞이며, 선생의 조부는 감무監務를 지낸 련漣이고, 조모는 해주최씨海州崔氏 문헌공文憲公 최충崔沖의 후손이며, 부는 진사進士 민구敏求이다. 부父 진사공進士公의 자字는 호고好古, 호號는 죽헌竹軒으로 어머니에 대한 효성이 지극하였으며, 익재益齋 이제현李齊賢과 우곡禹谷 정자후鄭子厚, 목은牧隱 이색李穡, 적성군赤城君 우길생禹吉生 등 제공諸公과 교유하여 귀양歸養할 때 우정友情을 표현한 증별시贈別詩가 남아 있다.

선생은 천성이 장중정아莊重正雅하고 순수우미純粹優美하여 어릴 때부터 독서를 즐겨함에 7세에 이미 효경孝經을 이해했으며, 장성해서는 성리학性理學에 몰두, 고금가례古今家禮와 이락연원록伊洛淵源錄 등을 탐독하였다. 진사공이 송경松京에 머무를 때, 선생은 포은圃隱 문하에 나아가 성리학 공부에 전념하였으며, 뒷날 포은이 팔공산八公山 동화사桐華寺에서 문생門生 13인과 어울린 자리에 선생도 참석하여 연구단시聯句短詩를 남겼다. 목은牧隱도 "득지得之의 문장은 참으로 훌륭하다"(舊碣)고 칭찬해 마지않았다.

선생은 원래 과거에 뜻을 두지 않았다. 그러나 진사공께서 "대저 어려서 글을 배우는 것은 커서 실행함에 있는데 하물며 어버이가 늙어 집에 있음에랴!"(行狀)라고 하신 말씀을 받들어 마침내 22세(1387, 우왕 13) 때 생원시生員試에 급제하고, 25세(1390, 공양왕 2) 때 별시別試 문과文科에 급제하였다. 문과급제文科及第 후 포은의 추천으로 한림학사翰林學士를 지냈으며, 1년여 만에 특진, 정4품직인 문하사인門下舍人에 올랐으니, 국왕의 기대와 총애가 남달랐음을 알 수 있다.

그러나 당시는 위화도회군 뒤 이성계 일파가 신왕조 수립의 야욕을 노골화하면서 고려왕조의 운명은 오직 포은 한 사람에게 달려 있던 상황이었다. 선생은 임금께 밀계密計를 올려 목은牧隱을 귀양지에서 석방케 하여 포은의 우익右翼을 도우는 등 고려왕조의 부지扶持에 사력死力을 다했다. 하지만 형세는 나날이 불리해져 마침내 귀향을 결심하게 되니, 때는 임신년(1392, 공양왕 3) 1월이었다. 젊은 나이에 청운의 뜻을 접고 2년의 시간도 채 지나지 않아 선생은 「귀전음歸田吟」을 읊으며 늙은 부모님이 기다리고 있는 고향땅으로 돌아오게 된 것이다. 선생은 부득이 임금 곁을 떠나게 된 비통한 심회心懷를 "남쪽으로 향하는 길

궁궐 점점 멀어지니, 나귀야 너의 걸음 부디 더디 걸어 다오"(「歸田吟」)라고 표현했으며, 본래의 품었던 뜻을 "평생토록 충과 의를 마음속에 가득 담아, 임금과 백성 위한 포부가 깊었건만, 모든 일이 이제 와 품은 계책에 어긋나니, 차라리 돌아가 자연에 묻혀 살리"(「寫懷」)라고 읊었다.

선생이 귀향했을 때 포은이 "득지득지得之得之!"라고 말하였으니, 이것은 진실로 "득지가 뜻을 얻었도다!"라는 뜻으로 선생이 귀향하는 뜻을 높이 사면서 자字를 가지고 찬탄하여 말한 것이다. 고향으로 돌아온 선생은 처소에 편액한 경재敬齋를 자호自號로 삼았으며, 진처사晉處士 도연명陶淵明의 고결한 행적을 좇아 마을 이름을 율리栗里로 바꾸고 문전門前에는 다섯 그루의 버드나무를 심었다. 그리고 그의 시를 즐겨 읊으며 지낸 채 일절 사람을 만나지 않았다. 하지만 이것이 어찌 선생의 참다운 모습이었겠는가? 선생이 귀향을 결심하고 오랜 벗 허조許稠와 이별하며 "나라 지킬 사람 없어 군마도 슬프구나. 임 도울 힘 없으니 부끄럽기 그지없네. 떠나는 이 자리에서 은근한 나의 뜻은, 나라를 바로잡아 태평성세 이룸일세"(贈許司諫稠)라고 한 것을 보면, 내심 고려를 부지할 모종의 계획을 품고 있었던 것으로 짐작된다. 실제로 귀향할 때에도 포은과 주고받은 서찰書札이 남아 있으니, 그 내용 또한 이 사실을 뒷받침하기에 충분하다. 다만 이 서찰이 선생께서 돌아가신 지 500년이 넘어서야 발견되었으니 때늦음이 한탄스러울 따름이다. 이렇듯 몸은 비록 멀리 고향땅에 있었지만 마음은 잠시도 임 계신 송도松都를 떠날 수가 없었다. 그해 4월 김진양金震陽이 이성계 일파를 제거하고자 상소를 올렸다는 소식에 뒤이어 포은 공이 선죽교善竹橋에서 이방원李芳遠의 부하인 조영규趙英珪에 의해 참화를 당했다는 비보를 접하게 된 선생은 깊은 실의失意 속에서 나날을 보냈다.

마침내 이성계가 신왕조를 세운다는 소식을 접하고, 선생은 7월 4일 곡기穀氣를 끊은 채 지내다 열사흘이 지난 7월 17일 사시巳時에 자진순절自盡殉節하였으니, 이 날은 고려가 망하고 조선이 선 바로 다음날로, 향년은 27세였다. 당시의 자세한 사정을 번암樊巖 채제공蔡濟恭은 「묘갈명墓碣銘」에서 "얼마 안 되어 포은의 죽음을 듣고 슬퍼하며 '사람은 없어지고 나라도 함께 망했도다'라 말하고 이로부터 슬픔에 잠겨 그해 7월 초에 병을 얻었는데 17일 새벽에 일어나 '지난밤 꿈에 태조 대왕을 뵈었다. 나는 오늘 죽을 것이다'라 하고 사당에 들어가 절하고 아버님 진사 공 침실에 나아가서 꿇어앉아 가르침을 받고 다시 북쪽을 향하여 임금님께 사배四拜하면서 '신臣은 나라와 함께 죽나이다'라고 말한 뒤 의관衣冠을 바로하고 자리에 누워 자는 듯이 세상을 뜨니 그때의 나이 스무 일곱이었다"라고 기술하고 있다.

이해 9월에 부계면缶溪面 동쪽 시현市峴 간좌지원艮坐之原에 장사 지냈던바, 외삼촌인 문화공文和公이 선생을 조상弔喪하며 "구슬과 같은 자질과 얼음과 같은 깨끗한 지조를 가진 그대는 지혜는 밝게 앞일을 살폈고, 학문은 뒷사람들의 규범이 될 만하다"(行狀)

라고 말하였다. 선생은 순절하기에 앞서서 장문長文의 「가훈시家訓詩」를 남겼으니, 이는 유언과도 같은 것이었다. 선생의 배위配位는 흥양위씨興陽韋氏 상공相公 신철臣哲의 따님이며, 아들 재명在明을 두었다.

동방급제한 사헌부 감찰 피자휴皮子休는 선생의 「행장」(1393)을, 문경공文敬公 허조許稠는 「시집서詩集序」(1400)를 지어 전했으나 문집인 『경재선생실기敬齋先生實紀』는 몰후歿後 434년이 지난 1826년에 초간初刊되었다. 선생의 원래 묘갈墓碣은 임진왜란 이전에 세워졌으나 문자가 심하게 마멸되어 1771년에 다시 세웠으며, 번암 채제공이 이전 묘갈을 바탕으로 새로운 「묘갈명」을 지었다. 번암이 그 「묘갈명」에서 "고려의 국운國運이 기울어짐에 야은冶隱은 가고 포은圃隱은 죽고 목은牧隱은 절개를 꺾지 않고 몸을 마쳤으니 이것은 그 의義를 행함에 있어 각기 그 방법은 다르지만 나라를 위해 몸을 바친 점에 있어서는 같은 것인데, 경재 홍공이 그의 뜻을 숨기고 사람에게 알리지 않으려고 한 그 자취는 아름다운 일이라 하지 않을 수 없다. 군자들이 선생을 삼은三隱의 반열에 두었으니 그 어찌 근거 없이 논평한 것이리오"라고 한 이후 선생을 포은이나 야은에 비견한 문자가 수갈시운竪碣時韻의 차운시次韻詩와 기문記文, 봉안문奉安文, 발문跋文, 상량문上樑文, 상소문上疏文 등 수많은 곳에서 발견된다. 이와 같은 문적文跡을 남긴 대표적인 유현들로 대산大山 이상정李象靖, 소산小山 이광정李光靖, 천사川沙 김종덕金宗德, 낙파洛坡 류후조柳厚祚, 긍암肯庵 이돈우李敦禹, 척암拓

菴 김도화金道和 등이 있다. 회고하건대 문헌의 부족과 시세의 불리함으로 선생의 행적이 많이 은폐되어 있었음에도 제현들의 평론이 이와 같이 높았는데, 진상이 모두 밝혀진 오늘에서야 다시 무슨 췌언贅言이 필요하겠는가?

그 외에도 선생이 벗 최이와 더불어 우주만물의 철리哲理를 논한 "태극의 이치, 그대 아는가 모르는가? 나는 이제 이해함이 분명하다네. 하늘과 땅이 처음 열리기 전에, 리理와 기氣가 먼저 존재했음에, 음양과 오행이 정밀하게 엉기고 합하여, 복잡하게 천지만물 변화 생성되었다네. 그 이치 육상산陸象山은 깨닫지 못했으니, 있다 없다 논쟁한 일 우습기도 하구나. / 태극은 음과 양의 오묘한 이치, 태초에 그것 좇아 조화가 생겨났네. 허한 가운데 참다운 이치 있어, 음양이 돌고 돌아 그침이 없네. 있다고 어찌 보인다 할 것이며, 없다고 어찌 보이지 않는다 하리. 염계濂溪가 초연히 홀로 깨달아, 영원히 많은 이치 깨우쳐 주었네"(與崔伊論太極圖說)와 「정중음靜中吟」 등의 시를 보면 선생은 '동방리학지조東方理學之祖'인 포은리학圃隱理學의 학통을 계승했음이 분명하다. 선생은 포은과 같은 고향에서 태어났을 뿐만 아니라 그 문하에 나아가 함께 리학理學을 궁구하며 같은 길(道)을 걷다가 같은 때(時)에 돌아가셨으니, 포은 문하에 선생과 같은 이가 몇이나 있겠는가? 성리학과 관련된 문헌이 많이 남아 있지 않음이 안타까우나, 포은 또한 유문遺文이 매우 적으며, 야은보다는 결코 뒤지지 않으니 유문遺文의 다소多少를 논할 바는 아니라고 여겨진다.

선생의 신위神位는 종택가묘宗宅家廟에 불천위不遷位로 봉안되어 온 한편, 향리의 용재서원湧才書院에 이어 율리사栗里祠와 세덕사世德祠를 지어 배향하였으며 이후 세덕사가 양산서원陽山書院으로 승호陞號되면서 이곳에서 봉향奉享하였다. 1868년 대원군에 의해 양산서원이 훼철된 후 2015년에 복원되면서 선생의 신위神位를 다시 환안還安하게 되었다. 아! 감개무량한 일이로다.

2015년 8월 양산서원陽山書院 복원의 때를 맞아
후손 철학박사 계명대 교수 홍원식 삼가 짓다

경재 홍로 선생 연보[敬齋洪魯先生年譜]

1366년(丙午, 공민왕 15) 1세
정월 13일 인시寅時에 경북 군위군 부계면 남산리 갖골마을(한밤마을에 포함, 당시는 경상도 善山府에 속함)에서 태어나다. 자는 득지得之, 호는 경재敬齋이다.

선생의 본관은 부림缶林(缶溪)이고, 시조는 고려 중엽 재상을 지낸 란鸞이며, 선생은 부림홍씨 9세이다. 조부는 감무監務를 지낸 련湅이고, 조모는 해주최씨海州崔氏 문헌공文憲公 최충崔沖의 후손이며, 부父는 진사進士 민구敏求이다. 부친 민구의 자는 호고好古이며 호는 죽헌竹軒으로 어머니 최씨에 대한 효성으로 유명했다. 익재益齋 이제현李齊賢, 우곡禹谷 정자후鄭子厚, 목은牧隱 이색李穡, 적성군赤城君 우길생禹吉生 등과 교유하였으며 귀양歸養할 때의 증별시贈別詩가 여럿 남아 있다.

선생은 "어릴 때부터 장아莊雅하고 수미粹美하여, 나이 일곱에 이미 효경孝經에 통했고 책 읽기를 게을리 하지 않았다. 장성해서는 성리학에 전념하여, 고금가례古今家禮와 이락연원록伊洛淵源錄 등을 열심히 읽었다."(「行狀」) 일찍이 목은 이색은 "득지의 문장은 참으로 훌륭하다"(「舊碣遺字」)라고 칭찬하였다.

1387년(丁卯, 우왕 13) 22세
생원시生員試에 합격하다.

선생은 과거볼 뜻이 전혀 없었는데 부친 진사공이 "대저 어려서 글을 배우는 것은 커서 실행함에 있는데 하물며 어버이가 늙어 집에 있음에랴" 하니, 드디어 과거보기를 마음먹었다.(「行狀」)

8월 15일, 포은 정몽주가 문생 13인과 팔공산 동화사桐華寺에서 모임을 가지고 각자의 친필을 담은 연구시첩聯句詩帖인 「백원첩白猿帖」을 남겼는데, 선생도 당시 모임에 참가하여 친필 연구시聯句詩를 남기다.

이 「백원첩白猿帖」은 포은圃隱 정몽주鄭夢周가 명나라에 사신으로 갔다가 유총마劉聰馬(이름 禧億)란 사람으로부터 얻어 온 고려 태조 왕건의 유필遺筆을 보고 그 소회를 읊어 엮은 시첩이다. 고려 태조 왕건王建은 왕위에 오르기 전인 916년(丙子) 태봉국泰封國을 토벌할 당시 유총마의 선조 유덕劉德 장군에게 증별贈別로 절구絶句 상하 두 편을 써 주었는데, 유장군의 후손 유총마가 이를 보관하고 있다가 포은에게 그 중 한 편을 내어 준 것이다. 그 후 14년이 지난 1387년(우왕 13) 8월 15일에 포은이 문생 13인과 팔공산 동화사에 소풍 차 모인 자리에서 태조 왕건의 유필을 보고서 각자의 감회를 담은 연구聯句의 시를 지어 친필로 남겼다. 당시 참가한 문생은 이보림李寶林, 이종학李種學, 길재吉再, 홍진유洪進裕, 고병원高炳元, 김자수金子粹, 김약시金若時, 윤상필尹祥弼, 홍로洪魯, 이행李行, 조희직曺希直, 도응都應, 안성安省이었으며, 이 가운데 선생을 위시한 7인의 유필만 현재 남아 있다. 이 시첩에는 태조 왕건이 유덕 장군과 증별할 때 친필로 적은 이백李白의 시(「所思: 別東林寺僧」) "동림송객처東林送客處, 월출백원제月出白猿啼, 소별여산 원笑別廬山遠, 하번과호계何煩過虎溪"(동림사, 길손 떠나보내는 곳, 달이 뜨고 흰 원숭이 우짖네. 웃으며 이별하니 여산은 멀어졌건만, 어찌 호계 건넜음을 근심하리오)가 맨 앞에 실려 있고, 이어 중국 사행에서 태조 왕건의 친필을 입수하게 된 경위와 동화사 모임에서 연구시 聯句詩를 쓰게 된 경위를 적은 포은의 친필로 된 발문跋文이 있으며, 그 뒤에 7명의 문생들의 친필로 된 연구단시聯句短詩가 있다. 선생 은 "천지냉금기天地冷金氣, 풍운포옥파風雲抱玉葩"(세상엔 어지러운 기운이 싸늘한데, 풍운 속에서도 아름다운 시 지으셨네)라는 내용의 연구단시를 남겼다.

1390년(庚午, 공양왕 2) 25세
별시別試 문과文科에 합격하다.

당시 지공거知貢擧는 문하평리門下評理 성석린成石璘이고 동지공 거同知貢擧는 조준趙浚이었으며, 허조許稠와 피자휴皮子休, 최이崔伊 등이 동방급제하였다.

최이崔伊와 주염계周濂溪의 「태극도설太極圖說」에 대해 시로써 논하다.

이 시를 보면 선생이 성리학에 대한 조예가 매우 깊었으며 포은 선생을 이어 주자학의 정통에 서 있었음을 확인할 수 있다. 일찍이 번암樊巖 채제공蔡濟恭은 "공의 시詩 몇 편이 세상에 전해지고 있으니 세인世人들이 말하기를 우리나라 정주학程朱學은 포은으로부터 시작되었다 하는데 지금 공의 시를 보면 그 의취義趣와 견식見識이 완전히 정주학에서 나온 것을 알 수 있으니 공의 학문연원 또한 포은으로부터 얻은 것이라 하겠다. 출처出處의 바름과 지절志節의 굳음이 그 강명講明에 바탕이 있었기 때문이다. 공을 알려면 이 점을 상고할지어다"(「墓碣銘并序」)라고 하였다.

7월에 이색李穡과 조민수曺敏修를 귀양지에서 불러오도록 임금께 밀계密計를 올리다.

당시 이성계 일파인 사인舍人 조박趙璞과 좌사의左司議 오사충吳司忠 등이 '윤이尹彝·이초李初의 사건'으로 귀양 가 있던 이색李穡과 조민수曺敏修 등에게 추가로 죄를 다스릴 것을 상소했을 때 조정의 신하들이 겁을 먹고 감히 아무도 말도 하지 못하고 있었는데 선생이 임금께 밀계密計를 올려 귀양지에서 그들을 불러오도록 하였으니, 이색 등의 방면에는 선생의 힘이 컸다.(「舊碣遺字」, 「墓碣銘并序」, 「追述遺事」)

전해(1389)에 야은冶隱 길재吉再는 이성계가 위화도회군을 한 뒤 '폐가입진廢假立眞'의 명분 아래 우왕禑王에 이어 창왕昌王까지 폐위廢位한 뒤 공양왕恭讓王을 세우는 것을 보고 관직을 버리고 고향인 선산善山 해평海平으로 돌아갔다. 당시 부림은 의흥현義興縣

에 속했는데, 의흥현이 선산의 속현屬縣이었으므로 야은과 선생은 같은 고향 출신이다.

1391년(辛未, 공양왕 3) 26세
포은이 선생을 한림원翰林院에 추천하였으며, 임금의 지극한 사랑으로 단계를 밟지 않고 정4품직인 문하사인門下舍人에 오르다.

피자휴皮子休는 일찍이 「행장」에서 "공은 젊은 나이에 문장이 훌륭하고 덕망이 높아서 함께 급제한 사람들 중에서 뛰어났으니, 조정 내에서도 추앙을 받았다. 임금님께서 지극히 사랑하시어 차례를 밟지 않고 한림학사翰林學士를 제수除授하심에 문하사인門下舍人에 올랐다"라고 적고 있다. 당시 포은이 문하시중門下侍中으로 있었다.

1392년(壬申, 공양왕 4) 27세
2월 이성계 일파의 정치적 세력이 더욱 강화되고 신왕조를 세우려는 야욕이 노골화되자 후일을 도모하기 위해 병을 핑계대고 귀향하다.

선생은 귀향하는 마음을 「사회寫懷」와 「귀전음歸田吟」에 담아내었는데, 이와 더불어 허조許稠에게 증별하며 써 준 시 「증허사간조贈許司諫稠」를 보면 "나라 지킬 사람 없어 이별 자리 슬프고, 임 도울 재주 없어 부끄럽기 그지없네. 떠나는 이 자리서 은근한 나의 뜻은, 나라를 바로잡아 태평성세 이룸일세"라고 말하고 있어, 귀향의 이유가 단순히 벼슬길에 염증을 느껴 전원에 숨어 살기 위한 것이 아니라 모종의 일을 도모하기 위한 것이었음을 알 수 있게 한다.

선생이 떠날 때 포은이 소식을 듣고 "득지득지得之得之"라고 말하다.

이것은 "득지가 뜻을 얻었도다!"라는 뜻으로 선생이 귀향하는 뜻을 높이 사면서 자字를 가지고 찬탄하여 말한 것이다.

고향으로 돌아온 뒤 포은이나 야은과의 관계를 일체 숨긴 채 도연명의 행적을 좇았지만 포은과 은밀하게 소식을 주고받으며 귀향하다.

당시 선생과 포은이 서로 주고받은 친필 서신이 1916년 한성漢城 홍병훈洪炳勳의 댁에서 발견되었는데, 그 내용을 보면 낙향할 당시 두 사람은 근황을 서로 전하며 모종의 일을 도모하였음을 알 수 있다. 피자휴는 「행장」에서 "조정의 정치가 날로 그릇되고 정세가 더욱 어지러워지자 공은 귀향을 결심하고 병이라 일컬으며 물러났다. 율리栗里의 고향집으로 돌아온 공은 벼슬의 뜻을 버리고 정성을 다해 부친 진사공을 봉양하면서 그 실호室號를 경재敬齋라 했다"라고 적었다. 또 박천우朴天祐는 「추술유사追述遺事」에서 "선생 마을은 옛날 이름이 대식大食(한밥) 또는 대야大夜(한밤)였는데, 선생이 대율大栗(한밤)이라 고치고 작은 집 한 채를 지어 경재敬齋라는 현판을 걸었다. 그리고 대문 앞에 손수 버드나무 다섯 그루를 심고 도연명陶淵明의 시를 애송愛誦하였는데, 달 밝은 밤이면 바로 앉아 그 시를 읊으니 소리와 운치가 비장했다"라고 적었다.

4월 김진양金震陽이 상소를 올렸다는 소식을 듣고 탄식하다.

　3월 이성계가 해주海州지방에 사냥을 나갔다가 크게 부상당하는 일이 일어나자 4월에 김진양金震陽이 이 기회를 틈타 이성계 일파를 제거하기 위해 상소를 올렸는데, 이 소식을 전해들은 선생은 그가 곧 죽게 될 것이라고 탄식하였다. 실제로 김진양은 이 일로 귀양 가서 얼마 후에 죽었다.

4월 포은이 선죽교에서 피살되었다는 소식을 듣다.

　포은이 이성계의 문병問病을 다녀오는 길에 이방원李芳遠의 부하 조영규趙英珪에 의해 선죽교善竹橋에서 피살되었다는 비보를 접하고 선생은 이제 "사람도 죽고 나라도 망하는구나"라고 탄식하며 깊은 실의 속에서 나날을 보내었다.

7월 17일 곡기를 끊은 지 13일 만에 자진순절自盡殉節하다.

　포은이 선죽교에서 화를 당했다는 비보에 이어 이성계에 의해 곧 새 왕조가 선다는 소식을 들은 선생은 7월 4일부터 곡기穀氣를 끊었고, 13일 째인 17일 사시巳時에 마침내 자진순절自盡殉節하였다. 향년 27세였다. 선생이 순절하기 전날 고려가 망하고 조선이 섰다. 채제공은 「묘갈명墓碣銘」에서 "얼마 후에 포은의 장壯한 비보悲報를 듣고 '사람도 죽고 나라도 망하는구나' 하고 이로부터 슬픔에 잠겨 병석病席에 눕고 반 달 만인 7월 17일 새벽에 갑자기 일어나서 "지난 밤 꿈에 태조대왕을 보았으니 나는 오늘 죽을 것이다" 하시며 사당祠堂에 배알拜謁하고 아버님 진사공에게 문안 드리고 북면사배北面四拜하시어 "신은 나라와 함께 몸을 마치나이다" 하시고 의관衣冠을 정제하고 조용히 운명하시니 그때 나이가 27세였다"라고 적었다.

선생은 스물일곱 젊은 나이에 순절殉節하며 유언과도 다를 바 없는 「가훈시家訓詩」를 남겼다.

외삼촌인 문화공文和公은 선생을 조상弔喪하며 "구슬 같은 자질에 얼음 같은 깨끗한 지조, 그대의 지혜는 밝게 앞일을 살폈고 학문은 뒷사람들의 규범이 될 만하다"라고 하였다.

9월 부계면缶溪面 동쪽 시현市峴 간좌지원艮坐之原에 장사지내다.

배配는 흥양위씨興陽韋氏 상공相公 신철臣哲의 따님이며, 아들 재명在明을 두었다.

1393년(태조 2, 몰후 1년)
피자휴가 「행장」을 짓다.

7월 조산대부朝山大夫 사헌부감찰司憲府監察 피자휴가 선생의 「행장」을 지었다. 피자휴는 선생과 같은 때에 급제하였다.

1400년(정종 2, 몰후 8년)
허조許稠가 선생 시집의 「서序」를 짓다.

8월 예조참의禮曹參議 허조가 선생의 시집詩集에 「서序」를 지었

다. 허조는 하양河陽 사람으로 선생과 같은 때에 문과 급제하였으
며, 시호는 문경文敬이다.

임진왜란(1592) 이전
묘비를 세우다.

　묘비墓碑를 세운 시기와 묘갈墓碣의 찬자撰者는 정확히 알 수
없으며, 묘갈의 유자遺字가 남아 있다. 뒷날 이만운李萬運이 「구갈
발舊碣跋」을 지었다.

1649년(인조 27, 몰후 257년)
용재서원湧才書院을 창건하고 선생을 배향하다.

　용재산湧才山 기슭(陽山 근처로 추정)에 용재서원湧才書院을 세우고
선생을 배향配享하였다. 이후 이건移建하였으며, 폐훼廢毁 시기와
이유는 정확히 전하지 않는다.

1711년(숙종 37, 몰후 319년)
율리사를 창건하고 선생을 배향하다.

　용재서원 옛터에 율리사栗里祠(栗里社)를 창건하고 선생을 배향
하였다. 영조 때인 1742년 국령國令에 의해 훼철되었다.

1771년(영조 47, 몰후 379년)
채제공이 새로이 묘갈명을 짓고 묘비를 세우다.

번암樊巖 채제공蔡濟恭이 새로 묘갈명墓碣銘을 짓고 묘비墓碑를 세웠다. 번암은 「묘갈명병서墓碣銘幷序」에서 "고려高麗의 국운國運이 다함에 야은冶隱은 가셨고, 포은圃隱은 죽으셨고, 목은牧隱은 절개를 지켜 몸을 바치셨으니 그 의義를 행行하는 방법은 각각 다르나 나라를 위하여 몸을 바침은 다 같은 것이다. 경재敬齋 홍공洪公은 그 자취를 감추시고 뜻을 숨겨 세상에 알리고자 아니하였으므로 당시 군자君子들이 공公을 삼은三隱의 열列에 두었으니 어찌 근거 없는 논평論評이리요"라고 적었다. 이후 선생을 포은이나 야은과 함께 든 문자가 수갈시운竪碣時韻의 차운시次韻詩와 기문記文, 봉안문奉安文, 발문跋文, 상량문上樑文, 상소문上疏文 등 수많은 곳에서 발견된다. 이러한 문적文跡을 남긴 유현儒賢들로는 대산大山 이상정李象靖과 소산小山 이광정李光靖, 천사川沙 김종덕金宗德, 광릉廣陵 이만운李萬運, 낙파洛坡 류후조柳厚祚, 긍암肯菴 이돈우李敦禹, 척암拓菴 김도화金道和 등이 있다.

1783년(정조 7, 몰후 391년)
세덕사世德祠를 창건하고 선생과 함께 허백정虛白亭 홍귀달洪貴達, 우암寓菴 홍언충洪彦忠 3선생을 합향合享하다.

1786년(정조 10, 몰후 394년)
12월 28일 세덕사를 양산서원陽山書院으로 승호陞號하고 3선생을 합향하다.

1794년(정조 18, 몰후 402년)
양산서원에 대한 사액청원소賜額請願疏를 올리고, 이듬해 예조禮曹에 정문呈文
을 올리다.

1797년(정조 21, 몰후 405년)
선생의 시호諡號를 청하는 상소를 올리다.

1826년(순조 26, 몰후 434년)
『경재선생실기敬齋先生實紀』를 초간初刊하다.

　　이때 간행된 『경재선생실기敬齋先生實紀』는 각판 73판에 보판
5판의, 총합 78판으로 된 단권單券이다.

1868년(고종 5, 몰후 476년)
대원군大院君의 전국적인 서원훼철령書院毁撤令에 따라 양산서원이 훼철되다.

1916년(몰후 524년)
친필 서신인 「상포은선생서上圃隱先生書」와 포은의 「답서」가 발견되다.

　　한성 홍병훈洪炳勳의 댁에서 친필 「상포은선생서上圃隱先生書」(洪
魯)와 포은의 「답서答書」가 발견되어 부림홍씨缶林洪氏 한밤 문중에
서 입수한 뒤 1920년(庚申)『경재선생실기敬齋先生實紀』를 중간重刊할
때 전사轉寫하여 실었다.

1920년경

선생의 친필이 포함된 「백원첩白猿帖」이 발견되다.

　1920년경 「백원첩白猿帖」이 발견되어 부림홍씨 한밤문중에서 입수하여 보관해 오다가, 1976년 『경재선생실기역편敬齋先生實紀譯編』을 펴낼 때 권두卷頭에 전사轉寫하여 실었다.

1927년(몰후 535년)

군위군 효령면 매곡리 수동壽洞에 수산서원壽山書院을 창건하고 포은圃隱과 선생을 합향하다.

1948년(몰후 556년)

척서정陟西亭을 양산폭포 옆으로 이건移建하여 선생의 갱장지소羹墻之所로 삼고, 구 척서정은 양산서당陽山書堂으로 개편改扁하여 선생의 추모지소追慕之所로 삼다.

1964년(몰후 572년)

선생의 유허遺墟에 유허비를 세우다.

　유허비의 전면에는 "高麗門下舍人敬齋洪先生遺躅"(고려 문하사인 경재 홍선생의 유적지)이라고 적혀 있고, 후면에는 "首陽白日, 栗里淸風"(수양산의 白日이요, 율리의 淸風이로다)이라는 글에 이어 그 아래에 "壬申七月十七日是日麗亡之翌日"(임신년 7월 17일, 이날은 고려가 망한 다음날이다)이라고 적혀 있다.

2011년(몰후 619년)
『경재선생실기』 목판木板을 한국국학진흥원에 기탁하다.

　12월, 200년 가까이 양산서원陽山書院(陽山書堂)에서 보관해 오던 『경재선생실기敬齋先生實紀』·『(목재선생가숙)휘찬여사(木齋先生家塾)彙纂麗史』(木齋 洪汝河)의 목판木板을 학술발전과 영구보전을 위해 한국국학진흥원에 기탁, 이관하다.

2015년(몰후 623년)
양산서원을 복원하고 위패를 환안還安하다.

　정부의 지원을 받아 3년가량의 공사 끝에 양산서원陽山書院을 복원하고 이전에 있던 경재敬齋 홍로洪魯와 허백정虛白亭 홍귀달洪貴達, 우암寓菴 홍언충洪彦忠 3선생의 위패를 환안還安함과 동시에 목재木齋 홍여하洪汝河와 수헌睡軒 홍택하洪宅夏 선생을 추가 배향하다.
한국국학진흥원에 기탁, 보관 중이던 경재의 실기가 유네스코 세계기록유산에 등재되다.

　　　후손 철학박사 계명대 교수 홍원식洪元植 삼가 짓다

하편 · 실기

(초간) 경재 선생 실기 서문[敬齋先生實紀序]

士以問學爲貴, 幸而遇時, 兼善天下, 不幸而不遇時, 獨善其身,
皆問學之推也. 然兼善非問學不可, 獨善雖若一節之易能, 亦不由
問學, 徒以賢性之美, 趣尙之高而已, 則非吾儒之所貴也. 晉處士陶
淵明, 高尙其志, 超然避世, 固可謂獨善之士, 而跡居行事, 觀其詩
集, 謂之問學之推則未也. 如麗末舍人敬齋洪先生, 以淵明高尙之
捺, 本源六經之學, 非苟以一節名者也. 豈不尤韙乎哉. 先生妙齡登
科, 侍講經帷, 陳勉道義, 殫誠啓沃, 此其志都豈止於獨善其身, 而
奈何邦籙已盡, 哲人可卷, 則遂移疾歸覲于南, 而素與圃隱鄭先生
交厚, 至是不見而去者, 恐其不遣歸也. 同鄕有冶隱之賢, 而不與之
往還, 不欲標高爲名也. 勇退之操, 韜晦之意, 實合於君子之義, 今
按先生遺集家訓等篇, 尤可見問學之源造矣. 家訓詩曰, 至誠承陟
降, 庸敬閑飛淪, 思傳之辭旨也. 愛憎須勿辟, 物我固無畛, 曾傳之
至訣也. 太極詩曰, 虛中包實理, 二氣斡無停, 有豈云依著, 無何謂
杳冥, 濂翁之妙鍵也. 歸田吟, 贈許司諫二詩, 忠孝之根性也. 惜乎,

以是見解之精深, 行誼之純備, 擴而充之, 展而施之, 何不足以致澤
君民. 而遭時運之極否. 悼年命之不永卒之, 與淵明竝稱而止哉. 噫,
使先生不死於麗亡之後, 則亦必有伯夷西山之節, 而麗運朝而訖,
先生夕而死, 就知先生長往之意, 不但在於見幾而作歟. 旣不能展
蘊於治朝, 又不能耀節於衰季, 先生之志業, 於是乎益不幸矣歟, 顔
淵三十二而死, 所傳言語不過寂寥數句, 聖人以殆庶稱之. 今先生
所著述雖不多, 視顔淵尙多, 雖不遇聖人, 許文敬公當世之名賢也,
而許之以誠正之學, 忠孝之成, 斯不足以不朽先生哉. 況一鄕士子
甫, 慕義立祠, 至今尸祝而俎豆之, 先生之風, 庶幾與山水而長遠乎.
先生裔孫承文正字宅夏, 哀集成書來, 請弁卷之文, 不佞以執鞭忻
慕之心, 不辭而樂爲之序.

上之十二年戊申 嘉善大夫原任禮曹參判

兼 五衛都摠府總管 李獻慶 謹書

선비는 학문을 귀하게 여겨 왔다. 선비가 다행히 때를 만나
나라를 훌륭하게 다스리거나(兼善) 불행하여 때를 만나지 못했을
경우 자기 자신만을 올곧게 지켜 나갈 수 있었던(獨善) 것은 모두
학문의 추향推向 때문이었다. 그러니 남을 훌륭하게 다스리는
것도 학문이 아니면 아니 되는 것이며, 자기 자신을 훌륭하게
지키는 것도 비록 자기만의 일이라 쉽게 능히 할 수 있는 일
같지만 그것 역시 학문을 통하지 아니하고 다만 어진 천성의
아름다움이나 취미의 고상함을 위주로 할 뿐이라면 우리 유가儒

家가 귀하게 여기는 바가 아니다. 진晉나라 처사 도연명은 그 뜻을 고상하게 하여 초연히 속세를 떠나 살았으니 참으로 자신만을 훌륭하게 지킨 선비였지만, 그의 거처와 행했던 일 및 시집詩集을 살펴보건대 그것을 학문의 추향推向에 의한 것이라 할 수는 없다. 고려 말기 문하사인門下舍人 경재 홍선생은 도연명의 고상한 지조志操를 갖춘 데다가 육경六經을 근본 원류로 삼아 학문을 이루었으니, 진실로 지조와 학문 중 어느 한 가지만을 위주로 한 것이 아니었다. 그 어찌 더욱 위대한 일이 아니겠는가.

선생은 약관弱冠에 과거에 합격한 뒤 임금님을 모시고 경연經筵에서 강의를 할 때는 도의道義를 개진하여 힘쓰게 했으며 정성을 다하여 깨우쳐 가르쳤으니, 어찌 그 뜻이 모두 홀로 자기 자신만의 지조를 지키는 데 그치는 것이겠는가. 그러나 어찌 하리요. 나라의 역사가 이미 다하고 인재들이 뿔뿔이 흩어지매, 선생은 드디어 질병까지 얻어 부모가 계시는 영남으로 돌아갔다. 본래 포은 정몽주鄭夢周 선생과 교분이 두터웠으나 이때 만나보지 아니하고 간 것은 만나면 고향으로 돌아가지 못하게 할 것을 알았기 때문이었으며, 같은 고을에 야은 길재吉再 선생과 같이 어진 분이 있었으나 더불어 오가지 아니한 것은 자신을 드러내어 명성을 얻고자 하지 않았기 때문이었다. 용기에 의해 물러난 지조와 자신의 존재를 숨기려고 한 뜻은 실로 군자의 의리에 합당한 것이었다. 지금 선생의 유집遺集에 실린 가훈家訓 등의 시편詩篇은 더더욱 그 학문의 근원과 조예를 잘 나타내어 주고 있다. 가훈시家訓詩에서 이른 "지극한 정성으로 조상의 뜻을 계승하며, 항상 공경하여 나쁜 말과 행동을 짓지 말라"(至誠承陟降, 庸敬閑飛淪) 한 것은 자사子思 말씀의 요지이며, "사랑하고 미워함을 편벽되게 하지 말며, 남과 내가 진실로 차등이 없게 하라"(愛憎須勿僻, 物我固無畛)라고 한 것은 증자曾子의 지극한 요결이며, 태극시太極詩에서 말한 "공허한 가운데 실리實理를 포괄하니, 음양陰陽 이기二氣는 돌고 돌아 그침이 없네. 유有라 하여 어찌 드러난다고 할 것이며, 무無라 하여 어찌 아득하다고 할 것인가"(虛中包實理, 二氣幹無停. 有豈云依著, 無何謂杳冥)는 주염계周濂溪 철학의 오묘한 관건關鍵이며, 귀전음歸田吟과 증허사간贈許司諫 두 작품의 시는 충효忠孝의 근성根性을 표현한 것이다.

오호라! 이런 견해의 정심精深함과 행의行誼의 순수함을 구비하여 확충하고 펼쳐 실천했으니, 어찌 임금과 백성들에게 은택을 베풀지 못했겠는가. 그러나 시운時運의 극비極否함을 만나 나라의 운명이 영원하지 못함을 애도하면서 서거하고 말았으니, 어찌 도연명과 병칭並稱되는 데서 그치겠는가. 오호라! 만일 선생이 고려가 망한 뒤에도 돌아가시지 않았다면 또한 반드시 저 은殷나라 충신 백이伯夷가 수양산首陽山에 들어가서 지킨 절개를 보여줌이 있었을 것이다. 그러나 고려의 운명이 아침에 끝나고 선생은 저녁에 돌아가셨으니, 선생이 영원히 추구하고자 했던 뜻이 다만 기미를 살펴 처신하는 데에 있는 것이 아니었음을 알겠도다.

이미 나라를 다스리려는 포부를 펼치지도 못하게 되고 또 쇠망하는 나라에서 절개를 빛낼 수도 없게 되었으니, 선생의 뜻과 대업은 여기서 더욱 불행하게도 사라지고 말았다. 안연顔淵은 32세에 죽어 전해 오는 문장이 거의 남아 있지 않으나 공자는 그를 성인聖人에 가까운 사람이라고 칭찬하였다. 지금 선생이 남긴 바 저술은 비록 많지 아니하지만 안연에 비하면 오히려 많은 셈이다. 비록 공자와 같은 성인을 만나지는 못했으나 당세의 명현名賢인 허문경공許文敬公(許稠)이 선생을 가리켜 "정성스럽고 올바른 학문으로 충성과 효도를 완성한 사람"(誠正之學, 忠孝之成)이라 칭허稱許하였으니, 이것이야말로 선생을 영원불후한 인물로 전하게 하는 데 부족함이 있겠는가. 더욱이 한 고을의 선비들이 선생의 의리義理를 사모하여 묘우廟宇를 건립, 지금까지 위패를 모시고 향사를 치르고 있으니, 선생의 기풍은 고산유수高山流水와 더불어 영원히 전해질 것이다.

선생의 후손 승문정자承文正字 홍택하洪宅夏가 선생이 남긴 자료를 수집하여 책을 완성한 뒤 나에게 서문을 청함에, 나는 가르침을 받고 흠모하는 마음으로 사양하지 아니하고 기꺼이 이 서문을 썼다.

정조正祖 12년(1788) 무신戊申 가선대부 원임예조참판
겸 오위도총부부총관 이헌경 삼가 씀

(초간) 후서[後叙]

조채신曺采臣

君子立於危亂之朝, 抱伯夷之貞操, 而審於進退存亡之道, 一朝超然見幾而作, 則此非道成德立不能焉爾. 故夫子於大易嘗論幾之一字, 而引介于石, 不終日貞吉之, 爻辭繼以贊之曰, 萬夫之望, 蓋聖人之所貴乎, 見幾也如是哉. 余觀敬齋洪先生, 以麗末舍人, 先知時事天命之將變革也, 遂不終日, 作介石之行, 其卓然徽躅, 前賢之撰述已備, 今何用更贅焉. 而其間有三箇隱節, 尤得見幾中最難處, 百世之下, 令人不覺節節起敬而起歎也. 公與圃隱鄭先生, 志義素孚, 倚依深至, 其決歸也, 不見卽行, 此恐其歸意之不能自斷也. 至於冶隱, 則旣同鄕土, 其跡又同, 及歸一不往還, 此嫌其高名之涉於自標也, 勇退之決旣如是, 隱德之潔又如是, 使表裏首末一出於正, 及麗亡之日月, 先生之疾革, 又在其時, 則當日整衣冠北向之拜, 實無異於竹橋景色, 又何其卓卓也. 此皆老成君子之所難, 而時公之年纔二十有七, 則透得義理至處, 又何其如是之夙也. 就觀實紀中畧爾編集, 則其資地之間得氣者, 固有此天成, 而問學之功, 亦有

所不得掄焉者矣. 故見幾之哲, 歸侍之效, 避名之高, 寢第歸化之安,
皆出於守道貞吉, 歛跡韜光, 不使人知之之中也. 其與國偕亡, 伯仲
於圃老, 缶林幽馥, 爭光於金烏, 今距先生之歿, 已四百有餘年, 而
愈久彌彰, 潛光遠孚, 尸祝於靑矜日月於東國, 使王氏五百年社稷,
隊而不隊者, 存惟先生, 夫子所云, 萬夫之望者, 其殆庶幾乎. 先生
之裔孫漢宅, 一日齎先生實紀, 屬余以一言, 以備撰德之列, 余雖拙
於言者, 豈敢自默於山仰之下哉. 謹再拜盥手續貂而歸之.

군자가 국가의 위난에 처하여 백이伯夷의 정조貞操를 가지고
진퇴존망進退存亡의 길을 살펴서 유사시에 초연하게 기미幾微를
미리 짐작하여 행동하는 것은 도를 이루고 덕을 쌓은 사람이
아니면 불가능한 것이다. 그러므로 공자는 일찍이 역경易經의
기幾라는 글자를 논할 때 "개우석介于石(절개가 돌과 같이 굳음), 부종
일不終日, 정길貞吉"이라는 효사爻辭를 인용한 뒤 상찬해서 말씀하
시기를 "모든 사람의 소망은 성인聖人이 소중히 하는 바 기幾를
미리 아는 것"이라고 했다. 경재敬齋 홍선생은 고려 말의 사인舍人
으로, 미리 시사를 알고 천명이 장차 변혁될 것임을 알아 드디어
돌같이 굳은 절개를 지켰다. 그 빛나는 자취는 전현들이 이미
기술하였으니 이제 다시 되풀이할 필요가 있으랴. 그동안 삼개三
箇의 은절隱節이 있으니 견기見機(앞일을 미리 내다봄)에도 가장 어려
운 것으로 백세百世가 지나도 사람들은 경탄을 금치 못한다.
공은 포은 선생과 뜻을 같이했고 평소 깊이 사귀었으니, 괘관掛

冠하고 돌아올 당시에 포은에게 말도 없이 돌아온 것은 곧 돌아올 결심이 꺾일까 두려워했기 때문이다. 야은冶隱과는 동향同鄕으로 그 행적이 역시 같으나 돌아와서는 한 번도 왕래하지 않았으니, 이것은 고명한 사람을 만남으로써 세상에 드러나게 되는 것을 싫어했기 때문이다. 용퇴의 결행이 이와 같았고 숨은 덕망이 또한 이와 같았으니, 표리表裏와 수말首末이 모두 정의에서 나온 것이었다. 고려가 망하던 날에 선생은 병든 몸이었는데 그날 의관을 정제하고 북향하여 절을 올렸음은 저 선죽교의 사건과 조금도 다름이 없으니, 또한 그 탁절卓節을 어찌 높이 평가하지 않을 수 있으랴. 이것은 모두 노성老成한 군자라도 이루기 어려운 일인데 공의 나이 스물일곱이었으니, 의리의 투철함이 지극한데 이르렀음이 이와 같이 빨랐다.

　선생의 실기를 읽어 보니 그 자질과 기품은 진실로 하늘에서 타고난 것이었고 학문의 공 역시 절로 된 것이 아니었다. 견기見幾하는 명철明哲이 있어 돌아와 어버이에 효도하고 명예를 피하여 고향에서 안주하였으니 이는 모두 절의를 지킴에서 나온 것이었고, 그 행적이 드러나지 않은 것은 사람들이 모르게 행했기 때문이다. 공의 여국해망與國偕亡이라는 말은 포은과 백중伯仲했고 부림缶林의 그윽한 향기는 금오산과 그 빛을 서로 다툴 만하다. 이제 선생이 가신 지 사백여 년인데 그 숨은 빛이 더욱 빛나고 선비들이 모여 추모의 제사를 올리니, 우리나라 오백 년의 고려조가 무너졌으나 오직 선생의 절개는 무너지지 않은 것이다. 공자께서 이르신 모든 사람의 여망이라는 것이 자못 선생 같은 이가 아니겠는가.

선생의 후손 한택漢宅 씨가 하루는 선생의 실기實紀를 보이며 한마디 써 달라고 하니, 내 비록 졸언拙言이나 어찌 감히 높은 산을 우러러 보듯 하는 처지에 가만히 있을 수 있으리요. 손을 씻고 재배한 후 보잘것없는 이 글을 써 주어 돌아가게 했다.

(초간) 발문[跋]

人臣處鼎革之際, 所以報本朝者, 在盡其心而已. 故有糜粉身軀以殉難者, 有歛退邱壑以全節者, 蓋視所處之地爲權衡, 而各盡其心則同也. 麗運訖, 圃隱鄭先生, 社稷俱存亡, 性命易綱常, 血肉塗地, 靡悔亡它, 位居三事, 宗國將覆, 其義有進死而無退生, 此所以流涕山僧之詩, 而卒不去者也. 若冶隱吉先生則位庳也, 無安危責也, 無回斡力也, 與其徒殺身無益, 寧先幾遠引, 保完名節, 爲王氏遺老, 其志義峻潔, 謂之金烏山爭高可也. 二先生之跡雖殊, 而其出之至誠惻怛之意則一也. 同時而有敬齋洪先生, 蓋亦吉先生之倫乎. 考其立朝在恭讓王二年, 明知國之末運, 而猶有當世志, 論思剴切, 匡君德爲任, 陰救李牧隱·曹敏修之禍, 若將有爲也. 泊乎人心已去, 天命有歸, 大厦傾覆, 非一木之可支, 則以死社稷之責, 付之大老, 掛冠之行, 與門下注書相先後, 若鵠舉而虬潛跡之高也, 智之明也, 雖然悲憤成疾, 臨死北向之拜辭, 曰與國偕亡, 是則善竹橋授命之義, 而顧其事微婉, 世莫得以測知也. 蓋扶天常, 立人極, 質百世而無作者, 與二先生奚間哉. 使吾夫子尙論, 必曰, 麗有三仁焉.
先生遺文殘缺, 猶足以求先生之微意所附, 諸公序若銘, 又可以徵
先生之大節, 不侫何用贅.

聖上十四年庚戌仲秋 通政大夫吏曺參議 錦城 丁範祖 讚

신하된 사람이 왕조가 바뀌는 혁명에 즈음하여 몸과 마음을
다하여 본조本朝에 충성하는 것은 오직 그 마음을 다하는 것일
뿐이다. 그러므로 살신殺身하여 위난危難에 순명殉命하는 이도
있고 산림山林에 숨어 그 절개를 지키는 이도 있으니, 그 보는
바 처지가 다를 뿐이요 그 마음은 다 같은 것이다.

고려의 운이 다함에 포은 선생이 사직과 존망을 함께하고
성명性命을 강상綱常과 바꾸며 혈육血肉이 땅에 흩뿌려져도 후회하
지 아니한 것은 그 직위가 삼사三事에 있었기 때문이다. 그러므로
그는 나라가 뒤집어짐에 그 의리상 나아가 죽음이 있을 뿐이요
물러나 살 수는 없었던 것이다. 이것이 바로 산승의 시에 눈물을
흘리면서도 끝내 떠나지 않는 것과 같은 것이다. 야은 길선생은
낮은 직위에 있었기 때문에 안위의 책임도 없고 나라를 구할
힘도 없어 무익한 죽음을 당하기보다 차라리 앞일을 살펴 왕씨를
위해 명절名節을 보전했으니, 그 준결峻潔한 지조는 금오산과
그 높이를 다툴 만하다. 포은과 야은 두 선생은 비록 그 행적은
다르나 지극한 충성심은 동일한 것이었다. 당시에 경재敬齋 홍선
생도 역시 야은과 같은 충신이었다.

선생은 공양왕 2년에 벼슬길에 올랐는데, 국운이 다했음을 분명히 알았음에도 오히려 나라를 지탱할 뜻이 있어 논사를 개절히 함과 군왕의 덕을 바로잡는 일을 자신의 책임으로 여겼으며, 이목은李牧隱과 조민수曺敏修의 화禍를 구제해 준 것은 장차 도모할 일이 있었기 때문이었다. 그러나 인심이 고려를 떠나고 천명이 조선으로 돌아가 일목一木으로써는 대하를 지탱하기 어렵게 되자, 죽음으로써 사직을 지키는 책임은 포은에게 맡기고 벼슬길을 물러남을 야은 선생과 앞뒤로 한 것이 마치 따오기가 날자 규룡이 자취를 감춤과 같았으니 이것은 밝은 지혜에서 온 것이었다. 그러나 선생은 비분悲憤하여 곧 병을 얻게 되자 죽음에 임해서 북향하여 절하고 말하기를 나라와 함께 죽는다고 했으니, 이는 곧 선죽교의 포은의 충의忠義와 같은 것이었다. 그 사적이 은미하여 세상에 잘 알려지지 않았을 뿐, 대개 강상을 부지하고 인륜을 확립하여 영원히 부끄러움이 없는 것은 포은, 목은 선생과 무슨 차이가 있겠는가. 만일 공부자孔夫子께서 계셨다면 "고려에 삼인三仁이 있었다"라고 말씀했을 것이다. 선생의 유문遺文이 거의 없어지고 얼마 남지 않았으나 선생의 감추어진 뜻을 족히 알 만하고 여러 사람이 쓴 글로써도 선생의 대절大節을 알 수 있으니, 다시 더 무슨 췌언贅言이 필요하리요.

성상聖上(正祖) 14년(1790) 경술庚戌 8월
통정대부 이조참의 금성 정범조 지음

(초간) 지[識]

敬齋先生稟, 河嶽之靈挺, 珪璋之姿, 本諸六經而學問之純正也,
原於性理而見解之高明也. 妙齡釋褐, 侍講經帷, 慨然有扶世敎, 壽
國脈之意, 三晝晉接, 無非匡格之論, 一心憂愛, 藹然忠悃之篤. 及
其國步頻矣, 天地閉也, 則邃筮介石之貞, 而作掛冠之行, 盡孝乎庭
闈, 寓忠於魏闕, 家訓以修齊, 極圖以探賾, 謝跡名塗, 無復當世之
志, 時則有若鄭文忠·李文靖之知己, 推轂而不見志, 於移疾先見
幾於將行, 惟恐人之或知也, 則栗里一區邃爲肥遯之所, 垂柳探菊,
愛吟陶詩, 相望烏山, 心馳神交, 而亦不命駕過從, 以爲自標. 噫. 若
先生眞所謂不易乎世, 不成乎名, 遯世无悶, 不見是而不悔者歟. 倘
使天假以年益之, 以晚暮造極之功, 則其所就奚但止於是而已. 而
惜乎二十七而早逝, 使斯文喪而世莫得而測知也. 最其寢疾, 疾不
可爲也. 猶整衣冠, 北向拜告訣之辭, 同符乎竹橋金烏之節, 至今令
人凜然有生氣, 而諸賢稱述, 畢陳無蘊, 今何容贅尤焉. 昔穆叔論三
不朽曰, 太上立德, 其次立功立言, 蓋言是三者之久而不廢也. 然功

有時而隳, 言有時而湮, 惟德則愈久愈彰, 而又況撑天地, 亘古今之
節義, 自學問中做出來, 有以日星乎昏衢, 砥柱乎頹波, 照人耳目,
赫赫若前日事者, 尤豈非立德之大者乎. 程夫子有言曰, 感慨殺身
易, 從容就義難, 先生見幾之早決, 臨化之從容, 不啻最難, 而跡自
韜於當時, 則名不編於麗史固也. 烏乎悕矣, 後之人慕其風烈, 尙其
德義, 尸祝于陽山之坊, 蓋取其地名節義之胳合於西山淸風也. 世
久澤遠, 遺文蕩佚, 今其見存, 不過寂廖數首詩, 其章奏簡牘莫由尋
逐, 其影響雖若可恨, 然崑山美玉, 片零猶寶, 全豹彪蔚, 一班可窺,
比之藻繢, 粉飾誇多, 競巧畢竟, 如草木榮華之飄風, 鳥獸好音之過
耳, 奚翅霄壤之懸哉. 恐遂泯坊, 淨寫一通, 附以後賢, 述作釐爲三
編, 而以事力之未逮, 久藏巾衍矣. 先生後孫宅文及夏龜氏, 克成先
志, 竭力經紀, 幸今購工鋟梓以壽其傳, 斯亦足以不朽先生矣. 讀之
者, 必將因其跡而得其心也. 工旣成, 僉宗氏, 要以一言附尾, 顧惟
文詞蕪拙, 安敢比事屬辭, 自託於撰德之列, 而第念宗涉於先生方
裔也, 且我先祖虛白公曁叔祖寓菴公, 竝享先生之廟, 則於先生尤
不自勝其感慨之懷, 於是乎, 盥手泚筆敬書于下.

方歲舍柔兆閹茂 端陽月 日

通訓大夫前司諫院正言 洪宗涉 謹識

경재 선생은 하악河嶽의 신령神靈함을 타고났으며 규장珪璋의
자태姿態가 뛰어났다. 육경六經에 바탕한 학문은 순정純正하였고,
성리학에 근원한 견해는 고명하였다. 묘령에 벼슬길에 올라 경유

經帷에서 시강侍講하였으며, 세상에 풍교風教를 부식하고 나라를 구하려는 뜻은 광격지론匡格之論이 아님이 없었다. 우국충정이 지극하여 마침내 고려가 망함에 이르러서는 개석과 같이 굳은 정절로 관직을 버리고 고향에 돌아왔으니, 어버이에게는 효도를 다하고 나라에 대해서는 충성을 기울였다. 가훈시家訓詩로 수신제가修身齊家하고 태극도시太極圖詩로 진리를 탐색하였으며 행적과 명예를 감추었으니, 당세當世에는 다시 뜻을 두지 않았던 것이다.

당시에 정포은鄭圃隱・이목은李牧隱과 같은 지기가 있어 함께 일하면서도 뜻을 나타내지 않았는데, 먼저 망국의 기미를 깨닫고 고향으로 돌아올 때에도 병을 핑계 삼았던 것은 혹 남들이 알아차릴까 해서였다. 드디어 고향 율리栗里를 은둔할 수 있는 곳으로 삼아서 버드나무를 심고 국화를 기르며 도연명陶淵明의 시를 애음愛吟했다. 금오산의 야은과는 마음속으로만 생각하고 내왕하지 않았는데, 이 역시 알려지기를 싫어해서였다.

아! 선생은 절개를 바꾸지 않았고 세상에 그 이름을 드러내지 않았으며 세상을 피해 생각지도 보지도 않았으니, 진정한 불회자不悔者라 할 것이다. 만약 하늘이 선생으로 하여금 좀 더 오래 살게 했더라면 나중에 더욱 훌륭한 인물이 되었을 것이니, 그 성취가 어찌 다만 여기에서 그쳤으리요. 애석하구나, 스물일곱에 일찍 죽으니 우리 유림이 한 사람을 잃었으며 세상이 알지 못하는 바가 되었도다. 병이 극도에 이르렀는데도 괴로워하지 않고 오히려 의관을 정제하여 임금께 절하며 고별의 말을 한 것은 선죽교의 포은이나 금오산의 야은의 절개와 조금도 다름이 없다.

이제 제현諸賢들이 모두 다 말한 것을 군말을 덧붙여 무엇하리요. 옛날 목숙穆叔이 세 가지 불후한 것(三不朽)을 말한바, 첫째는 입덕立德이요 둘째는 입공立功이요 셋째는 입언立言으로 이 세 가지는 길이 변치 않는 것이라 했다. 그러나 공功은 때에 따라 무너지고 언言은 때에 따라 막히게 되니, 오직 덕德만이 유구유창悠久愈彰하는 것이다. 더구나 천지를 지탱하고 고금을 통하는 절의가 학문으로부터 나와 해와 별처럼 어두운 거리를 비추고 지주砥柱처럼 흐르는 물결을 막아서 사람의 이목을 환히 밝히기를 바로 어제 일과 같이 하니, 이것이야말로 입덕立德의 공이 큼이 아니겠는가.

정부자程夫子는 또 말하기를, 비분강개해서 자기 몸을 죽이기는 쉬우나 조용히 의義에 나아가기는 매우 어렵다고 했다. 선생은 일찍 사태를 판단하고 조용히 의義에 나아갔으니 이것은 가장 어려운 일일 뿐 아니라 행적마저 스스로 감추었으니 고려사에조차 기록되지 않았다. 슬프고 애달프다. 뒤 사람들이 그 풍열風烈을 추모하고 그 덕을 숭상해서 양산 땅에 향사를 치르니, 양산이란 지명은 수양산首陽山의 백이伯夷의 절의와 같다는 데서 취한 것이다.

세월이 오래되어 남긴 글은 거의 없어지고 시 몇 수만이 전할 뿐 소장疏狀이나 편지 등은 찾을 길이 없음이 비록 한스럽지만, 곤산崑山의 미옥美玉이 한 조각으로도 보배가 될 수 있고 표범의 모습은 한 개의 얼룩반점으로도 가히 알 수 있는 법이다. 문장의 수사는 꾸밈을 지나치게 하다 보면 끝내 기교만 추구하다가 마치고 만다. 초목의 잎과 꽃이 바람에 나부끼듯 새와 짐승들의 아름다운 소리가 귀에 들리듯 자연스럽기만 하면 그뿐이니, 어찌 하늘에 닿도록 야단스럽게 해야 하겠는가. 이에 곧 남은 글마저 없어질까 두려워 한 통을 깨끗이 베껴서 여러 선비들이 고람考覽하여 책을 만들고자 하였으나 힘이 모자라 오래 간직해 두었는데, 선생의 후손 택문宅文과 하귀夏龜 씨가 선지先志를 이어서 지금 책을 만들어 후세에 전하고자 하니 이 또한 불후不朽한 것이 될 것이다. 이 책을 읽는 자는 반드시 선생의 행적과 마음을 알 것이다.

책이 다 되어 여러 종친들이 내게 글을 써 달라고 했다. 졸렬한 나의 문사文詞로서 어찌 이에 적합한 말을 할 수 있을까마는, 나 또한 선생의 덕을 추앙하는 처지이고 방손傍孫이며 또 우리 선조 허백공虛白公과 숙조叔祖 우암공寓庵公을 병향하고 있으니, 선생에 대해 감개한 마음 더욱 금할 수 없는지라 삼가 붓을 들어 글을 쓰는 바이다.

병술년(순조 26, 1826) 5월

통훈대부 전 사간원정언 홍종섭 삼가 씀

(중간) 실기의 뒤에 적다[書實紀後]

先祖文忠公圃隱先生, 祖理學而革愚俗, 大東名賢, 多出門下, 而
如敬齋洪先生早年及門, 趨向端的, 所學得正, 二十二中進士, 二十
五中別試, 以先祖薦官翰林學士, 門下舍人. 見時事日變, 棄官歸大
嶺, 沒跡於陽山之側, 而恭讓壬申七月十六日, 夜夢太祖大王, 十七
日晨, 冠服謁家廟, 省進士公寢側, 退而設席, 北向四拜曰, 臣與國
偕亡, 卽就枕而逝. 嗚呼, 其忠君愛國之意與先祖竹橋之事, 同一心
法矣. 元敎擬一馬南下, 拜先生尸祝之址與先生雲仍講討世好矣.
路遠未遂, 可勝惜哉. 日先生後孫義佑・哲佑氏訪余於龍陵之精
舍, 示敬齋先生實紀, 盥手敬讀, 松京之時事宛然, 遂感淚而書, 以
寓百世尊慕之忱云爾.

通訓大夫 行綏陵參奉 後學 烏川 鄭元敎 謹書

선조先祖 문충공文忠公 포은圃隱 선생은 성리학의 비조로서 우리
나라의 우속愚俗을 개혁하고 문하에 명현名賢들을 많이 배출하였
는데, 경재敬齋 홍선생은 일찍이 문하에 들어와 학문의 정통을

이어받았다. 나이 22세에 진사에 합격하고 선조 포은 선생이 추천하여 관직이 한림학사翰林學士와 문하사인門下舍人에까지 올랐으나, 시사時事가 날로 어지러움에 벼슬을 버리고 영남의 부림缶林 양산陽山으로 숨어 버렸다.

공양왕 20년(壬申年, 1392) 7월 16일 밤 꿈에 고려 태조대왕을 보고는 17일 새벽에 의관을 정재하고 가묘에 배알한 후 어버이 진사공進士公께 문안하고 물러나 자리 깔고 북향사배北向四拜한 뒤 "신臣은 나라와 함께 죽나이다" 하고 자리에 들어 조용히 죽으니, 슬프다! 그 충성과 애국의 뜻이 선조의 선죽교의 일과 다를 바가 없다.

나 원교元敎가 한번 영남으로 내려가 선생 묘우에 배알하고 선생의 후손들과 누대로 쌓아 온 정의情誼도 나누려고 했으나 워낙 길이 멀어 아직 이루지 못했으니 안타까운 마음 누를 길이 없다. 하루는 선생의 후손 희우羲佑 씨와 철우轍佑 씨가 용릉龍陵에 있는 나의 집으로 찾아와 경재선생실기敬齋先生實紀를 보여 줌에 손을 씻고 경건히 읽어 보니, 송경松京 당시의 일이 눈에 보이는 듯 완연하여 이에 눈물을 흘리며 글로써 백세에 존모尊慕하는 정성을 부친다.

통훈대부 행 수릉참봉 후학 오천 정원교 삼가 씀

(역본) 경재 선생 실기 후서[敬齋先生實紀後序]

　옛적에 안연顔淵은 문일이지십聞一而知十하는 지知와 삼월불위
인三月不違仁하는 덕으로써 언言하고 행함이 모두가 인생사회에
유익한 교훈이 되었으니, 이 때문에 불과 32세로 생애를 마쳤으나
그의 영명令名은 길이 2500년을 내려왔다. 그런데 경재 홍선생은
불과 27세의 생애로써 길이 600년을 내려온 영명이었으니 그만큼
지덕知德이 조성早成하였으나 금세今世에 그를 아는 이가 드무니,
이것은 오직 그의 후손들만의 유한遺恨이 아니라 널리 우리 사회
에서도 유감이 될 것이다.

　요컨대 경재 선생은 만인에 특출하신 지덕이 있었으니 7세
때에 이미 효경에 능통하여 소년에 벌써 시서詩書를 통달하시고
22세 때 과거에서 수위로 급제하시니, 당시의 문명과 덕망이
숭고崇高하사 한림학사翰林學士를 거쳐 문하사인門下舍人이 되시고
강연講筵에 나가시어 그가 함양하신 성경誠敬의 도道로써 군상君上
의 덕을 보좌하는 중책을 맡으셨다. 그러나 시정時政이 날로 그릇

되고 국운이 날로 쇠락해 갔으니 그때는 아무리 위대한 인재라도 그릇된 정치를 바로잡을 수 없고 쇠락한 운세를 만회할 수 없는 형편이었다. 이에 이도사군以道事君하다가 불가즉지不可則止하는 대원칙에 의해 사퇴하시니, "평생에 배운 충의忠義 마음에 싸서 품고 군민君民에 봉공奉公하려 포부도 깊었으나 만사는 지금 와서 숙원에 어긋나니, 운림雲林에 돌아와서 눕기만 못하리라"라고 술회하시고 율리의 친제親第로 귀래하셨다. 귀래한 당해 7월에 병이 드셨는데, 17일에는 새벽에 일어나시어 "밤에 태조왕太祖王을 꿈에서 뵈었으니 나는 오늘로써 가리라" 하시고는 사당에 참예하고 아버님 침전에 진알하신 뒤 북향하여 사배四拜하며 "신은 나라와 함께 죽습니다"라고 하셨다. 이어 의관을 정제하고 취침하여 장서長逝하셨으니, 바로 고려조가 고한 다음날이었다.

선생은 지덕知德이 너무 조성早成한 만큼 수명도 조락早落하셨다. 선생이 처음에 입조하신 것은 포은의 추천이었는데, 포은이 조변遭變하시니 그 비보를 접해서 의기가 저상沮喪하자 그래서 촉명促命하신 것이 아니었던가. 그러나 조문도朝聞道면 석사가의 夕死可矣라. 선생은 조세早世하심이 도리어 소원이었을 것이다. 불의로 나라를 얻은 조선조에 결코 출사하지 않으실 것이라면 다시는 선생의 경륜을 실현할 희망이 없었기 때문이다.

선생이 남기신 원고는 시 약간 편이라 윤자胤子 재명在明이 그것을 모아 선생의 동년 벗 경암敬庵 허조許稠의 서문으로 발행하였는데, 정조조正祖朝에 와서 후손 택하宅夏가 그 시편을 위주로 실기를 편성해서 간옹艮翁 이헌경李獻慶의 서문으로 간행하였다.
그런데 지금에는 한문 원서를 해독할 자가 거의 없어 후손 한근漢
根이 문중의 공의에 따라 실기를 국역하면서 서문을 부탁하니,
내 비록 졸문이나 선생의 지덕을 천명하는 데 협조하는 의미에서
이 글을 쓰게 된 것이다.

　　1976년 병진丙辰 중춘仲春 전주全州 류정기柳正基 삼가 씀

역본譯本 간행에 즈음하여

  조상의 유업을 고이 간직하고 후세에 길이 물려주는 것이
오늘의 세대들이 해야 할 일이 아닌가 생각된다. 뿌리 없는 나무가
없듯 오늘의 우리는 선조들로부터 이어져 왔고 다시 우리의
후손들에게 계승되어 갈 것이다. 그러자면 선조의 유적을 잘
알아서 그 얼을 깊이 새기고 높이 받들어야 할 것이라 믿는다.
  시대의 변천으로 생활문자가 한글화된 세상이라 지난날의
한문서적을 읽는다는 것은 지난한 일이 되어 버렸고, 더욱이
요즈음의 젊은 세대들은 거의 한문을 해독할 수 없는 형편에
이르렀다. 이에 경재 선생의 실기를 현대문으로 국역하여 자손들
이 누구나 쉽게 읽을 수 있게 해야 한다는 문중의 공의로 드디어
국역본을 내기로 하고, 한근漢根 씨와 종훈鍾塤 씨에게 번역과
편집을 맡겨 근근이 출간하기에 이른 것이다.
  역본 간행에 있어 원문은 사진판으로 복사 전재했는데, 이는
옛것을 그대로 간직하기 위해서이다. 원본에 있는 묘소 등 사진과

선조의 필적이 담긴 백원첩은 권두에 올렸고, 수산서당 석채고유문釋菜告由文과 류정기柳正基 씨의 후서는 권말에 실었다. 어려운 어휘는 이해를 돕기 위해 주註를 달았다. 원문 해석에 있어 그 원의를 충분히 전달하지 못한 점이 혹시 있지 않을까 걱정되는데, 독자들의 높은 질정을 바라면서 깊은 사과를 드리는 한편 서량 있기를 바란다.

이 역본이 나오기까지 여러 가지 노고를 아끼지 않은 유사 제씨 및 음과 양으로 정성어린 조언과 뒷받침을 해 준 종원 여러분의 숭조이념에 감사드린다.

1976년 5월 일

18세 종손 찬근贊根 삼가 씀

敬齋洪魯先生實紀

권3

서원과 제향

율리사 봉안문[栗里社奉安文]

珪璋之質, 介石之貞, 嫡傳九齋, 詩禮鯉庭,

時丁大蹇, 志乖彌綸, 言尋邃初, 栗里之村,

斷斷其心, 婉婉其跡, 不知何慍, 我思罔僕,

天之胡意, 而壽之閼, 靑天白日, 想像英烈,

士林齊慕, 縟禮未遑, 公議弗泯, 百年乃彰,

湧才之麓, 廟貌維新, 吉日其丁, 謹以精禋.

구슬 같은 자질에 보석 같은 굳은 정절, 구재의 정통을 이어 시례의 교육을 받으셨지요. 험난한 시운 만나 세운 뜻 이루지 못하심에, 처음 뜻 완수하려 율리로 돌아오셨습니다. 과단성 있는 그 마음 완곡한 그 행적, 몰라준들 어찌하랴 고국만을 생각하셨습니다. 하늘은 어찌하여 수명마저 짧게 하였든가, 청천의 백일은 영열英烈하심을 생각게 합니다. 사림은 경모했으나 아직 예를 갖추지 못했던바, 공의는 계속되어 이제야 봉안하게 되었습

니다. 용재산 기슭에 새로 묘우를 세워, 정일의 길일을 택해
삼가 제사를 지내옵니다.

상향축문[常享祝文]　　　방예傍裔 대귀大龜

千古栗里, 一髮鵠岑, 卄八字詩, 五百年心.

천고 율리에 한 가닥 솟은 봉우리,
스물여덟 글자의 시는 오백년의 마음이어라.

낙육재의 뜻을 읊음[樂育齋題詠]

(樂育齋는 옛 율리사 강당의 당호이다.)

주쉬主倅 조하성曹夏盛

賢人從古祭於社,	어진 사람 예부터 사당에 제사지내노니,
社北幽居起小堂.	사당 북쪽 그윽한 곳에 적은 집을 지었구나.
雲氣浸階晴似雨,	구름 기운 뜰에 스미니 맑은 날에도 비오는 듯,
樹陰縈檻晝生凉.	숲 그늘 헌함을 에워쌈에 낮에도 시원하네.
村形出沒依林緣,	촌락 모양 보일 듯 말 듯 숲에 따라 달라지는데,
麥浪高低被野黃.	보리 물결 출렁이니 들마저 누런빛이네.
暇日遨頭來拜地,	여가 내어 찾아와 묘우 앞에 절을 하니,
主翁多意列壺觴.	주인은 다정한 뜻으로 술상을 마련했네.

차운[次韻]   주쉬 정식鄭湜

肩輿穿嶺到幽庄,	가마 타고 재를 넘어 그윽한 장원에 도착하니,
喬木交簷送晚凉.	높은 나무 처마에 가리어 석양기운 보내오네.
聞道舍人啚逸躅,	듣건대 사인께서 남기신 흔적이라,
永懷淸操拜新堂.	기리 맑은 지조 품으셨기에 새 사당을 참배했네.
山光經雨傷心碧,	산 빛은 비를 맞아 더욱이 푸른데,
野色屯雲滿眼黃.	들 광경 구름 걷히자 눈앞 가득 누러네.

階下寒泉明可薦,	뜰 밑 차가운 샘 투명하여 권할 듯함에,
摘來秋菊泛湥觴.	가을 국화 꺾어 와 깊은 잔에 띄우네.

차운[次韻] 주쉬 이태익李泰榏

古縣西南水石庄,	옛 고을 서남쪽 물과 돌 두른 농촌,
百年雲物護遺堂.	오랜 세월 자연 경물 남은 사당 에워싸네.
洞湥山疊竆無際,	골은 깊고 산은 겹겹 갈수록 끝없는데,
川響松鳴遞送凉.	냇물 소리 솔바람 바꿔가며 서늘함 보내오네.
生計菑畬勤稼穡,	생계 위해 개간한 전답 부지런히 심고 맴에,
節联林數驗靑黃.	숲속을 거닐며 푸르고 누름 체험하네.
龜城老牧僊緣在,	귀성 땅 늙은 농부는 신선 인연 있음인가,
笑把洪崖玉液觴.	웃으며 넓은 반석에 맛좋은 술상 벌여 놓네.

차운[次韻] 영양永陽 이수태李秀泰

先賢古里營新院,	선현의 옛 고향에 새로 서원을 지어,
後學莊修闢小堂.	후학들의 학문할 곳 작은 서당을 열었네.
山勢南來猶厚重,	산세가 남쪽에서 뻗어오니 더욱 중후해 보이고,
天形北豁自淸凉.	하늘 형국 북쪽으로 트이니 저절로 시원하네.
名家古說河東栁,	명문가의 옛 전설 하동의 버들을 심었다더니,
循吏今逢潁上黃.	아전을 따라 지금에야 누런 보리 싹 만나겠네.
從此仁鄕人樂育,	이로 인해 어진 고향 인재 육성 중시하니,
陶然和氣入壺觴.	도연히 온화한 기상 술두루미에 들어오네.

세덕사 상량문[世德祠上樑文]

송이석宋履錫

缶林, 古仁賢之鄕, 一門之世德, 惟舊栗里亦柴桑之地, 三賢之廟祠, 宜今美哉奐輪, 永言芬苾. 恭惟, 敬齋洪先生, 圭璋之質, 冰蘗之操, 七齡通孝經, 進修造詣之可驗, 三隱爲道契, 出處行藏之同歸. 人亡國亡, 身任綱常之重, 世遠澤遠, 誰識靖獻之心. 何其二十七歲, 成就如斯, 惜乎三百餘年, 沈晦無聞. 酒若虛白亭洪先生, 百世爲宗師, 一代主文柄, 幾年荷 光宣之遇, 方看潤色乎王猷, 不幸值喬桐之昏, 惟知死報于 先主, 袖中諫獵, 視刀鋸如甘飴, 塞外招魂, 奈鑞鏤之無眼, 小人有所畏而不敢蔽善, 淸時有所待而逡焉, 易名亦粵, 寓菴洪先生, 名父佳兒, 四傑稱首, 科闈蓮桂, 上天衢之驥步鵬矯序, 居元季間, 竹梧之鸞停鵠峙, 文章是其餘事, 熊魚之取舍已明, 忠孝本自傳家, 虓虎之咆怒, 何怵是守死而善道, 惟自輓之悲人久矣, 吾道之東, 逮乎 聖明朝而大闡偉哉, 間氣之毓至於夫子家而悉叢, 孰爲後世之子雲乃能發潛而顯晦, 若議今日之尸祝, 莫如舊德與本鄕睠玆, 缶溪寔惟奧域, 水淸山秀, 想像胚胎之前光,

祖繼孫承, 允宜俎豆之竝薦, 倕匠之徒, 咸效才技, 於焉竝置其齋
堂, 材木之多, 近取山林, 庶幾易就乎功役. 翬飛鳥革, 奄觀有宮之
枚枚, 牲潔醴淸, 庶歆其香之苾苾, 子孫不億其數, 士林永觀厥成,
玆伸短辭, 助擧脩樑.

兒郞偉抛樑東, 公山秀氣曉葱蘢.

此心提掇如初皦, 嚴肅虛明捧璧同.

兒郞偉抛樑西, 圓峯特立未能梯.

蓐收有意呈金氣, 紅燭朝天語孰稽.

兒郞偉抛樑南, 石上飛流下作潭.

潭上有魚魚自躍, 須看至理此中涵.

兒郞偉抛樑北, 蒼崖壁立臨無極.

丈夫氣槩看千仞, 雨打風掀摧不得.

兒郞偉抛樑上, 夜看衆星光迭盪.

天地有文亦在我, 何敎墨墨終迷障.

兒郞偉抛樑下, 淸流如帶潺湲瀉.

盈科進處達于海, 莫使停休夜或舍.

伏願上樑之後, 棟宇不改, 香火無愆, 瞻廟庭之駿奔, 惟本支多士
之何盛, 想精靈之陟降于臨湖近邑而有光, 國族聚於斯懿歟, 宗誼
之益篤, 生徒業有所, 佇見文風之丕興.

부림은 옛 인현지향仁賢之鄕으로 한 문중이 대대로 살아 왔다.
유서 깊은 율리는 저 시상柴桑과 같은 지역인지라, 삼현三賢(敬齋 ·

虛白·寅庵)의 묘우廟宇와 향사가 이제 이루어졌으니 아름답기 태양과 같고 영송詠誦함의 가락은 향기롭도다.

삼가 생각하건대, 경재 홍선생은 구슬 같은 자질과 얼음 같은 깨끗한 지조志操를 지녀 일곱 살에 효경에 통하였고 진학과 수업의 조예가 뛰어나더니, 삼은三隱과 도道로써 사귀었고 출처행장出處行藏을 함께하였다. 사람도 죽고 나라도 망함에 강상綱常의 중대함을 자임했으나 세대가 지나가고 은택이 멀어지자 그의 순국殉國한 충심은 점점 잊혀지게 되었다. 나이 스물일곱에 그와 같은 큰 업적을 이루었는데도 삼백여 년이나 세상에 알려지지 않았으니 어찌 안타깝지 않으리오.

허백정虛伯亭 홍선생은 백세의 종사宗師요 일대의 훌륭한 대제학大提學으로서 몇 해 동안 세조·성종의 은혜를 입자 바야흐로 왕도의 계책을 펼치려 했으나 불행하게도 연산군燕山君의 폭정을 만나게 되었다. 오직 죽음으로써 선주先主 성종成宗의 은덕에 보답하고자 직언극간直言極諫하여 도거刀鉅(형벌)를 조금도 두려워하지 않았다. 마침내 변방 유배지에서 처형을 당하니 어찌 촉루鑼鏤에 눈이 없으랴. 소인들도 두려워하는 바 있어 감히 선을 가로막지 못하더니 중종반정을 기다려서야 죄명이 풀리었다.

우암寅菴 홍선생 역시 이름난 아버지에 훌륭한 아들로서 사걸四傑 가운데 으뜸이었고 과거에 급제하여 벼슬길이 순탄하였으며, 삼형제 중에 중간으로서 죽림竹林에서 오실梧實을 먹고 사는 난새가 곡치鵠峙에 앉은 듯, 문장은 그 다음이었다. 사리의 옳고 그름을

취하고 버림이 이미 분명했으며 충성과 효성은 본래 집안의
전통이었으므로, 성낸 호랑이의 울부짖음에도 두려워하지 않았
으니 이것이야말로 죽음으로서 옳은 일을 지킬 수 있었음이로다.
이런 일을 자신의 만사輓詞로 지어 사람들을 슬프게 한 지 오래되
었도다.

유도儒道가 우리나라에 들어온 것은 오래지만 조선조에 이르러
크게 천명되었으니, 위대하도다, 그 전환기의 육성이 선생의
가문에 이르러 이루어졌음이여. 그러나 누가 후세의 자운子雲(揚雄)
같은 사람이 되어 세상에 드러나지 않는 은덕隱德을 드러나게
할 것인가. 금일에 묘우를 지어 모심에 관한 의론은 구덕과 본향에
비해 늦은 감이 있다. 돌아보건대 부계缶溪는 깊숙한 산속으로
물 맑고 산이 빼어난 곳이라 옛날부터 훌륭한 조상과 후손들이
대를 이어 제사해 왔음을 상상케 하도다. 목공들은 모두가 재능과
기술을 여기에 기울였으며, 재실을 지을 재목은 대부분 가까운
산에서 취해 공역을 쉽게 마무리할 수 있었도다. 건물 모양은
새가 날개를 펴고 날아가는 듯 볼수록 궁실의 격식을 갖추었고,
제물祭物은 청결하고 술잔은 깨끗하니 그 향기를 흠향할 만하도
다. 자손은 그 수가 많지 않지만 사림은 영원히 그 성취를 바라볼
것이로다. 이에 짧은 글을 지어 상량의 큰일을 돕고자 하노라.

어영차, 대들보를 동쪽으로 저어 보세,
팔공산 빼난 기상 새벽빛 푸르구나.

이 마음 가다듬어 처음같이 빛내고자,
엄숙히 정성 다해 벽옥처럼 받들리라.

어영차 대들보를 서쪽으로 저어 보세,
둥근 봉峰 우뚝하나 오르지 못할쏘냐.
추수할 들판에는 금기金氣를 띠었는데,
붉게 타는 아침하늘 그 누가 말하리요.

어영차 대들보를 남쪽으로 저어 보세,
층암에서 떨어진 폭포 그 아래 못 이루네.
못 속의 고기는 스스로 뛰노는데,
지극한 이치를 여기에서 보려무나.

어영차 대들보를 북쪽으로 저어 보세,
깎아지른 절벽이 하늘 높이 솟아 있네.
장부의 높은 기개氣槪 천 길이나 뻗친 듯,
비바람 불어와도 흔들릴 수 있으랴.

어영차 대들보를 위로 올려 보세,
밤하늘에 뭇 별들이 질탕히 빛나네.
천지간의 조화질서 나에게도 있으니,
어이해 캄캄하여 행할 길 없다 하리.

어영차 대들보를 아래로 내려 보세,

맑은 물 내를 이뤄 잔잔히 흘러가네.
차고 또 넘쳐 바다까지 이르나니,
밤에도 쉬지 말고 영원히 이어가라.

삼가 비옵건대, 이 집을 지은 후에 다시 고치는 일이 없고 향화香火가 끊어지는 일이 없도록 해 주소서. 묘정을 바라보니 본손과 지손 및 많은 선비들이 모였으니, 정령들께서 임호와 근암에 강림하시자 광채가 났음을 상상하매 국족들이 이곳에 모임은 얼마나 아름답습니까. 자손들의 우애가 더욱 돈독하고 원생들은 익히는 바가 있어 문풍이 크게 일어남을 바라볼 수 있도록 해 주소서.

세덕사 봉안문[世德祠奉安文]

圭璋令資, 氷蘗雅操, 庭傳詩禮, 學究誠明, 弱歲蜚英, 歷敭華顯, 文章德行, 冠冕一時, 國步艱危, 炳幾遐逝, 園成栗里, 五柳在門, 偉節淸風, 輝映百代, 鄕鄰慕德, 公誦愈深, 尸祝纔崇, 邦制旋掣, 惟陳董氏, 寔創別祠, 藐玆後昆, 積年經紀, 某邱某水, 有侐閟宮, 剋日蠲誠, 式薦牲醴, 恭惟虛白, 曁厥寓菴, 襲美竝庥, 竝萃一室, 合堂同牒, 情禮卽宜, 像設儼然, 精爽如在, 報事伊始, 祗肅駿奔, 惠我後人, 永世無斁.

구슬같이 아름다운 자질과 얼음같이 깨끗한 지조로 시례詩禮의 훌륭한 교육을 받아 학구學究에 정성을 다하였고, 약년弱年에 벼슬길에 올라 그 명성을 떨치시니 문장과 덕행이 한때 으뜸이 되시었습니다. 나라의 형편이 몹시 위태로움에 정세를 미리 살피고 멀리 고향 율리栗里에 숨어 문 앞에 오류五柳를 심으시니 그 위절偉節과 청풍淸風이 백대에 빛나고 고을과 이웃이 그 덕을 추모하였습니다.

사림士林의 공론으로 서원을 세웠으나 나라의 철폐령이 내려 헐리게 되었으니 진동씨陳董氏의 고사故事에 따라 별사別祠를 새로이 짓기로 하였습니다. 후생들이 다년간 경영하여 산수 좋은 곳에 그윽하고 조용한 집을 세워 깨끗한 정성을 모아 예법에 좇아 향사를 지내옵니다. 삼가 허백虛伯, 우암寓菴 양 선생을 전례에 따라 한 당에 모셔 제사하오니 정情과 예禮에 마땅하옵니다. 상탁像卓을 설치하니 정령이 엄연히 계시는 듯, 받드는 일은 이제부터 시작입니다. 정성껏 모시겠사오니 오로지 후인들로 하여금 영원히 그침이 없도록 해 주소서.

상향축문[常享祝文]　　이광정李光靖

顯親遂志, 忠孝一理, 淸風五柳, 今古栗里.

어버이 드러나게 하고 뜻을 이룸은 충과 효가 하나로 통함이요, 청풍에 나부끼는 다섯 그루 버드나무 예나 이제나 율리에 있네.

양산서원 승호 시 개제고유문

[陽山書院陞號時改題告由文]

정희鄭熺

緊初廟饗, 饗由子孫, 寔倣陳董, 尙簡儀文, 公議未泯, 爰圖共尊, 淸風百代, 衿佩駿奔, 祭何止社, 禮宜陞邊, 玆將改題, 先師是云, 諏日擇士, 告厥苾芬.

처음 자손들이 묘당의 제사를 진동씨陳董氏의 본을 받아 의문儀文을 간소하게 하였는데, 사림士林의 공의가 없어지지 않아 이제 자손과 사림이 다함께 받들기로 하였나이다. 청풍이 백대를 이어 역시 많은 선비들이 모였으니, 어찌 제사를 한 번으로만 그치오리까. 예를 다해 춘추로 향사를 지냄이 마땅함에, 이에 선례대로 서원으로 개제改題하고 좋은 날을 가려서 이 아름다운 행사를 고하나이다.

양산서원 승호 시 환안문
[陽山書院陞號時還安文]

정희鄭熺

資挺良玉, 神凝秋水, 聞詩聞禮, 有學有守, 妙年蜚英, 館閣之右, 長途方騁, 國步斯頻, 炳幾先作, 卷懷林園, 一敬名齋, 五柳種門, 今古栗里, 伯仲淸芬, 聞風百代, 采薇中原, 徒深敬慕, 未遑精禋, 有翼斯廟, 本支攸建, 始雖報本, 因可揭虔, 輿議克協, 豆籩是薦, 三賢一堂, 精爽如在, 於千萬年, 芬苾伊始, 有來駿奔, 春秋匪懈, 庶幾惠我, 陟降庭止.

자질은 훌륭한 옥과 같으시고 그 정신은 가을 물과 같이 맑으시어, 시詩와 예禮를 익히셨으며 학문도 갖추시고 조행도 지키셨습니다. 약관에 벼슬하여 명성이 높으시고 앞길도 밝으셨는데, 나라 일이 어지러워지자 국운이 다했음을 미리 알고 전원田園으로 돌아오셨나이다. 경敬을 한결같이 하시어 재명齋名으로 삼으시고 문 앞에 오류를 심으셨으니, 고금 율리에 자욱한 맑은 그 향기 백대토록 이어져 왔습니다. 세상의 군자들이 경모해 왔으나 이제까지 제사도 받들지 못하였나이다. 이제 이 묘우를 도우는 이 있어 본손과 지손이 건물을 세워 비로소 제사를 모시며 경건하게 알림으로써 사림이 협력하여 향사를 올리게 되었습니다. 세 선생을 한 묘우에 모심에 영혼이 여기에 계시는 듯합니다. 영원한 향화는 이제부터 시작인지라, 참여하는 손님들은 춘추로 열심히 제사지내오리니 정령들께서는 이들을 위해 강림하소서.

사액賜額을 청원하는 상소문[請額上言]

갑인년甲寅年(정조 18, 1794) 8월 일
도내 선비 유학幼學 이재협李載馦·
김양호金養浩·이정곤李挺坤 등

伏以, 褒忠尙節, 晟代之徽典, 欽風慕義, 章甫之秉彝也. 前朝之名節, 而異代之播揚者, 豈非儀範今世, 激勸後人哉. 古之表比干閭, 封王蠋墓者, 蓋爲此也. 以言乎麗末則, 或有殺身成仁以殉社稷, 或有守義罔僕以保名節. 而恭惟我列聖朝, 褒尙之典, 靡不用其極, 專由於扶植風敎, 爲萬世立綱常者也. 竊伏念, 本道義興縣, 有陽山祠, 卽故忠臣高麗舍人洪魯妥靈之所也. 洪魯之苦心貞節, 道學淵源, 可質於諸先賢所撰文字中, 而當時同節者, 有文忠公鄭夢周, 文靖公李穡, 忠節公吉再是耳. 蓋洪魯之登第筮仕在於恭讓末年, 而見國事日非, 遂決意歸田, 移疾不俟報而行, 時與鄭夢周·李穡, 義兼師友, 而不見其歸, 恐其不遣歸也. 又不欲見志於人也. 手植五柳於門前, 每月夜, 誦淵明詩, 及聞鄭夢周死, 泫然流涕曰, 人之云亡, 邦國殄瘁. 自是廢食成疾, 遂北向四拜而死, 卽壬申七月十七日也. 有若干詩行于世, 而觀其靜中·太極吟, 則淵源之接於鄭夢周矣. 觀其寫懷·歸田吟, 則去就之符於吉再矣. 先正臣文敬公許穆, 序其

詩集曰. 襲九齋圭臬之芬, 著一心誠正之學, 持身謹重, 爲世所宗,
勝國皮殿中子休狀其行曰, 平生所學誠敬上做著, 又曰, 見時事維
棘, 遂決歸田之計, 稱疾乞退. 又曰, 公內舅文和公作文以弔之曰,
圭璋之質, 冰蘗之操, 智炳幾先, 學矜來後, 噫西山採薇之風, 栗里
詠菊之節, 庶可竝美於前後, 而南歸之志, 北向之拜, 可見其一片丹
心矣. 惜乎, 其志微, 其跡婉, 當時藝閣諸人, 不曾稱述, 至今累百載
之下, 尙未蒙爵諡頒額之恩, 第切向隅之歎, 而本朝先正臣文匡公
洪貴達・燕山朝直節名臣洪彦忠腏享於一廟, 蓋以三賢之並出於
一門, 而義興爲桑梓之鄕也. 洪貴達・洪彦忠之文章懿範, 夾言直
節, 俱載於海東名臣錄及國朝史籍, 而洪貴達被世祖成廟兩朝之
殊恩, 久典文衡, 累掌銓選, 而言無不盡諫無不入, 逮至廢朝, 終始
抗言, 不避斧鑕, 卒以直諫而死, 所陳諫疏凡累千言, 而觀其疏, 有
曰, 願欲少報於聖明之朝, 又曰惟有一寸丹心, 知無不言, 蓋受兩朝
厚遇之恩, 以遺嗣王義, 不得不以死爭之也. 太常之諡, 以文匡非以
是耶. 其平日見道之明, 立志之確, 可質神明, 而洪彦忠之守義立節,
視死如歸, 眞所謂俯仰無愧矣. 噫, 前朝之節臣, 有如洪魯, 聖朝之
直臣, 有如洪貴達洪彦忠, 一門三賢, 百世丹心而歸, 然遺祠迄未蒙
額, 靑衿之慨悒, 已無可論, 而在朝家褒崇之道, 實爲欠典. 惟我聖
明臨御以來, 揚微闡幽, 無遠不屆, 凡在三百州忠義之蹟, 燦然彌彰,
而實爲億萬年鞏固之根本, 則惟此貫日之忠, 如矢之義, 獨漏於大
同之澤者誠冤矣. 又況洪魯之節義與吉再一而二者, 而贈諡宣額,
尙有彼此之殊者, 恐有缺於一體尙節之恩. 玆敢裹足千里, 聯籲於

凝旒之下, 伏乞, 以忠而褒洪魯, 以義而嘉洪貴達 · 洪彦忠, 本縣所享之祠, 特賜恩額, 使此忠義三賢, 竝著一世事, 謹啓. 小註: 留中不下.

충의를 포상하고 절의를 숭상함은 좋은 시대의 아름다운 법이오며, 미풍과 충의를 흠모함은 유생儒生들의 상도常道이옵니다. 전조前朝의 이름난 충절을 후대에 전양함은 어찌 오늘날 후인들을 격려하는 의범儀範이 아니오리까. 옛날에 비간比干의 여閭를 지어 표창하고 왕촉王蠋의 무덤을 봉한 것도 모두 이러한 뜻에서 한 일이 아니겠나이까. 고려 말에 살신성인하여 사직에 순殉하고 혹 망국의 신하로 절의를 지킴으로써 그 이름과 절개를 보전했는데, 우리 열성조列聖朝에서 포상의 은전恩典이 지극히 사소한 것에까지 미치지 않음이 없음은 오로지 풍교風敎를 부식扶植하여 만고의 강상綱常을 세우기 위함인 줄 아나이다.

엎드려 생각하옵건대, 본도本道 의흥현義興縣에 양산서원陽山書院이 있으니, 이는 곧 옛 충신 고려 문하사인門下舍人 홍로洪魯의 영위를 모신 곳이옵니다. 홍로洪魯의 고심苦心과 충절은 도학에 연원하였음을 여러 선현들이 지은 글 중에서 가히 알 수 있거니와, 당시의 동절자同節者로는 문충공文忠公 정몽주鄭夢周, 문정공文靖公 이색李穡, 충절공忠節公 길재吉再 등이 있사옵니다.

홍로洪魯가 과거에 급제해서 처음 벼슬길에 올라 관직에 있은 것은 공양왕 말년(1392)이었는데, 국사가 날로 그릇되어 감을 보고 드디어 고향으로 돌아갈 것을 결심하여 병이라 일컫고 저보邸報도 기다릴 사이 없이 가 버렸다 하옵니다. 이때 정몽주, 이색 등과 의義를 같이한 사우師友들이 그가 돌아감을 보지 못했으니, 그가 돌아가겠다는 뜻을 말하면 보내 주지 않을 것을 짐작했거니와 아울러 그의 뜻을 남들이 아는 것을 싫어했다고 하나이다.

문 앞에 오류五柳를 손수 심고 달 밝은 밤이면 도연명의 시를 애송하였는데, 정몽주가 죽었다는 소식을 듣고는 슬피 눈물 흘리며 "사람도 죽고 나라도 망하는구다" 하고 이로부터 음식을 먹지 않고 병이 나서 마침내 북향사배北向四拜한 후 죽으니 이때가 임신년壬申年(1392) 7월 17일이옵니다. 그의 약간의 시가 세상에 전해오는데, 그 중에 정중음靜中吟과 태극음太極吟을 보면 정몽주의 영향을 받았으며 사회寫懷와 귀전음歸田吟을 보면 그 거취가 길재와 꼭 같나이다.

선정신先正臣 문경공文敬公 허조許稠가 시집 서문에서 말하기를 "구재九齋 최충崔沖의 훌륭한 학통學統을 이어받아 한마음으로 성실하고 바른 학문을 닦았으며, 몸가짐이 근중하여 세상의 종사가 될 만하다"라고 했고, 피전중皮殿中 자휴子休는 행장에서 "그의 평생 배운 바가 성실하고 경건하여 남보다 뛰어났다" 하고 또 말하기를 "시사時事가 어지러움을 보고 마침내 고향으로 돌아갈 것을 결심, 병이라 말하고 물러났다"라고 했으며, 또 그의 외삼촌 문화공文和公은 그를 조위弔慰한 글에서 "아름다운 자질과 훌륭한 지조를 가진 그대, 지혜는 앞일을 살필 만큼 밝고 학문은 후인들의 규범이 될 만하다"라고 했나이다.

아! 서산의 채미지풍採薇之風과 율리栗里의 영국지절詠菊之節은 두 전후대의 아름다운 일이오며 남쪽으로 돌아온 지조와 북쪽을 향하여 절을 한 것은 가히 그의 단심丹心을 엿볼 수 있사옵니다. 애석하옵니다. 그의 지조와 행적이 드러나지 않았음은 당시 예문 각藝文閣의 제인諸人이 일찍이 논술하지 않았기 때문으로 아옵니다. 지금까지 수백년동안 작시爵諡와 사액賜額의 은전을 입지 못했음은 향우지탄向隅之歎을 금치 못할 일이옵니다.

본조의 선정신先正臣 문광공文匡公 홍귀달洪貴達과 연산조의 직절명신直節名臣 홍언충洪彦忠을 한 묘당에 배양한 것은 삼현이 일문이기 때문이니 의흥현은 곧 선조를 공경하는 고을이옵니다. 홍귀달, 홍언충의 문장의범文章懿範과 상언직절爽言直節은 『해동명신록海東名臣錄』과 『국조사적國朝仕籍』에 상세히 실려 있사옵니다. 홍귀달은 세조와 성종 양조에 은혜를 입어 오랫동안 대제학으로 있으면서 인재선발을 관장했는데, 그의 간언諫言은 다함이 없었고 또 그의 간언이 들어가지 않음이 없었사옵니다. 폐조(연산조)에 이르러서는 시종 바른 말을 하여 형벌을 피하지 않고 죽음으로써 직간했으며, 귀양 간 사지死地에서도 소疏를 올려 간하니 무릇 수천 언을 헤아리나이다. 그 소에서 말하기를 "원컨대 성명지조聖明之朝에 조금이라도 은전恩典을 갚고자 함에 있다" 하고 또 "오직 일촌단심一寸丹心으로 알면서 말하지 않을 수 없다" 했으니, 양조의 후은을 입어 사왕嗣王에 대한 의리로 부득불 죽음으로써 항쟁한 것이옵니다. 태상시太常寺에서 시호를 문광文匡이라

한 것은 이 때문이 아니겠나이까. 그의 평소 식견이 도에 밝고 입지立志가 확고했음을 밝게 알 수 있사옵니다. 홍언충洪彦忠의 수의守義와 입지 또한 죽음을 보고도 태연했으니 하늘을 우러러 부끄러움이 없는 줄 아나이다.

아! 전조前朝의 절신節臣 홍로와 이조李朝의 직신直臣 홍귀달洪貴達·홍언충洪彦忠은 일문으로서 이 삼현의 백세단충百世丹忠이 우뚝하게 드러났으나 그 유사遺祠는 사액賜額의 은전을 입지 못했으니, 유생으로서의 강개함 이루 다 말할 수 없으며 실로 조정의 포숭지도褒崇之道에 흠이 되는 것이옵니다. 성상께서 보좌에 오르신 이래 삼백주三百州의 드러나지 않는 충의忠義의 자취를 찬연히 드러내어 포상하니 이는 실로 나라의 근본됨을 억만년 공고히 하는 것이오나, 오직 해를 뚫는 충성과 화살 같은 의리를 다 같이 입는 은전에서 빠뜨렸음은 진실로 원통한 일이옵니다. 더욱 이 홍로의 절의는 길재와 꼭 같은데 시액諡額을 내림에는 피차가 다르니, 이것은 절의를 숭상하는 은전에 결함이 생기지 않을까 우려되나이다. 이에 감히 천리를 멀다 하지 않고 달려와 청원하오니 충忠으로써 홍로를, 의義로써 홍귀달과 홍언충을 포상하여 본 고을에서 향사하는 사당에 사액의 은전을 베푸신다면 이는 삼현의 충의가 일세에 함께 드러나는 일이 되겠나이다. 삼가 장계를 올리나이다.

소주: 장계가 중간에 머물러 비답이 내려오지 않았다.

예조에 올리는 글[呈禮曹文]

을묘년乙卯年(정조 19, 1795) 10월 일
유생儒生 유학幼學 인동仁同 장동욱張東旭,
의성義城 김양호金養浩, 영천永川 이승용李升龍,
대구大邱 채사로蔡師魯, 의흥義興 신홍申泓 등

伏以我東國名敎, 蔚然可觀, 稱爲小中華者, 以其有先賢忠義之
遺風也, 肆惟我列聖朝扶植之方, 襃尙之典, 至矣盡矣. 而當今聖明
臨御, 典禮彌隆, 獎掖崇報之恩, 靡不用其極, 凡在爲我國臣民者,
孰不思所以仰體洪恩, 興起斯文哉. 生等之本道義興縣, 有陽山書
院, 卽高麗舍人敬齋洪先生妥靈之所也. 夫先生之苦心卓節, 道
學淵源, 可質於諸先輩所撰文字中, 而當時同節者, 鄭圃隱・李
牧隱・吉冶隱是耳. 噫, 西山採薇之淸風, 栗里詠菊之貞節, 卓立千
古, 邈焉寡儔, 地之有其名, 而又有其人者, 實非偶然, 先生之居在
於栗里, 先生之廟在於陽山, 則俯仰千古, 誠可謂若合符契矣. 至今
累百年之久, 而士林景仰之誠, 采往采切者, 豈非卽地想人, 同出於
秉彝, 而自有不能已者乎. 中因道議之齊發以文匡公虛白亭洪先
生及寓庵洪先生配焉, 蓋建院之必於義縣, 追配之必於陽山者, 以
義縣爲先生桑梓之所, 而虛白寓庵爲先生一門之賢也. 虛白・寓
庵兩先生文章懿範, 昭載於海東名臣錄及國朝仕籍, 則何必疊床

而縷縷乎. 竊伏念, 三賢一廟, 百世可師, 而邈矣千里, 迄未蒙宣額
之恩典者, 實由於士林之未及陳請故也. 封疏叫閤, 固不必後於他
院, 而第因本院之凋殘, 尙未一擧公議之抑鬱容有已耶. 以此之故,
享禮及守護之具, 蕩然莫振, 若此不已, 則未蒙額之前, 殆不能保矣.
噫, 環東土數千里祠院非一, 而毋論額未額, 朝家典禮已有定式, 而
惟此本院, 則享奠與院生凡例, 徒存虛名, 反爲文具章甫之, 慨然爲
如何哉. 玆敢齊籲本院之享需凡節及院生額數, 依國典施行事, 別
加申飭, 俾有實效, 則風敎幸甚, 士林幸甚.

小註: 題曰, 無論賜額書院, 未賜額書院, 皆是薦籩豆, 致敬謹之地. 故自朝家定給募
　　軍, 該邑備給, 奠需亦出於優異之德意, 則近來各院之不均, 誠一痼弊, 不但事體
　　之未安, 當初定式之意, 果安在哉. 卽速如例定給之意, 發關該道云云. ○ 時判
　　書李得臣. ○ 禮曹關文. ○ 禮曹爲相考事節呈, 道內仁同幼學張東旭等, 呈辭內
　　云云, 是置無論賜額未賜額止, 果安在哉. 玆以發關, 卽速如例定給之意, 該邑良
　　中申明知, 委施行到付日時, 爲先回移云云. ○ 巡營關文. ○ 兼使爲相考事,
　　粘連禮曺關辭, 相考陽山書院院生募屬依法典, 卽速募入, 正案修報以爲營上
　　之地云云. ○ 時監司李泰永. ○ 本官甘結. ○ 卽因禮曹關據巡營關內陽山書院
　　院生募屬依法典, 卽速募入正案修報以爲營上之地, 關文來到, 玆以發甘該院
　　院生募屬, 卽速募入後修正案上官以爲轉報營門之地云云. ○ 時主倅 李洛秀.

　우리나라의 명교名敎가 울연蔚然하여 소중화小中華라고 하는
것은 선현들의 충의忠義의 유풍遺風이 있기 때문이옵니다. 우리
열성조列聖朝에서 충의를 기리는 포상지전襃賞之典이 극진하였사

온데, 이제 성상聖上이 임하시어 전례典禮가 융성하고 숭보지은崇報之恩을 베푸심이 극진한 데 이르렀사오니 우리나라의 신민臣民된 자가 누가 홍은洪恩이 널리 미치고 유림儒林이 흥성함을 생각하지 않겠나이까?

소생 등이 살고 있는 본도의 의흥현義興縣에 양산서원陽山書院이 있사온데, 이는 곧 고려의 사인舍人 경재敬齋 홍선생洪先生의 영위를 모신 곳이옵니다. 대저 선생의 고심탁절苦心卓節은 도학道學에서 연원하였음을 제 선배들의 글 중에서 가히 알 수가 있사오니, 당시의 동절자同節者는 정포은鄭圃隱과 이목은李牧隱, 길야은吉冶隱이옵니다.

아! 서산西山(首陽山)의 채미지풍採薇之風과 율리栗里의 영국지절詠菊之節은 천고에 드문 일이온데, 더욱이 땅에 그 이름이 있고 또한 그러한 인물이 있었음은 실로 우연이 아니라고 하겠나이다. 선생의 거소가 율리에 있고 선생의 묘우廟宇가 양산陽山에 있으니, 우러러 천고의 충성이 서로 부합된다 하겠나이다. 수백 년이 지난 지금까지 사림士林이 경모敬慕하는 정성이 간절한 것은 어찌 그 땅에 사림이 다 같이 병이秉彛에서 나왔다고 하지 않을 수 있으며 스스로 불능한 것이라고만 말할 수 있겠나이까.

도내道內의 의론이 일제히 일어나 문광공文匡公 허백정虛白亭 홍선생洪先生과 우암寓巖 홍선생을 양산에 추배한 것은 의흥현이 선생의 고향이기 때문이오니, 허백虛白, 우암寓庵 양선생은 선생의 일문의 현인賢人이옵니다. 허백, 우암 양선생의 문장과 의범懿範은

『해동명신록』과 『국조사적』에 소상히 기록되어 있사오니 누누이 설명할 필요가 있겠나이까. 엎드려 생각하옵건대 삼현을 한 묘당에 모시어 백세百世의 사표師表로 삼는 것이 옳은 일인 줄 아오나, 천리나 멀리 떨어져 아직도 선액宣額의 은전恩典을 입지 못하였음은 실은 사림士林의 진정陳情이 미치지 못한 까닭이옵니다. 이러한 진정이 타원他院에 뒤지지 않아야 할 것이오나 본원의 조잔凋殘으로 아직껏 공의公議로 억울함을 한 번도 진정한 일이 없사옵니다. 이러한 연유로 해서 향례지절享禮之節이나 수호지구守護之具가 떨쳐지지 못하게 되고 만다면 선액宣額을 입기 전에 거의 보존하기가 불가능할 것이옵니다.

아! 우리나라 수천 리에 서원이 하나뿐이 아니온데, 사액서원賜額書院이나 미사액서원未賜額書院을 할 것 없이 조정朝廷의 전례典禮에 따르고 있으나 오직 본원本院만은 향전享奠과 원생범례院生凡例가 허명虛名에 지나지 않아 선비들이 개탄하는 소리가 높사옵니다. 이제 감히 청하옵건대, 본원의 향수범절享需凡節과 원생 및 액수額數를 국전國典으로 시행케 하여 실효를 거두신다면 풍교風敎를 위해서도 다행한 일이오며 사림을 위해 또한 다행한 일이 되겠나이다.

소주: 제사題辭에 이르기를, "사액서원賜額書院이든 미사액서원未賜額書院이든 모두가 향사를 올려야 할 경건한 곳이므로 조정에서 정급모군定給募軍하여 해당 읍에 제수를 갖추어 지급하는 것은 특별히 우대하는 뜻에서 나온 것인데, 근래에 각 서원에 균일하지 못한 것은 하나의 폐단으로

사체事體에 미안한 일이다. 당초에 정한 법의 뜻이 과연 어디에 있는가.
속히 예例에 따라 지급하라는 공문을 해당 도에 발송하라" 운운. 당시
판서 이득신李得臣.

○ 예조관문禮曹關文 : 예조禮曹에서도 도내 손동욱孫東旭 등이 올린 청원문
에 대해 "사액서원이든 미사액서원이든…… 과연 어디에 있는가. 이에
공문을 띄워 속히 정례대로 지급하라는 뜻을 해당 읍에 전하고 시행
일시를 우선 통보하라" 운운.

○ 순영관문巡營關文 : "겸사兼使는 예조의 관문關文에 의거해 이를 고찰하여
양산서원의 원생모속院生募屬을 법에 따라 즉시 모입募入하고 정안正案을
닦아 상급관서에 보고하라" 운운. 당시 감사 이태영 李泰永.

○ 본관감결本官甘結 : 곧 예조관문과 순영관문에 의거해 양산서원陽山書院
의 원생모속院生募屬을 법에 따라 즉시 모입하고 정안正案을 닦아 상급관
서에 보고하라는 공문이 내려오니, 이에 해당 서원에 공문을 띄워 원생모
속을 즉시 모입하고 정안을 닦아 상급관서인 영문營門으로 다시 보고했
다 운운. 당시 주쉬主倅 이낙수李絡秀.

양산서원 강당 중건 상량문[陽山書院講堂重建上樑文]

이상발李祥發

三賢竝胟, 公議可驗, 同人一堂, 增修規橅, 蓋取大壯, 眼前突兀, 心上經營. 恭惟敬齋洪先生, 志慕登山, 跡秘遜野, 圃翁歎, 牧老賞, 遇知音於同時, 敬字扁, 極圖吟, 得妙旨於絶學, 瞻鶴髮而諱病, 寸寸草心, 夢龍顔而通神, 炳炳葵性, 政所謂忠孝兼備, 庶可期氏葉重光, 果見虛白爺稟靈, 亦有寓庵翁踵美, 橋梓上下, 擢層秀於漢庭, 金石鏗鏘, 播希音於周雅, 瞻闕中而安止, 雲視文衡, 托言外而寓庸, 人推國器, 貽謨則金心鐵面, 典刑則麟角鳳毛, 始也戴盆而飮寃, 縱被尺霧障日, 終焉昭雪而尊德, 允協同宮薦禋, 肆於缶林靈區, 爰設庚桑尸祝, 八公鍾淑, 哲人之生長, 有村兩賢, 聯芳名門之貫籍, 是地殆類蔡氏廘沙建廟, 豈止社儀蓋倣魯公浯溪, 遺規仍陞, 院號第緣, 講堂之狹隘久欠, 多士之觀瞻惟新, 是圖豈待遠近齊倡, 撤舊改制, 實由本支殫誠, 左爲夾, 右爲寮, 間架益大, 山如聳, 水如動, 物色咸欣, 苟欲尊道而象賢, 莫如合堂而觀善, 杜陵翁思庇廣廈, 殆歸虛夸, 筠州社增飾正齋, 伫見實效, 自此肄業有所, 宛爾謦欬之親承,從今寓慕無窮, 肅然函丈間侍坐, 勿替崇奉之典, 永爲依歸之方, 請駐郢斤, 試聽巴唱.

兒郞偉抛樑東, 霧罷前林日吐紅.

留揭當時心事曒, 誰言畫手世無工.

兒郞偉抛樑西, 春蕨秋英極望迷.

一種淸風吹不盡, 無人更續晦翁題.

兒郞偉抛樑南, 萬丈公山碧落參.

名節爭高誰最大, 吾人從古貴爲男.

兒郞偉抛樑北, 有石森然表獨立.

水涸霜淸猶不磷, 使人對此心先肅.

兒郞偉抛樑上, 月印晴空涵萬象.

光影雖分本體全, 此心要在善吾養.

兒郞偉抛樑下, 谷谷紅漚滿眼瀉.

始信花源非別區, 桑麻是處見平野.

伏願上樑之後, 儒風丕變, 院貌益新, 壁揭鹿洞舊規, 奚但誦讀而止, 堂開湖學遺制, 允宜講劘是先, 歷浩劫而長存, 棟宇免風雨之會, 薦褥儀而起敬, 生徒崇節義之堅. 詩曰,

陽祠一體祭三賢, 松栢蕭森歲暮天.

病託歸田人莫識, 焚經烈火玉彌堅.

山空化碧周臣血, 菊老書黃晉士年.

此去鳥岑知幾許, 精靈兩地水行然.

삼현三賢을 나란히 제사해야 옳다는 공의가 이루어져, 동인일당同人一堂으로 사당을 증수함에 규모가 웅장하여 눈앞에 우뚝 솟았으니, 마음속으로 경영해 온 지 오래였도다. 삼가 생각건대, 경재 홍선생이 마음속으로 백이伯夷의 충절을 사모하여 전원에 자취를 감춤에 포은圃隱은 아깝다 탄식하고 목은牧隱은 훌륭하다 칭찬했으니 이는 진정 알아주는 사람을 만난 것이며, 경재敬齋라는 편액을 달고 태극음太極吟이란 시를 읊었으니 절학絶學의 상태에서 현묘한 이치를 얻었음이로다. 부모의 흰머리를 보고 그의 병을 감추었음은 절절한 효심이었으며, 꿈속에서 임금님을 만나 정신을 통했음은 일편단심의 충성이었도다. 충효가 겸비하면 거듭해서 한집안에 훌륭한 인물이 난다고 한바, 과연 허백虛白의 타고난 신령함과 우암寓庵의 훌륭한 자취를 보겠다. 부자가 대를 이어 조정에서 뛰어났고, 금석문은 유명하여 문단에 널리 알려졌다. 은거하여 문형文衡을 뜬구름같이 보고 바깥일에 일체 관여하지 않으니, 사람들이 국기國器라 추앙하였다. 지조는 쇠와 같이 굳고 용모는 기린麒麟과 봉鳳이었으니, 처음에는 국은國恩을 입었으나 억울한 일을 당해 해가 안개에 가린 듯했지만 나중에는 밝게 설원하여 그 높은 덕을 기리어 다함께 향사하게 되었다.

여기 부림缶林 신성한 곳에 원사院祠를 지었으니, 팔공산의 정기를 받아 철인哲人이 생장한 마을이요 양현兩賢이 함께 빛나는 명문의 관향이다. 이곳은 채씨蔡氏가 마사麻沙땅에 사당을 세운 것처럼 어찌 사社에만 그치랴 하여 노공魯公(顔眞卿)의 오계浯溪

규모에 따라 서원으로 높였는데, 강당이 좁아 많은 선비들이 모이지 못함에 이제 새로이 남의 협조를 기다리지 않고 자손들의 정성으로 옛집을 헐고 새집을 경영하니, 좌우에 방을 넣고 가운데 큰 청을 두매 마치 산이 솟아오르는 듯 물이 흐르는 듯하여 물색이 더욱 좋아졌다. 진실로 도를 높이고 현인들을 높이려면 한 당堂에 모셔 선함을 봄만 같지 못할진대, 두자미杜子美가 넓은 집을 생각한 것은 이제 헛걱정이 되었고 균주筠州의 사祠를 중수하여 정재正齋로 함과 같이 되었도다. 여기에 학업을 닦을 곳이 마련되어 완연히 선생의 가르침을 받게 되었으니, 지금부터 사모함이 무궁토록 숙연하여 노소가 모여앉아 높이 받들어 모심의 의전을 그치지 말고 영원한 의귀의 방도로 삼아야 할 것이다. 이에 대목을 청하여 상량의 노래를 들어 보고자 한다.

어영차 대들보를 동으로 저어 보세,
안개 걷힌 앞 수풀에 붉은 해 돌아 오네.
당시의 심사를 내어 걸어 빛나게 하니,
그 누가 이 세상에 공인工人 없다 말을 하리.

어영차 대들보를 서쪽으로 저어 보세,
봄 고사리 가을 국화 볼수록 아득하네.
한 가닥 청풍이 다함없이 불어오는데,
그 누가 주자朱子 글을 이을 사람 있으리요.

어영차 대들보를 남쪽으로 저어 보세,
높다란 팔공산이 푸른 하늘에 솟았구나.
명예와 절개 높음을 다투면 뉘 가장 크리,
우리들은 예부터 대장부를 귀히 여겼도다.

어영차 대들보를 북쪽으로 저어 보세.
큰 바위 삼연森然하게 홀로 우뚝 서 있구나.
물에 젖고 서리차도 부서질 줄 모르나니,
이 바위 대함에 마음 먼저 엄숙해지네.

어영차 대들보를 위로 들어 올려 보세,
밝은 달이 하늘에서 천태만상 비치누나.
빛과 그림자 다르지만 본체는 하나이니,
내 마음 수양함에 이와 같이 하리라.

어영차 대들보를 밑으로 내려 보세,
골골마다 단풍 물결 황홀하게 흐르는구나.
무릉도원이 여기임을 비로소 알겠나니,
뽕나무와 삼을 심은 들판 눈앞에 펼쳐 있네.

엎드려 비옵건대, 이 집을 지은 후에 유풍遺風이 변치 말고
원모院貌가 더욱 새로워져서, 백록동白鹿洞 구규舊規를 벽에다 걸어
두고 글을 읽을 뿐만 아니라 호학湖學의 유제遺制를 따라 학문을

닭게 해 주소서. 그리고 온갖 풍우에도 이 집을 길이 보존하여
향사를 지내고 원생들은 절의節義의 굳음을 숭상하게 해 주소서.
이에 시를 한 수 지어 이르노니,

양산서원 한 묘우에 삼현을 제사하니,
송백은 소소히 세모천歲慕天에 우거졌네.
우국 신병으로 전원에 돌아옴을 아는 이 없었어도,
분경열화 같은 충정은 곤산의 옥보다 굳었으리.
공산 하늘의 푸르름은 백이의 영혼이며,
국화 피어 누른색은 도연명 그때일레라.
여기서 금오산이 얼마나 먼가,
정령精靈은 두 곳을 물 흐르듯 오가리라.

양산서원 강당 중건기[陽山書院講堂重建記]

八公之山, 逶邐西南走行十餘里, 又折而北走, 衆峰環立如拱揖者
首山, 又北走數里許, 崗巒鬱鬱蓊蓊者陽山也, 合二山而言之則首陽
山也. 山有松栢長焉, 薇蕨生焉, 南有飛瀑直下數十尺, 滙爲一潭, 深
不可測, 因繞谷而北流, 北有蒼壁屹立數百丈, 有丈夫氣像, 中有書
院, 卽敬齋洪先生妥靈之所, 而以虛白亭洪先生寅庵洪先生竝享焉.
院號之稱以陽山, 蓋因其地名而想像先生之道義風烈也. 惟我先祖
敬齋先生, 當麗氏運訖, 見幾先作退卜于此, 逍遙於兩山之間, 而尙
友乎西山高躅, 故後人景慕而俎豆之, 酒取其節義之相媲, 地名之偶
合, 而因建院于此, 名之曰陽山書院, 院之作在於肅廟庚寅, 而祠以
陞院亦尙矣, 院宇舊在湧才之麓, 而三遷而建于此, 故講舍凡百頗凋
殘, 不稱制度, 尋常慨歎者久矣. 歲乙丑春, 以國恤未克享, 吾從君宅
坤合一二同志謀曰, 今番所需物資雖甚寡, 若逐歲補長, 庶可爲日後
藏修之資, 遂親自扛夯, 其用意立心, 豈徒爲先而止哉. 將以啓後學
於無窮矣. 嗚呼功未就而早逝, 其孤秉周, 遹追先意, 繼而幹其事. 至
于今日, 而物力亦不爲不多, 酒者僉議峻發, 以爲重建講堂之計, 乃

於戊寅春, 伐木于先塋, 敎族人漢瑞甫, 尸其事, 自二月初吉攻位, 越三年庚辰三月日, 功告訖, 堂凡十架, 左右寮夾相對, 東曰立懦, 西曰求仁, 三楹爲正堂, 堂曰興敎, 合堂與室而揭舊扁, 又掄舊堂之材, 仍搆於正堂之南, 命曰把淸樓, 樓之傍鑿而瀦之引水漑, 其中名之曰, 半畝塘. 於是乎, 昔之委靡者, 今焉綴密, 昔之陋隘者, 今焉奐輪, 多士有所依歸, 後學有所講習, 登是堂而入此室者, 想敬翁之淸標, 則思所以矜式之, 慕涵虛之節操, 則思所以砥礪之, 景寓庵之問學, 則思所以師表之, 周旋進退, 不自知其立懦而廉頑, 則祠院之作, 其有關於風敎也審矣. 然氣數升降, 廢興無常, 今日之落其成, 亶由於士林與子孫之殫誠, 而不朽之責, 顧不在於用力之何如耶. 院之左右, 深邃奇絶處, 可亭而可臺者亦多有之. 而力縣未及之, 後之君子有踵而成之者, 又幸之幸矣. 蓋勉旃乎哉. 旣以諗于僉退而爲之記.

　　　　　　庚辰三月日 後孫 通政大夫敦寧府都正 宅夏 謹書

　팔공산맥 한 줄기가 구불구불 서남으로 십여 리를 달리다가 다시 꺾여 남쪽으로 치달아 중봉衆峰이 읍揖을 하듯 둘러싼 곳을 수산이라 일컫고, 또다시 북으로 몇 리를 달려서 봉우리를 이루어 울창하게 우거진 곳을 양산이라 한다. 이 두 산을 합하여 수양산이라 부르는데 송백이 뻗어 있고 고사리가 자란다. 그 남쪽에 폭포가 있어 직하 수십 척 아래에서 웅덩이를 이루니 그 깊이를 알 수가 없다. 골짜기를 따라 개울이 북으로 흐르는데, 북쪽에는 푸른 절벽이 수백 길이나 우뚝 솟아 장부의 기상이 서려 있다. 그 가운데

서원이 있으니 곧 경재 홍선생의 영위를 모신 곳으로 허백정虛白亭 홍선생, 우암寓庵 홍선생도 함께 배향했다. 원院의 이름을 양산이라고 한 것은 그 지명이 선생의 도의와 충렬을 상상할 수 있기 때문이다. 나의 선조 경재 홍선생은 고려의 운이 다함을 먼저 알고 물러나와 이 양산을 소요했으니 후인들이 서산 백이의 자취와 같다 하여 경모하고 향사를 치르고 있는데, 그 지명과 절의가 우연히 같아 원을 세워 양산서원이라 부른 것이다.

원을 처음 세운 것은 숙종 경인년(1710)으로 사祠를 원院으로 승격하였다. 원의 건물이 처음에는 용재 기슭(湧才之麓)에 있었던바 세 번이나 옮겨지음에 집이 낡고 헐어 모든 제도가 말이 아니게 되니 이를 개탄해 온 지 오래였다. 을축년(1805) 봄에 국휼國恤로 인해 향사하지 못하고 나의 사촌 택곤宅坤과 한두 사람이 뜻을 모아 의논하기를, 이번 제수에 소요되는 물자가 비록 부족하나 해마다 늘리면 후일에 보수할 자물資物이 될 것이니 내가 담당하겠다고 자청하니, 그 뜻이 위선爲先함에만 있을 뿐만 아니라 장차 후학을 계도啓導하여 길이 이어가는 데 있었던 것이다. 그러나 슬픈 일이다. 택곤宅坤은 그 공을 이루지도 못한 채 일찍 죽고 그 아들 병주秉周가 선고先考의 뜻을 이어 일을 추진하여 오늘에 이르렀으나 물력物力이 부족하니, 공의公議가 일어나 드디어 강당을 중건하기에 이른 것이다.

무인년(1818) 봄에 선산의 나무를 베어 족인族人 한서韓瑞의 감독 하에 2월 초에 기공, 3년 뒤인 경진년(1820) 3월에 준공하였다.

당은 무릇 십가十架로 좌우료左右寮가 마주하니 동쪽이 입나立懦요 서쪽이 구인求仁인데, 삼영三楹을 정당正堂으로 하고 당의 이름을 흥교興敎라 했다. 당과 실에 옛날의 편액扁額을 걸고, 또한 구당舊堂의 재목을 뜯어서 정당 남쪽에 새로 누각을 지어 읍청루揖淸樓라 하고, 누樓 옆으로 물을 끌어 연못을 만들어서 반무당半畝塘이라 했다. 이리하여 옛날에 협착했던 것이 지금은 훌륭한 새 모습으로 갖추어지니, 많은 선비들이 귀의해 오고 후학들이 공부하러 모여 들게 되었다. 이 방에 들어오면 경재 선생의 청표淸標를 공경하고 허백虛伯의 절조節操를 연마하며 우암寓庵의 학문을 사표로 삼아야 할 것이다. 진퇴를 분명히 하여 자신이 알지 못하는 사이에 부드럽고 염치 있고 의지가 굳게 될 것이니, 이는 곧 사원을 세운 뜻이 풍교에 있는 것임을 알아야 할 것이다.

그러나 운수는 돌고 돌며 흥폐는 무상한 것이다. 오늘의 퇴락頹落을 사림과 자손들의 정성으로 불후의 업적을 이루어 놓았는데 길이 보전해 갈 능력이 있을는지? 원의 좌우에는 정자나 대臺를 지을 만한 기절처가 많이 있으나 힘이 미치지 못한다. 뒷사람이 그것을 이룬다면 참으로 다행한 일이겠으며 모두가 그렇게 되도록 힘을 써야 할 것이다. 이에 모든 사람들에게 당부하며 이 글을 쓴다.

경진년庚辰年(순조 20년, 1820) 3월 일
후손 통정대부 돈녕부도정 택하宅夏 삼가 씀

별묘 상량문[別廟上樑文]

屬晉運之將傾, 史獨書五柳淸節, 許賢祖之別祠, 禮式遵一畝明宮, 義在崇賢, 誠深追遠. 恭惟, 高麗人敬齋洪先生, 缶林華閥, 勝國孤忠, 七歲孝經, 已能器成坯墣, 一部家訓, 可見學貫天人, 有非著無非冥, 深得極翁旨訣, 壯而行, 幼而學, 矧奪庭裕, 謨資琢磨於羣賢, 契采重於鄭圃翁李牧隱, 折蓮桂於妙歲榜, 最多於成獨谷許敬菴齊聲廟廊人, 是一代國老晉登館閣位, 至中書舍人, 那意驥步方展之初, 遽有魚菜八夢之思, 忠孝一致允矣, 夙昔講磨, 舍藏隨時, 自是一生功用, 乾旋坤斡, 五龍方飛魚震霄, 海闊天晴, 冥鴻忽擧於雲水, 半千年宗社, 旣屋竹橋之時事, 可悲二十七歲, 光陰方舒, 王京之歸夢何促, 幾先明炳, 是所謂識微大人, 國亡身隱, 孰不曰殉社高節, 原禮貴反夫本也, 雲仍篤刲牲之誠固, 鄕社沒而祭於矜紳, 切慕薦之忱所以於缶溪桑梓之地, 闕有此陽山芬苾之祠, 後豆前觴, 其各勤於二百周甲, 春嘗秋禴, 庶無怠於三九元丁, 不意朝禁方嚴, 毁令彌天, 孔急亦粵, 士林有罪, 幽寃無地, 敢控食見羹坐見牆, 感懷之不以遠代, 而有間廟已毁, 主已窆俎豆之, 雖欲更擧而無由, 於焉博采門論,又以遠效通禮, 玆就宗祔正廟之右, 別立永世不祧之祠, 其自今粗伸私情, 自考妣之定位無於古, 可以義起, 矧公士之通行, 山高水長, 吾道屬泰來之運, 辰良日吉, 名區呈賁飾之休, 榱角不華, 何煩小畜材而大畜力, 升斗從簡, 實賴同人助而家人謀, 玆豈爲從文華而資觀聽, 蓋亦出厚風俗而敦宗族, 初一人身也. 苟信睦之講修, 今百年漠然, 必精靈之慰悅, 用欽歛曷孫之誠意, 敢陳六偉郞之禱詞.

兒郞偉抛樑東, 海山朝旭上靑空.

扶持大義明千古, 夫子胸中一道紅.

兒郞偉抛樑西, 鵠嶺秀光天外齊.

終古榛苓餘恨在, 美人何處不歸兮.

兒郞偉抛樑南, 公山碧落與天參.

先生卓節爭高了, 始信人間不朽三.

兒郞偉抛樑北, 蒼厓萬丈臨無極.

努力躋拚自有觀, 吾人莫憚理筇屐.

兒郞偉抛樑上, 滿天星日精華盪.

若敎胸次如斯明, 嬴得中間霽月郞.

兒郞偉抛樑下, 淸流一帶抱前野.

但願年年歲比登, 曾孫多稼頌周雅.

伏願上樑之後, 先烈彌光, 遺澤益遠, 百世報本, 足文獻之有徵, 千載垂休, 傳子孫而無替, 以妥以侑, 有始有終.

通訓大夫前行弘文館應敎知製敎 兼 經筵侍講官

春秋館編修官文臣 兼 宣傳官 韓山 李敦禹 撰

진晉나라의 운수가 기울어짐에 대해 사기史記에서는 오로지 도연명陶淵明의 청절淸節만을 기록했던 것처럼 훌륭한 조상을 모시기 위해 별사別祠를 지을 때의 예식은 작고 깨끗한 묘우를 마련했으니, 그 두 가지 뜻은 다 현인을 숭배하여 정성으로 모심에 있었다.

삼가 생각하건대, 고려 사인舍人 경재 홍선생은 부림缶林 화벌華閥 출신으로 고려의 충신이었다. 일곱 살에 효경을 읽어 이미 능히 큰 인물이 될 바탕을 갖추었으니, 그의 가훈시家訓詩를 보면 천리와 인사에 통했다는 것을 능히 알 수 있다. 유有가 드러남이 아니고 무無가 아득함이 아니라 한 것은 주염계周濂谿 학문의 요지를 깊이 터득함이었으며, 장성한 뒤에 실천함은 어릴 때 학습한 가정교육 덕분이었다. 여러 현인들로부터 배우고 익힘을 바탕으로 삼고 정포은, 이목은 등으로부터 중시됨을 계기로 하여 약관에 과거에 합격했다. 합격자 중 최우수자인 성독곡成獨谷, 허경암許敬菴과 명성을 함께함에 조정의 사람들은 일대의 명사들이 관각館閣에 진출하게 되었다고 했다.

직위가 중서사인中書舍人에까지 이르렀으니 어찌 한창 뜻을 펼치기 시작한 즈음에 갑자기 고향에 돌아가 태조를 꿈에 볼 수 있는 일을 짐작할 수 있었을까. 그것은 충忠과 효孝가 일치함에서 이루어짐이었으니, 밤낮으로 학습하여 버리고 간직함을 때에 맞게 하여 스스로 일생을 경영해 나갔기 때문이었다. 세상이 뒤바뀌어 오룡五龍이 바야흐로 진뢰震雷에서 날고 바다는 넓고 하늘은 맑아 홍곡鴻鵠이 갑자기 운수雲水에서 일어나니, 오백년 사직은 무너지고 슬픈 선죽교善竹橋의 사건이 일어났도다. 스물일곱 한창 나이, 바야흐로 뜻을 펴려고 할 즈음에 어찌 저세상으로 돌아갈 길을 재촉하였던고. 그것은 기미를 깨달음의 밝은 지혜, 이른바 미묘한 의리를 실천하는 대인이 나라가 망하자 절의를 지킴을 알려줌이니, 누군들 사직을 지키다가 순국한 분이라 말하지 않겠는가.

원래 예禮란 것은 추원보본追遠報本을 귀하게 여김이라, 자손들이 제사에 정성을 돈독히 해 왔으나 향사鄕社가 없어지자 개인 가정에서 제사를 지냄에 사당을 그리워하는 마음이 절실하였다. 그러므로 고향인 부계 지역에 이 양산서원을 건립하여 200년 동안 향사를 치니, 봄에는 3월, 가을에는 9월 제사를 게을리 하지 않았다. 그러나 뜻하지 않게 조정에서 서원철폐령이 내려 헐리게 되니 다급하기 이를 데 없으나, 사림의 죄이니 가슴속의 원통함을 하소연할 곳이 없었다. 밥을 먹을 때는 경재선생의 모습이 국에 나타나고 앉으면 벽에 모습이 나타나는 것 같음에 흠모함의 감회가 먼데 있음이 아니라 바로 눈앞에 있었다. 묘우가 훼철되고 신주조차 없어짐에 제사를 다시 지내려고 하나 지낼 곳이 없었다. 그래서 문중이 의논하고 또 널리 통례通禮를 상고하여 정묘正廟 오른쪽에 영세永世토록 조매祧埋하지 않는 사당을 별도로 세우니, 이로써 안타까운 마음이 조금은 풀리는 듯하다. 고비考妣를 함께 제사함은 옛날의 법에는 없으나 의義로 보아서는 옳은 일로 사림土林의 통례가 되고 있다.

산은 언제나 높고 물은 영원히 흐르는 법, 우리의 도道가 다시
흥성하는 운運을 맞아 양신길일良辰吉日을 택하여 명승지에 아름
다운 사당을 짓게 되었으나 재목과 구조가 화려하지는 않다.
어찌 번거롭게 적게 쌓아 온 재목으로 큰 힘을 쌓아 온 것처럼
하랴. 한 되 한 말의 곡식을 모아 간략하게 시작했으니, 실로
뜻을 함께하는 사람의 도움과 집안사람들의 모책에 의뢰했을
뿐이로다. 이러니 어찌 화려하게 꾸며 보고들을 거리를 만듦에
목적이 있었겠는가. 대개 풍속을 순후하게 하고 종족을 화목하게
함은 처음 한 사람으로부터 나오는 것이다. 진실로 신의와 화목을
강론하고 수련함이 지금 백년이 지냈으니 반드시 정령께 위로와
기쁨이 되었을 터인즉, 조상을 흠모하는 여러 후손들의 성의에
의해 감히 상량문을 지어 보리라.

어영차 대들보를 동쪽으로 저어 보세,
해동 공산의 아침 해가 창공에 떠오르네.
대의를 부지하여 천고에 밝혔으니,
선생의 가슴속에 사문의 도 열렬하리.

어영차 대들보를 서쪽으로 저어 보세,
곡영의 수려한 빛이 하늘 밖에 펼쳐졌네.
지난 날 폐허에는 여한이 서렸는데,
선생은 어디 가고 돌아오지 아니하는가.

어영차 대들보를 남쪽으로 저어 보세,
공산은 우뚝하여 하늘 높이 솟았구나.
선생의 높은 절개 높음을 다투나니,
이제야 알겠도다, 인간의 삼불후를.

어영차 대들보를 북쪽으로 저어 보세,
푸른 절벽 만길인 양 그 높이 한량없네.
노력하여 올라보면 절로 볼 것 있을지니,
누구나 지팡이 짚신 준비 꺼리지 말라.

어영차 대들보를 위로 올려 보세,
하늘 가득 별과 태양 정치하고 화려하네.
만일 마음을 이와 같이 밝게 하면,
그 중간에 광풍제월을 얻고도 남으리라.

어영차 대들보를 밑으로 내려 보세,
맑은 물 한 줄기가 앞들을 둘렀구나.
다만 해마다 풍년 듦을 기원하노니,
자손들 많은 수확 태평가를 노래하리.

삼가 바라노니 상량을 마친 뒤에 선열先烈은 더욱 빛나고 남기신 은택은 영원토록 전해지게 해 주소서. 대대로 제사하여 문헌에 기록이 남도록 하며, 천년토록 아름다움 남겨 자손에게 전해짐이

끊이지 않게 함으로써 평안히 제사하게 하고 시작과 끝이 있게
해 주소서.

통정대부 전 행홍문관응교지제교 겸 경연시강관
춘추관편수관문신 겸 선전관 한산 이돈우李敦禹 지음

별묘의 신주를 조매하지 않음을 고하는 글
[別廟不祧告由文]

恭惟, 先生挺于麗季, 良玉精金, 天資特異, 承聞詩禮, 蚤賁館閣, 貞彌介石, 操勵冰蘗, 維時吾道, 甫來于東, 誰其倡者, 曰維圃翁, 同明繼照, 如鍾斯撞, 丕哉正學, 紹我箕邦, 宗國其亡, 密啓炳幾, 五柳于門, 新綠正肥, 惟玆綱彛, 敬義眞訣, 同時文忠, 異代靖節, 百世聞風, 孰不尊慕, 揭虔明禋, 其來有素, 近因邦制, 遂撤瞻依, 士林怒傷, 來雲悲歔, 今之栗里, 昔先生宅, 舊廬歸然, 過者所式, 先生不祀, 其奚祀道, 祧墓縱久, 復主可攷, 於焉義起, 輿論一辭, 祠宇創別, 象設如儀, 世祭伊始, 配位同妥, 諏吉齋士, 潔鱐脮果, 精爽如在, 陟降歆齊, 子孫萬年, 輿之无替.

大匡輔國崇祿大夫原任議政府左議政
兼 領經筵三軍府事監春秋館事 豊山 柳厚祚 撰

선생은 고려 말에 태어나시어 양옥良玉과 정금精金처럼 타고난 자질이 특이하셨습니다. 시례詩禮를 학습하여 관각館閣에 뛰어나셨으며, 정절은 개석과 같이 굳고 지조는 얼음과 같이 깨끗하셨나이다.

성리학이 우리나라에 들어온 이래 그것을 일으킨 사람은 포은 圃隱이었는데, 선생은 포은을 이어 더욱 밝게 빛내시어 이 나라의 정학正學으로 정립, 우리 예의의 나라를 도우셨으며 고려가 망할 것을 미리 아시고 문 앞에 오류五柳를 심어 그 싱싱한 신록新綠과 같은 정절을 지키셨으니, 이는 강상綱常을 세운 참다운 의義로서 존경받고 있나이다. 이것은 문文과 충忠을 겸한 것으로, 후대에 와서도 백세에 드날릴 그 정절을 그 누가 추모하지 않겠나이까. 제사를 정성스레 받들어 왔으나 나라의 법으로 인하여 드디어 사당을 철훼撤毀하니 사림士林이 마음아파하고 자손들은 슬픔에 잠겼나이다.

지금의 율리栗里는 선생의 고향으로 옛집이 우뚝하니, 지나가는 나그네도 예를 올리는데 선생의 제사를 받들어 지내지 않는다면 그 어찌 제사의 도道가 있다 하오리까. 선생의 신주神主를 조매한 지 비록 오래되었으나 다시 받드는 것이 옳다는 의義에 따른 공론이 한결같으니, 사당을 따로 지어 제상을 설치하고 선생의 배위配位도 함께 모셔야 할 것이옵니다. 이제 좋은 날을 가리어 여러 인사들이 모여서 깨끗한 제수로 제를 올리니, 정령은 강림하여 흠향하시고 모든 자손들은 다함께 영원히 받들어야 할 것입니다.

대광보국숭록대부 원임의정부좌의정 겸
연경연삼군부사관 춘추관사 풍산 류후조 지음

척서정 상량문[陟西亭上樑文]

感慨發於彝衷, 孰不聞靖節之風者, 興廢關於氣數, 幸復覩靈光之巋然, 爰就苾芬舊墟, 乃闢突兀新構. 恭惟, 敬齋洪先生, 金精玉潤, 檗若冰淸, 耽讀孝經, 書見七歲之坏樸, 詠歎太極旨, 溯千古之淵源, 道契則圃牧兩賢, 文望則洪武一榜, 方擒華於鳳藻, 蚤見幾於鴻蘆, 五百年宗社邃墟, 顧一身之何惜, 二十七仙籌遽促, 寧九泉之是安, 惟其志事之婉微, 是以名跡之沈晦, 幸賴皮殿中之信筆, 日星昭臨, 亦粤蔡文肅之顯銘, 天壤不弊肆於陽山, 一局幷股缶林三賢, 虛白老寓菴翁一體之精爽, 完在金烏山竹橋水千古之物色, 相連不意邦制之極嚴, 奄見神栖之邃撤, 髣髴儀像與白雲而俱空, 幽鬱興忧籲蒼天而無路, 玆因蒍軹之所, 更謀琴書之傳, 材取樸斲之勤, 日叶經營之吉, 軒於涼室於燠, 悉遵吾黨之規模, 山益高, 水益深, 婉見昔日之光景, 瞻桑梓於大栗, 於乎不忘, 詠薇蕨於首陽, 抑有所感, 豈徒遊息之是事, 庶幾瞻仰之無窮, 姑駐郢斥, 試聽巴唱.

(兒郎偉)抛梁東, 大海茫茫浴日紅.

試問何人題壁去, 當年心事不謀同.

(兒郎偉)抛梁西, 滿月臺空草樹萋.

夢裏龍顔今不復, 空留杜宇隔窓啼.

(兒郎偉)抛梁南, 公山秀色碧如藍.

千年舊物依然在, 鍾得人間幾箇男.

(兒郎偉)抛梁北, 巖巖石立撑宸極.

丈夫志節欲如斯, 驟雨顚風撓不得.

(兒郎偉)抛梁上, 天體洞然羅萬象.

大抵人心元一般, 莫敎些子爲之障.

(兒郎偉)抛梁下, 花樹春風籠大野.

也識先生貽厥謨, 諸君何莫養梧檟.

伏願, 上梁之後, 地靈眷隲, 家敎彬興, 講明鹿洞之規, 于有光於
前烈, 修擧藍田之約, 亦足徵於後承, 藏焉修焉以嗣以續.

通仕郎前行義禁府都事 後學 聞韶 金道和 謹撰

감동적인 개탄은 진정한 충심衷心에서 우러나는 법이니, 그
누가 경재 선생이 남기신 정절靖節의 기풍을 듣지 못했다 할
것인가. 흥하고 쇠함은 기수氣數에 달렸음에, 정령精靈의 광채
우뚝하여 향기로운 옛터에 덩그런 새 정자를 짓게 되었도다.
생각하건대 경재敬齋 홍선생은 훌륭한 정신과 깨끗한 지조를
지녀, 7세의 어린 나이에 효경孝經을 탐독하였으니 그 총명함을
알 수 있고, 태극太極의 뜻 깊은 시를 읊었으니 그 천년 연원을

알 수 있도다. 도道로써 포은圃隱, 목은牧隱의 양현兩賢과 사귀었고, 문장文章은 홍무洪武 연간의 과거에 급제, 막 문단에 그 화려함을 펼치려는 순간 고려의 국운이 다함을 깨닫게 되었다. 500년 종사宗社가 망하여 폐허가 됨에 일신이 어찌 아까웠겠는가. 27세에 순국을 결심하시니 차라리 죽음이 평안한 것이었도다. 오로지 선생의 뜻하신 일이 매우 완곡미묘婉曲微妙하여 명성과 흔적이 널리 알려지지 않았으나, 다행히 전중殿中 피자휴皮子休의 기록에 의해 명확히 밝혀졌으며 채제공蔡濟恭의 묘갈명墓碣銘에 의해 세상에 알려지게 되었다.

드디어 양산 한 곳에 묘우를 지어 부림삼현缶林三賢을 나란히 배향하게 되었으니, 경재敬齋·허백虛白·우암寓菴 3선생의 정신이 완연히 금오산 길야은과 선죽교 정포은의 충절과 서로 통하였었다. 그러나 뜻밖에도 서원철폐령이 지엄하여 사원祠院이 훼철되기에 이르니, 흡사 정령精靈이 백운과 더불어 공중에 떠도는 듯, 억울하고 침통한 마음 하소연할 길이 없었다. 이에 정령께서 안주하실 곳을 마련하고 다시 학문을 전수할 대책을 세워서 재목을 다듬고 협력하여 공사를 진행하니, 따뜻한 터에 밝은 집 지음에 모두가 유가의 격식을 갖추었다. 산은 더욱 높고 물은 더욱 깊어 완연히 옛날의 광경을 보는 듯하며, 대율의 상재桑梓를 바라볼 수 있도다. 오호라! 수양산에서 백이가 고사리 캐 먹던 일 잊지 않는다면 어찌 이곳을 놀며 쉬는 정자로만 생각하리요. 선생의 충절을 무궁히 추모하기 바라며, 진실로 걸음 멈추고

상량 노래 들어 보리라.

　어영차 대들보를 동쪽으로 저어 보세,
　큰 바다 드넓은데 붉은 태양 떠오르네.
　아! 그 누가 암벽에 양산陽山이라 써 두었는가.
　그때의 마음과 일 말 안 해도 같았으리.

　어영차 대들보를 서쪽으로 저어 보세,
　만월대는 비었는데 초목만 우거졌네.
　꿈속의 태조 얼굴 이제 다시 못 뵈는데,
　공연히 두견새만 창밖에서 울부짖네.

　어영차 대들보를 남쪽으로 저어 보세,
　팔공산 수려한 빛 푸르기 쪽과 같네.
　천년된 물색은 옛 모습 그대로인데,
　인간세상 호걸남아 몇 명이나 남았는고.

　어영차 대들보를 북쪽으로 저어 보세.
　우뚝한 암석이 하늘 괴고 서 있구나.
　대장부 뜻과 절개 이와 같아야 하리니,
　소낙비 회오리바람에도 휘둘리지 않네.

　어영차 대들보를 위로 올려 보세.
　하늘 가득 삼라만상 펼쳐져 있네.

대체로 사람 마음은 원래부터 한가지니,
자식들로 하여금 무식하게 만들지 말라.

어영차 대들보를 밑으로 내려 보세,
꽃 핀 숲 봄바람이 큰 들에 가득하네.
선생의 가르침을 이제야 알겠나니,
그대들은 어찌하여 높은 인격 쌓지 않나.

　삼가 바라옵건대, 이 집을 지은 후에 지신地神의 돌봐 주심으로
가문의 교육이 흥성하게 하고 백록서원의 원규를 강론하여 선열
先烈을 빛나게 하며 남전규약藍田規約을 실천하여 후세들이 본받고
이어나갈 수 있게 해 주소서.

　　　　통사랑 전 행의금부도사 후학 문소 김도화 삼가 씀

척서정기[陟西亭記]

君子所守者義也. 義有不可則死, 以之而立人極, 扶世道. 若伯夷
之死首陽是也, 伯夷之後, 更無伯夷, 而以余觀之, 高麗門下舍人敬
齋洪先生殆庶幾乎. 先生不幸, 生於亂世, 不得展其才而早卒, 人以
是悲之, 然其進也正, 其退也正, 其病也正, 其死也正, 始終不失其
正, 非君子能如是乎. 蓋先生, 稟山河之正氣, 得洛閩之正學, 闇然
自修, 不苟合于世, 爲圃隱先生所薦, 始立于朝, 是進之以正也. 旣
而時事日非, 無如之何, 而社稷之責圃隱翁在焉, 則遂移疾, 不竢報
而行, 是退之以正也. 聞圃翁之死, 慟邦國之殄瘁, 自是日因臥于床,
是病之以正也. 壬申七月旣望夜, 夢麗太祖, 厥明夙興, 沐浴更衣,
見于廟, 訣于親, 北向席地而拜曰, 臣與國偕亡, 遂正枕, 迫然而逝,
是日卽麗亡之翼日也. 國亡身亦亡, 是死之以正也. 傳曰, 慷慨殺身
易, 從容就義難, 若先生可謂從容就義者也. 圃翁死於竹橋之下, 先
生死於栗里之中, 死雖不同, 義則同也. 尤可異者, 栗里之於松京八
百餘里也. 邸報不來, 何以知國已亡於前日乎. 且先生病雖篤矣, 起

居如常, 亦何以知身必死於今日乎. 至誠有前知之道, 先生之所以前知者, 出於至誠也. 七月旣朢以後, 天命有所歸矣. 若使先生少須臾不死, 則所居土, 非王氏之土也. 所食之粟, 非王氏之粟也. 雖一日非其土而居之, 非其粟而食之, 非先生之志也. 則安得不早從圃翁遊於地下乎. 夫明哲保身, 君子事也. 危難殉國, 臣子職也. 然志在保身, 則難以殉國, 誠切殉國, 則難以保身, 勢不得以兩全也. 惟先生則不然, 以明哲保身之智, 兼危難殉國之忠, 身不毀傷, 與國偕亡, 其心烈, 其節奇, 雖謂之與日月爭光可也. 昔先生之南歸也, 圃翁歎曰, 得之得之, 若使圃翁在於世, 見先生之死焉, 則又豈不曰, 得之得之也歟. 首陽二山之間, 舊有遺祠, 後人慕其義, 亭於其墟而號曰陟西, 蓋西山採薇之義也. 余嘗陟其亭, 低回不能去, 遂記其平昔所感於心者, 以揭于壁. 噫, 此可與知者道, 不可與不知者道也.

後學 趙秉瑜 謹記

　　군자君子가 지켜야 할 바는 의義이다. 의리상 옳지 못함이 있으면 죽음으로써 인륜을 확립하고 세상의 도리를 유지시켜야 하나니, 수양산首陽山에서 굶어죽은 백이伯夷와 같은 사람이 그러했다. 백이가 죽은 후에는 다시 백이와 같은 사람이 없더니, 내가 보건대 고려 문하사인門下舍人 경재敬齋 홍선생이 거의 그러한 사람임을 알 수 있겠다.

　　선생은 불행히도 난세亂世에 태어나 그의 재질을 펴지 못하고 일찍 죽으니 사람들이 모두 슬퍼했다. 그러나 그는 나아감이 발랐고 물러남이 발랐으며 병듦이 발랐고 또한 그의 죽음이 발랐는지라, 처음부터 끝까지 그 바름을 잃지 않았으니 능히 군자라 할 수 있겠다. 선생은 산하山河의 바른 기운을 타고나셨고 낙민洛閩의 바른 학문을 얻었으며, 조용히 스스로 수양하며 구차스레 세상과 영합하지 않았다. 포은圃隱 선생이 추천하여 처음으로 조정에 서니 그 나아감의 바름이요, 이어 국사國事가 날로 그릇되어 어찌할 수 없음을 알고 고려 사직의 책임을 포은에게 맡기고 병이 나 저보邸報도 기다리지 않고 돌아오니 그 물러남의 바름이요, 포은이 죽었다는 소식을 듣고는 나라가 망한 것을 통곡하며 이어 자리에 누우니 그 병듦의 바름이요, 임신년(1392) 7월 16일 밤에 고려 태조를 꿈에 뵙고 그날 아침 일찍 일어나 목욕하고 옷을 갈아입고 가묘에 배알하고 어버이에게 이별을 고한 뒤 북쪽을 향해 자리 깔고 절하며 "신은 나라와 함께 죽나이다" 하고는 드디어 자리에 들어 조용히 죽으니 이날이 바로 고려가 망한 다음날로서 나라와 몸이 함께 망했으니 이것이 그 죽음의 바름이라 하겠다.

전傳에 이르기를 비분강개해서 자결함은 쉬우나 태연자약하게 의義에 나아가기는 어렵다고 했는바, 선생은 조용히 의義에 나아간 것이라 하겠다. 포은은 선죽교에서 죽고 선생은 율리栗里에서 죽으니 비록 그 죽은 곳은 같지 않으나 의義는 곧 같은 것이다. 더욱 이상한 것은 율리栗里는 송경松京(開城)에서 800여 리나 떨어져 있어 저보邸報도 오지 않는 벽지인데 어떻게 나라가 이미 망했음을 알았으며, 또한 선생의 병이 비록 위중했으나 평상시와 같이 기거했으며, 그날 죽는다는 것을 어찌 먼저 알 수 있었는지, 정성이 지극하면 앞일을 안다더니 선생이 앞일을 안 것도 지성에서 나온 것이리라.

7월16일 이후 천명은 이조李朝로 돌아갔다. 만약 선생이 잠시라도 더 오래 살았으면 그 땅은 이미 고려의 땅이 아니며, 그 곡식은 이미 고려의 곡식이 아니었다. 비록 단 하루일지라도 고려의 땅이 아니면 살지 않고 고려의 곡식이 아니면 먹지 않는 것이 선생의 뜻이니 어찌 포은을 따라 일찍 죽지 않을 수 있었으리요. 대저 명철하게 보신保身하는 것이 군자의 할 일이요, 위난을 당해 순국殉國하는 것이 신하의 직분이다. 그러나 뜻이 보신에 있으면 순국하기 어렵고, 충성만으로 순국殉國하자면 보신하기가 어려우니 양자를 겸전兼全하기는 더욱 어려운데 선생은 명철보신明哲保身하는 지혜와 위난순국危難殉國하는 충성을 겸하여 몸을 훼상毀傷함이 없이 나라와 함께 죽으니 그 충성과 절의節義가 일월日月과 같이 빛났다고 하겠다. 옛날 선생이 고향으로 돌아올 때 포은圃隱이 탄식하며 말하기를 득지득지得之得之라고 했는데, 만약 포은이 다시 살아나 선생의 죽음을 보았다면 또 한 번 득지득지라고 하지 않았을까.

수산首山과 양산陽山 두 산 사이에 유사遺祠가 있는데, 후인들이 그 충의忠義를 흠모하여 그 터에 정자를 세우고 척서정陟西亭이라 이름하였다. 이는 백이伯夷가 서산西山(首陽山)에서 고사리를 캐

먹은 충의忠義의 고사故事에서 유래한 이름이다. 내 일찍이 그
정자에 올라 오래 배회하며 차마 떠나지 못하다가 평소 마음에
느낀 바를 적어 벽에 걸어 두니, 아! 이는 아는 자와는 더불어
말할 수 있을 것이로되 모르는 자와는 더불어 말할 수 없을
것이다.

후학 조병유 삼가 씀

수산서당에 석채를 고하는 글

[壽山書堂釋菜告由文]

昔我東韓, 箕聖旣殂, 曠百千載, 學絶敎渝. 帝爲咨嗟, 篤生夫子,
顯允夫子, 橫豎當理. 倡明正道, 一洗陋學, 遂致海東, 爲濂爲洛. 體
立用宏, 施之邦國, 彌綸盡瘁, 大廈一木. 天命旣革, 獨殉綱常, 精忠
大節, 萬世耿光. 肆采輿誠, 建祠報功, 于崧于臨, 所在欽崇. 逮玆怯
運, 滿目桑海, 道之喪矣, 倫綱斁壞. 我慕夫子, 益功以悲, 盍學祀典,
以勵衷彛. 惟玆敬翁, 及門高足, 學究誠明, 義秉罔僕. 眷言壽山, 新
宮有侐, 腏食同堂, 情禮允協. 迺簡吉辰, 共薦牲幣, 惟昔有例, 滄州
釋菜. 衿佩駿奔, 雲仍來相, 有誠斯感, 若覩靈爽. 道我學的, 篤我民
風, 陟降洋洋, 啓佑無窮.

<小註: 上告圃隱鄭先生>

麗季諸賢, 或去或死, 若殷三仁, 心同跡異. 嗟惟先生, 遭時不淑,
縱歷淸選, 力乏洗日. 大運旣替, 自靖其身, 幽幽栗里, 抱義終天. 偉
節淸風, 日月爭輝, 侯誰與歸, 古之微箕. 惟玆成就, 實由有本, 匪直
質美, 資之學問. 太極之咏, 深覰妙奧, 家訓之篇, 日用惴惴. 有覺圃

翁, 儒門宗祖, 就正旣早, 獲聞斯道. 煌煌手墨, 劫後珍蹟, 掛冠之語, 宛其如昨. 淵源之漸, 節義之守, 卽此而覩, 可徵千後. 凡我衿紳, 慕切羹墻, 眷言陽山, 鞠草興傷. 壽山之坊, 密邇桑梓, 酒關新宮, 爰擧釋菜. 念惟圃老, 先生所宗, 合堂同腏, 實愜報功. 雲仍胥趨, 衿佩告戒, 穀旦于差, 將軍未懈. 矧値今日, 山河異昔, 想像當年, 愴感深切. 英靈顧佑, 篤我儒風, 我用儀刑, 質于昊穹.

<小註: 上告敬齋洪先生>

後學 權相翊

옛 우리나라에 기자箕子가 죽으니 천년이나 교학이 끊어졌는데, 천제天帝가 탄식하여 선생을 태어나게 하시었나이다. 선생께선 종횡으로 사리에 맞게 정도를 밝히시고 누학陋學을 일소하여 드디어 우리나라에 성리학의 연원을 이룩하시니, 체體를 세우고 용用을 넓히어 온 나라에 베푸시매 미륜彌綸이 쇠한 나라에 하나의 큰 재목이 되셨나이다. 천명天命이 바뀜에 홀로 강상綱常에 순사殉死하신 지극한 충성과 큰 절개는 만세에 빛이 나옵니다. 여러 사람의 정성을 모아 사당을 세워 보공報功하오니 숭양崧陽, 임고臨皐 가는 곳마다 숭봉하나이다. 겁운劫運이 이에 미치고 세상이 변하여 도道가 없어지고 윤강倫綱이 무너지니 선생을 흠모하는 마음에 슬픔이 더욱 절실하나이다.

제사하는 전례典禮를 배워 충이衷彝를 힘쓰지 않을 수 있겠나이까. 경재공敬齋公은 선생 문하의 높은 제자로서 학구學究가 성명誠

明하여 의義로써 망복罔僕이 되셨나이다. 수산서당에 새로운 집을 지어 두 분을 한 당에 제사함은 정과 예에 마땅하지 않겠나이까. 이에 길일을 택하여 생폐牲幣를 드리오니 옛 창주滄州의 석채釋菜의 예도 있었나이다. 선비들이 많이 모이고 자손들도 많이 모여 정성껏 이에 느끼니 완연히 영상靈爽을 대하는 듯하옵니다. 우리의 학문과 민풍民風을 돈독히 하시고 양양히 강림하시어 계도하고 도우소서.

소주: 이상은 포은 선생께 고하는 글이다.

여말의 제현이 혹은 떠나고 혹은 죽으니, 은殷나라의 삼인三仁(箕子·微子·比干) 같은 분은 마음은 같았으나 그 행한 자취는 달랐나이다. 선생께서는 좋지 못한 때를 만나 벼슬길에 나가셨다가 나라의 정세가 기울고 대운大運이 이미 바뀜에 그 몸을 자정自靖하시어 율리栗里에 숨어 의義를 안고 돌아가시었으니 그 위절偉節과 청풍清風은 일월과 빛을 다투나이다. 이는 옛날의 미자微子와 기자箕子의 행적과 비슷하옵니다.

선생의 이와 같은 성취는 실로 그 본원이 있음에 유래함이니, 성품이 곧고 아름다움은 학문의 바탕이 되었고 태극太極의 읊음은 오묘한 깊은 뜻을 보였으며 가훈시家訓詩는 일용日用에 진실함이 있었나이다. 포은 선생은 유문儒門의 종조宗祖이시니 일찍이 선생께서 그 문하에 드시어 학문을 배우셨나이다. 빛나는 수묵手墨은 길이 진적珍蹟이 될 것이요, 괘관掛冠의 말씀은 완연히 어제의 일과 같나이다. 연원의 흐름과 절의의 지킴은 천추만대에 영원히 빛날 것이오니, 무릇 우리 선비들은 선생의 공을 추모하여 받들 것이옵나이다. 양산서원陽山書院에 풀이 우거져 있음을 보고 마음을 상하였더니, 이에 수산서당壽山書堂이 선생의 고향과 가까이 있으매 새로운 집을 지어 석채釋菜의 예를 따라 제를 올리나이다.

생각하오면 포은 선생은 선생의 스승으로 한 당에 함께 제사함이 실로 보공報功에 마땅하오니, 자손들이 모여들며 유생들이 고계告戒하고 제 올리는 일을 게을리 해서는 아니 될 줄로 아옵니다. 하물며 오늘날을 맞이하여 산하는 예와 다르나 선생의 당년을 생각하면 슬픈 마음 간절하옵니다. 영령은 돌보시어 우리의 유풍儒風과 의형儀刑을 돈독히 하사 길이 이어지게 하소서.

소주: 이상은 경재 홍선생에게 고하는 글이다.

후학 권상익 지음

양산서당 중건기[陽山書堂重建記]

八公山之北, 缶溪上有洞曰大栗里, 卽我缶林氏之世庄也. 南有午峰而岌嶢, 坎之方, 屹然聳出者曰鷹峰, 而下有大川名曰南川, 而淸流不息, 川上有廣野, 而名曰成忠, 嗚呼偉哉, 惟我敬齋先生殉義之地, 而以明其實也歟. 洞之西南上有首山而秀麗, 下有陽山而深邃開局者, 卽先生藏修之所也. 正祖丙午, 以儒論建院于楣曰陽山書院, 而妥奉敬齋虛白亭寓庵三先生, 薦以俎豆于八十六年矣. 高宗戊辰, 不幸毁撤者, 以其邦禁之大同也. 然是豈非吾黨後生之所共惕然懍然, 而悲傷者也耶. 嗚呼! 先生之貞忠苦節, 炳如日星, 而院爲墟, 而草已沒, 至於行路人, 指點嗟嘆者久矣. 建陽丁酉, 創建一屋子, 揭其扁曰, 陟西亭, 而爲先生寓慕之所也. 光復後戊子, 重創斯亭于瀑布之傍, 本堂揭楣陽山書堂, 而將爲先生妥靈之所也. 未果而歷歲已久, 上雨傍風瓦解棟朽, 將有傾頹之慮矣. 爲後孫者, 豈可無慷慨悽愴之心也. 酒於丁卯秋, 一門僉宗, 合意經紀, 基以舊址, 材以新之, 制以廣之, 閱歲告竣, 重橡複架, 殆渠渠厦屋, 奐然一

新, 然此爲在外之影象矣. 惟溯而求之先生, 所講之學, 所行之實,
照燿人耳. 日苟能於斯, 而益紹述恢張之, 則是爲尊衛之道, 而先生
當日遺風餘韻, 永不墜於來世矣, 不然數間堂之歸然, 豈可以爲先
生崇報之道也. 惟願僉宗, 勿替先生之遺緒, 益加勉勵, 歌咏於斯,
絃頌於斯, 造詣得正, 踐履得中, 而如玉琢磨, 如川不息, 則實爲吾
門之鴻休也. 斯門之大幸也. 豈可不深思, 而胥勗也哉. 落成之日,
因所感而略述如右爲重建記.

己巳至月下澣 後孫 日根 謹記

팔공산 북쪽 부계 위에 하나의 동네가 있어 이름을 대율이라
하는데 우리 부림홍씨의 세거지이다. 남쪽에는 오봉이 높이 솟고,
간방에 우뚝 솟은 것은 매봉이다. 그 밑에 흐르는 큰 내를 남천이라
하는데 맑은 물이 쉬지 않고 흐르며, 그 내 위에 있는 넓은 들판을
성충成忠이라 부르나니, 아! 위대하도다, 이곳은 우리 경재 선생이
순절하신 곳이므로 그 실상을 밝힌 이름인가. 고을 서남쪽에는
수산이 있어 수려하고, 밑에는 양산이 있어 깊은 형국을 이루고
있으니, 바로 선생이 기거하시던 곳이다.

정조 병오년(1786)에 유림의 논의에 의해 서원을 세우고 그
이름을 양산서원이라 하였다. 경재·허백·우암 세 선생을 모시
고 향사를 올린 지 86년이 지났다. 그러나 고종 무진년(1868)에
불행하게도 훼철되었으니 온 나라의 서원이 함께 입은 재앙이었
다. 그러나 그 어찌 우리 후생들이 함께 슬퍼하고 마음 아파할

일이 아니겠는가. 오호라, 선생의 곧은 충성과 굳은 절개는 저 하늘의 일월과 같았다. 그러나 서원이 허물어져 잡초가 우거짐에 지나는 사람들마저 모두 안타까워함이 오래되었다. 건양 정유년 (1897)에 한 채의 집을 지어 그 현판에 척서정이라 썼으니 선생을 기념하기 위한 건물이었다. 광복 뒤 무자년(1948)에 다시 이 정자를 폭포 가에 옮겨 지은바, 원 자리의 본당은 양산서당이란 현판을 걸었으니 장차 선생의 영위를 모시기 위함이었다. 그러나 영위를 모시지 못하고 지나온 지 오래되자 풍우로 인해 기와가 깨어지고 기둥이 썩어 장차 무너질 우려가 있었다. 후손 된 자 어찌 강개처창 한 심정이 없겠는가. 이에 정묘년(1987) 가을 문중의 합의를 거쳐 터는 옛터, 재목은 새로운 나무로, 규모는 더 넓게 잡아 한 해만에 준공함에 중후한 재목으로 지어 자못 큰 건물이라 환연 일신한 형상이었다.

그러나 이것은 겉모양일 뿐이다. 선생께서 강론하시던 학문과 실천하신 내용을 회고하면 사람의 눈을 휘황하게 한다. 진실로 능히 날마다 여기에서 더욱 배우고 익히며 넓혀나간다면 이것은 선생을 존경함의 도리일 것이며, 당시 선생의 유풍여운이 영원히 없어지지 아니할 것이다. 그렇게 하지 않는다면 몇 칸 서당이 우뚝하나 어찌 선생을 숭모하고 보답하는 일이 될 수 있겠는가. 오로지 우리 문중 사람들은 선생의 유지를 잊지 말고 더욱 힘써 여기서 노래하고 여기서 글 읽으며 조예를 바르게 하고 올바르게 실천하기를 옥을 가는 것 같이 하고 물이 그치지 않는 것처럼

하면 실로 우리문중의 큰 아름다움이 될 것이며 유림의 큰 행운이
될 것이다. 어찌 깊이 생각하여 서로 힘쓰지 않겠는가. 낙성하던
날 느낀 바가 있어 위와 같이 약술하여 중건기로 삼는다.

기사년(1989) 11월 하순, 후손 일근 삼가 씀

양산서당 중창기[陽山書堂重創記]

　팔공산 북쪽 기슭 양산陽山과 수산首山 사이 서좌지원西坐之原에
자리 잡은 양산서당陽山書堂은 고려 말의 충신 경재敬齋 홍로洪魯
선생의 유적지이다. 북쪽 바로 아래로는 신라 때의 삼존석굴암三
尊石窟庵이 지호지간指呼之間에 있고, 남쪽에는 양산폭포의 옥수玉
水가 쏟아져 내리고 있다. 서원 앞으로는 위천渭川의 상류가 흘러
군위 땅을 감돌아서 멀리 낙동강으로 유입된다. 동북쪽으로 내려
다보이는 율리栗里는 고려 초기에 재상을 지낸 시조 홍란洪鸞
공이 입향入鄕한 이래 부림홍씨缶林洪氏의 관향지貫鄕地가 되었다.
사방으로 팔공산의 지맥支脈이 병풍처럼 둘러싸인 분지는 문자
그대로 산자수명山紫水明한데, 수십 대를 세거世居해 온 홍문洪門의
고토故土이다.

　여기 양산과 수산은 경재 선생의 행적이 새겨진 역사의 장이고,
더욱이 양산서당은 후인들의 경모지소敬慕之所로서 추앙되어 오
고 있다. 서당의 내력을 약기略記해 본다.

경재 선생의 고절孤節을 기리는 사당이 처음에는 용재산湧才山 기슭에 있었는데 기축년己丑年에 세워졌으며, 신묘년辛卯年 가을에 율리栗里 마을 가운데로 이건하였다고 한다.

숙종 36년 경인庚寅(1710)에 사당 재건에 대한 향의鄕議가 일어나서 이듬해 신묘년辛卯年에 묘우廟宇와 강당講堂을 짓고 사호祠號를 율리사栗里祠로, 당호堂號를 낙육재樂育齋로 하였는데, 영조 18년 임술壬戌(1742)에 훼철되었다.

그 후 사우祠宇 복설復設에 대한 향의가 계속 이어져 오다가, 정조 5년 신축辛丑(1781)에 양산 아래 현재의 위치로 이건하여 경재 선생을 배향하고 아울러 허백虛白, 우암寓庵 양선생을 종향從享하기로 결의하였다. 정조 7년 계묘(1783) 5월에 묘우와 강당을 준공하고, 동년 10월에 고사庫舍와 행랑行廊까지 갖추어 세덕사世德祠라 하였다.

정조 10년 병오丙午(1786) 7월에 사祠를 원院으로 높여야 한다는 승호론陞號論이 일어나 동년 12월에 양산서원으로 승호되었다. 그러나 순조 7년 정묘丁卯(1807)에 화재가 일어나 애석하게도 일부가 소실되었는데, 곧 포사庖舍 8칸을 중건하였다.

고종 5년 무진戊辰(1868)에 조정에서 서원철폐령이 내려와 10월에 묘우를 훼철하였고, 동년 11월에 사림이 모여 통곡하며 뒷산 기슭에 위패位牌를 매판埋版함을 고유告由하고 동서재 및 강당을 철거하였다.

광무 원년 정유丁酉(1897) 6월에 양산서원 유허에 척서정陟西亭을 창건하고 묘우를 다시 세웠다. 무자년戊子年(1948)에 척서정을 양산폭포 아래로 이건하고 옛 척서정은 양산서당陽山書堂이라 개판하였다.

서당을 건립한 지 1세기가 흐르는 동안 누차의 보수를 해왔으나 퇴락이 더욱 심해져, 1987년 8월에 문의門議가 일어나 보수하기로 결의하였다. 문중의 재력이 부족하여 후손 각자의 성의에 따라 기금을 갹출키로 합의하고 예산을 세워 공사를 추진하였다. 1988년 8월에 공사가 시작되어, 1년여의 공사 끝에 1990년 5월에 먼저 강당만을 중창重創하게 되었다. 동서재는 이후 다시 예산이 세워지는 대로 그 시기를 기다려 중건할 계획이다.

당초에는 강당을 보수할 계획이었으나 건물의 유지상태가 불량하여 원형대로의 보수가 불가능할 것이라는 판단에 따라 중창하기로 계획을 변경하였다. 가능한 한 옛 건물을 원형의 훼손 없이 보수유지함이 천만 번 타당한 일이며, 그것이 자손된 자의 도리이고 책무임은 두말할 필요가 없다. 선인들이 물려준 귀중한 유적을 그동안 온전히 보존하지 못한 죄책罪責은 면할 길이 없으나, 이번 새로이 중창한 양산서당은 홍문洪門과 더불어 자자손손 연면連綿히 이어가야 할 것이다. 이에 서당 중창에 대한 사적事蹟을 대강 적어 후인들의 성람省覽에 제공하고자 한다.

1990년 경오庚午 5월 일

척서정 보수기[陟西亭補修記]

척서정陟西亭은 경재敬齋 선생 휘 로魯의 정충貞忠을 기리는 추모지소追慕之所이다. 척서陟西라는 정호亭號는 중국 은殷나라의 백이숙제伯夷叔齊의 충의忠義와 그 행적에서 연유한 것이다. 백이伯夷와숙제叔齊는 기원전 13세기경 은나라 고죽군孤竹君의 아들로 태어났는데, 주周나라의 무왕武王이 은의 주왕紂王을 치려 할 때 무왕을찾아가 도리에 어긋나는 일이라 간하며 지성至誠으로 말렸다.그러나 무왕이 끝내 듣지 않고 은을 정벌하고 주나라를 세우자,백이와 숙제는 은이 아닌 주나라에서는 살 수 없다 하여 수양산首陽山에 들어가 고사리를 캐먹으며 연명하다가 고사리마저 주나라의 것이라 하여 먹지 않고 굶어죽었다고 한다. 수양산의 별칭이서산西山이니, 척서陟西라 함은 곧 서산에 올라 숨었다는 고사에서연유한 것이다.

경재 선생도 고려의 국운이 다한 것을 미리 알고 망국亡國의한을 품은 채 고향인 율리栗里로 내려와서 당호堂號를 경재敬齋라

하고 어버이를 봉양하며 양산陽山과 수산首山을 소요하였다. 임신
년壬申年(1392) 7월 17일 고려가 망하고 이씨의 천하가 되자 경재
선생은 의관을 정제한 후 가묘家廟에 배알하고 어버이에 하직을
고한 뒤 자리에 들어 조용히 운명하니, 이때 선생의 나이 27세였다.
가슴속에 품은 깊은 경륜을 펴보지도 못했으니 후손된 자 애통함
을 어찌 금할 수 있으랴.

충의忠義와 보신保身을 함께 하기는 어렵다고 하였다. 충의에
관철하기 위해서는 보신하기가 어렵고 보신함에 뜻이 있으면
충의에 순殉하기가 어렵다고 하였는데, 오직 선생은 보신하는
명철한 지혜와 여국해망與國偕亡의 충절을 겸하였으니 옛날 이제
夷齊에 못지않은 그 정충貞忠은 일월日月과 같이 빛난다고 후학들
은 기록하고 있다.

정자가 건립된 것은 무자년戊子年(1948)으로, 이때 양산서원 터에
있던 척서정의 묘우廟宇를 헐어 양산폭포 아래 암반 위에 2층
누각 형식으로 이건한 것이다. 그동안 몇 차례 보수를 했으나
폭포로 인한 습기와 울창한 수음樹陰으로 후손朽損이 심해 보존에
어려움이 있었다. 그래서 이번 서당 중창과 더불어 보수하기로
문의門議가 이루어져 기존의 골기와를 걷어내고 청기와로 대체
단장하였다.

정자 쪽 암벽에는 양산陽山이란 두 글자가, 건너편 암벽에는
폭포瀑布라는 두 글자가 크게 각자刻字되어 있는데, 각자가 이루어
진 것은 고종 5년 을미乙未(1895)의 일이다. 그리고 무진년戊辰年

(1988)에는 척서정낙성운陟西亭落成韻 19수를 편액각자扁額刻字하여 현판懸板하였다.

척서정은 주위의 경관이 뛰어나고 휴식하기에 좋은 기절처奇絶處라 많은 관광객이 찾아오고 있다. 앞으로 한티도로가 개통되면 내방객이 더 늘어나 정자의 훼손도 더욱 커질 것으로 예상된다. 건물의 관리와 보존에 각 종친의 각별한 관심이 있어야 할 것이다.

경재 선조의 백일청풍白日淸風을 마음속에 되새기고 홍문洪門의 흥성과 번영을 기원하며 이번 보수의 대강을 기록해 두는 바이다.

1990년 경오庚午 5월 일

양산서원 복원기[陽山書院復元記]

서원은 역사적으로 추앙할 선비를 기념하면서 새 시대를 이끌어 갈 선비를 양성하는 곳이다. 그러므로 서원에는 추모할 선비의 사묘祠廟와 신진인사를 교육할 강당講堂과 합숙소인 동서재東西齋 가 있다. 이와 같이 과거의 인물을 추모하고 동시에 미래를 이끌어 갈 인재를 교육하는 서원은 동양의 자랑이며 서양에는 없는 한국 의 보물이다. 우리나라의 서원은 사림정치가 꽃피던 조선시대에 1천 개 가까이 있었는데, 18세기 영조와 19세기 대원군의 정리사업 및 일제강점 하의 악정으로 줄어들어 1백여 개가 겨우 남아 있었다. 그러다 1945년 해방과 더불어 대대적으로 복원재건復元再建하여 2011년에는 6백여 개로 증가하였다.

양산서원陽山書院은 팔공산 북록北麓 경상도 부계현에 있었으며, 정조 10년에 고려 충신 홍로洪魯 선생과 조선시대 사림의 선구자 홍귀달洪貴達, 홍언충洪彦忠 선생을 추모하여 원근遠近의 선비들이 건립하였다. 세 선생은 부림홍씨缶林洪氏로, 시조는 고려 중엽에 재상을 지낸 홍란洪鸞이다. 양산서원이 세워지기 이전에 이미 용재서원湧才書院과 율리사栗里祠를 세워 홍로 선생을 제향祭享하였으며, 율리사가 훼철된 뒤 다시 세덕사世德祠를 세워 위의 세 선생을 합향合享하게 되었다. 세덕사는 3년 뒤 양산서원으로 승호陞號되었으며, 양산서원은 대원군의 서원철폐령에 따라 다시 훼철되었다.

경재敬齋 홍로洪魯 선생은 목은牧隱 이색李穡, 포은圃隱 정몽주鄭夢周, 야은冶隱 길재吉再의 삼은三隱과 함께 성리학을 크게 일으켜 리학理學과 도학道學을 열었던 선비이다. 공양왕 2년에 문과에 급제하여 조정에 있을 무렵 이성계李成桂가 반정反正의 기미를 보이자 큰일을 도모하기 위해 고향땅 부계缶溪로 낙향하니 거기가 바로 한밤마을 대율大栗이다. 그때 포은 선생과 목은 선생의 수난 소식과 고려 멸망의 비보가 들려와 경재 선생은 자진순절自盡殉節로 고려에 대한 절의를 지켰다. 한편 문광공文匡公 허백정虛白亭 홍귀달洪貴達 선생은 조선 초기에 살았던 올곧은 선비로 세조 때 문과에 급제한 후 청요직을 두루 지내면서 많은 시문을 남겼으며, 양관兩官의 대제학大提學과 관찰사, 이조판서, 호조판서 등을 역임하면서 당대에 존경을 받았다. 그는 말년에 연산군의 폭정에 저항하다 결국 귀양지에서 사사되었으나 중종반정으로 신원되어 문광文匡의 시호를 받았으며 『허백정문집虛白亭文集』을 남겼다. 그의 아들인 우암寓菴 홍언충洪彦忠 선생은 22세 때 사마시司馬試와 대과大科를 한꺼번에 급제하여 세상을 놀라게 하고 승문원 등의 요직을 두루 역임하였다. 그 후 이조정랑吏曹正郎과 옥당교리玉堂敎理 등을 역임하고 연산군의 횡포로 갑자사화 때 아버지가 죽임을 당하자 진안으로 유배되었다가 다시 거제도로 이배되었다. 중종반정으로 풀려나 향촌에 은거하면서 글을 벗하며 살았으며 대표적인 문장으로 「자만사自挽詞」가 전한다.

이와 같이 여말의 경재 선생과 선초의 허백정·우암 선생 등 부림홍씨缶林洪氏 3현은 선대 회헌공晦軒公 안향安珦 선생이 수입장려한 성리학을 크게 일으키고 사림정치를 개척하여 조선시대 리학의 기초를 닦았다. 그리하여 부계를 중심으로 의흥과 군위, 의성, 대구 등지의 많은 선비들을 배출하였다. 그러한 양산서원이 훼철되었다가 21세기 새 시대를 맞아 정부의 지원으로 교육 목적을 위해 복원되니 얼마나 반가운 일인가? 또한 복원 기회에 목재木齋 홍여하洪汝河 선생과 수헌睡軒 홍택하洪宅夏 선생을 추향追享하니 이런 경사가 어디에 또 있으랴! 목재 선생은 『휘찬여사彙纂麗史』와 『동국통감제강東國通鑑提綱』을 저술한 유명한 역사학자로 삼한정통론三韓正統論을 제기하여 조선 후기 한국사학을 새롭게 개척한 선비였으며, 문화재로 지정된 『휘찬여사』 목판은 그동안 양산서원에서 보관해 왔다. 수헌 선생은 문과에 급제한 뒤 승문원과 성균관의 요직을 거쳐 돈녕부도정敦寧府都正을 지냈으며, 낙향하여 양산서원 중건과 후진 양성에 힘을 쏟고 『수헌문집睡軒文集』을 남겼다.

이와 같이 경재 선생을 비롯한 부림홍씨 유현儒賢의 행적을

바로 정리하여 양산서원을 복원하고 동시에 현조顯祖를 추향追享
하는 사업은 비록 정부가 추진한 일이기는 하지만 홍희흠洪熹欽
전 대구은행장과 홍원식洪元植 계명대 교수를 비롯한 문중 어른들
의 노력에 힘입은 바가 크다. 그분들의 성의에 감사하자. 그리고
군위 부계의 한밤마을에 학문을 일으키고 선비를 키울 양산서원
이 복원되었다는 사실을 경향京鄕에 널리 알리자. 그래야 한밤마
을이 아름다운 은하수 고을로 다시 피어날 것 아니냐? 후생들은
이러한 천도天道와 선지先志를 받들어 마을과 서원을 가꿀지어다.

2013년 7월 17일 경재공 순절 621주년 기념일
초대 한국국학진흥원장 문학박사 조동걸趙東杰 삼가 지음

양산서원 묘우 복원 상량문[廟宇復元上樑文]

天運有循環繼絶之理, 遵道則雖絶而必繼, 人史遺興亡盛衰
之跡, 順善則幾衰而復興. 恭惟, 嶺南缶溪陽山書院建廟之由來,
鮮朝肅廟義興儒林遠慮道斷滅倫,　栗里全域良善士民慨歎俗
頹失美, 建院於公山北麓鶴巖飛瀑之中畔, 設廟於講堂西園枝
洞甁峰之前岡, 奉敬齋虛白寓庵之靈櫝, 以爲敎學之懿範, 承堯
舜孔孟程朱之道統, 而習仁義之綱領. 師長依鹿洞白雲學規, 以
敎修己治人之方, 生徒由經史子集節目, 以究治世濟民之實, 東
西兩齋雲集英材, 已成文憲公徒之學風, 朝暮講堂不絶誦聲, 彷
佛鄒魯讀經之光景. 然孰敢豫測書院制度之悲運, 依國令嚴禁
私塾廟室之享祀. 陽山祠宇亦遭時厄, 侍奉之位被埋悠久, 廢墟
礎石放置一紀, 往還之客嗟歎不已. 嗚呼可信遵道必繼順善復
興之理, 快哉了知有志竟成盡心待天之訓, 敎授洪大一與鄕黨
諸賢, 主倡傳統文化敎育之重要性, 農林水産部及地方官衙, 支
援陽山書院復元之建築費, 辛卯起役工程順利, 復元廟宇不遠

上樑, 請余巴調齊唱助興, 執筆俯仰不禁慷慨.

兒郎偉抛樑東, 公山昔日今朝紅.

廢墟新廟復元狀, 可信興衰由道功.

兒郎偉抛樑西, 崔邃甂峰煙霧霤.

誰唱採薇頌伯叔, 三賢節義使人悽.

兒郎偉抛樑南, 依稀一嶺暮春嵐.

淳風栗里千年史, 聖學承開善性涵.

兒郎偉抛樑北, 鶴巖兀立休飛翼.

如來默語拈華笑, 院域隣仙與佛國.

兒郎偉抛樑上, 蒼天列宿皆明亮,

奎星惟獨照書窓, 何須螢雪勵自養.

兒郎偉抛樑下, 渭水源川永不捨.

旦夕挹淸洗陋心, 焚香景仰誓陶冶.

伏願上樑之後, 堂宇堅實, 萬代遺存, 靈楹薰蒿, 春秋不絶, 繼承 美風, 日革舊習, 體現中和, 志向大同, 樂育英材, 爲國棟樑, 名符海 東道學之淵源, 實合嶠南新儒之搖籃.

西紀 二千十二年 壬辰 四月 日

嶺南大學校 敎授 文學博士 洪瑀欽 謹撰

천운天運도 순환·계승·단절의 이치가 있으니 도道를 따르면 단절되었다가도 반드시 이어지고, 인간 역사에 흥망성쇠의 사적이 있지만 착함을 행하면 거의 쇠했다가도 다시 흥하도다. 삼가 영남 부계 양산서원 묘우 창건의 유래를 생각하건대, 조선 숙종조에 의흥 유림이 도단멸륜道斷滅倫을 우려하고 한밤 선비들의 풍속이 퇴폐함을 개탄하여, 팔공산 북쪽 학암鶴巖과 양산폭포의 중간에 서원을 세우고 강당 서쪽 지동枝洞 시루봉 앞 언덕에 묘우를 지어서, 경재·허백·우암 세 선생의 위패를 받들어 교육과 학습의 훌륭한 모범으로 모시고 요순·공맹·정주의 도통을 계승하여 인의의 강령을 학습했도다. 스승은 백록동·백운동 서원의 학칙에 의해 수기修己와 치인治人의 방법을 가르치고, 학생들은 경전經傳·역사歷史·제자문집諸子文集의 절목을 통해 치세治世와 제민濟民의 실상을 연구하니, 동서 양재에 영재들이 운집하여 고려 최충의 문헌공도 학풍을 이루었고, 아침저녁 강당에 책 읽은 소리 끊어지지 않음은 추로鄒魯지역의 독경讀經 광경에 방불했도다. 그러나 그 누가 예측했으랴, 서원제도의 비운과 국가명령으로 서원의 묘실에 향사함을 엄금할 것을. 양산서원 묘우도 시대의 액운을 만나 모시던 위패는 매몰된 지 오래고, 폐허의 초석이 백여 년 간 방치됨에 오가는 나그네들은 차탄해 마지않았네. 오호라 "준도필계遵道必繼, 순선부흥順善復興"의 이치를 믿을 만하며, 쾌재라 "유지경성有志竟成, 진심대천盡心待天"의 격언을 확실히 알겠도다. 교수 홍대일과 향당제현들이 전통문화 교육의 중요성을 주창하고 농림수산부와 지방 관청에서 양산서원 복원의 건축비를 지원하여, 2011년에 공사를 일으킴에 공정이 순조로

윘도다. 묘우가 복원되고 상량이 임박함에 나에게 상량문을 지어
조흥助興을 하라 하니, 붓을 잡고 우러러 봄에 감개가 무량하네.

어영차, 대들보를 동으로 저어 보세,
팔공산의 옛날 태양 오늘에 다시 뜸에,
폐허에 새 묘우 원 모습을 복원하니,
흥망성쇠가 도道의 공효임을 믿을 만하네.

어영차, 대들보를 서쪽으로 저어 보세,
높고 깊은 시루봉에 연기 안개 개이니,
누가 채미가採薇歌 부르며 백이숙제를 칭송하는고,
삼현의 절개와 의리 처창하기 그지없네.

어영차, 대들보를 남으로 저어 보세,
한티재 봄 아지랑이 아롱지는데,
순박한 풍속 한밤마을 천년 역사는,
계왕개래繼往開來 성학聖學으로 선성함양善性涵養 때문일세.

어영차, 대들보를 북으로 저어 보세,
학암鶴巖이 우뚝 서서 나는 날개 접어 두고,
석가여래 말없이 염화미소 지으시니,
서원 경역이 선계仙界와 불국佛國을 이웃했네.

어영차, 대들보를 위로 들어 보세,
창공의 별들 모두가 반짝이지만,

규성만은 유독 서원 창문을 비추니,
어찌하여 형설로 자기 함양만 힘쓰리오.

어영차, 대들보를 아래로 내려 보세,
위수의 근원 냇물 영원히 흘러가니,
아침저녁 맑음으로 속세 마음 씻으면서.
향 피우고 우러러 보며 도야 맹서 하여 보세.

삼가 원하옵건대 상량을 마친 뒤에, 묘실은 견실하여 만대에
전해지고, 영위에 제사 지냄은 춘추로 이어지며, 미풍을 계승하되
낡은 풍습은 개혁하고, 중화中和사상을 체현하고 대동大同사회를
지향하며, 영재를 즐겨 길러 나라 일꾼 되게 하여, 명분은 한국도
학의 연원에 합당하고 실질은 영남 신유학의 요람이 되게 하소서.

2012년 임진壬辰 4월 일
영남대학교 교수 문학박사 홍우흠 삼가 지음

양산서원 읍청루 복원기[挹淸樓復元記]

說文云, 樓也者重屋, 卽一層以上之高層建物, 自古爲眺望秀麗
風光與瞰視人物動靜而建之者多矣. 中國之岳陽黃鶴, 韓國之矗
石嶺南樓屬於前者, 各種都城宮闕寺院之門樓屬於後者之類, 挹
淸樓本是慶北軍威郡缶溪面南山里所在陽山書院之門樓, 按其書
院之由來, 則朝鮮肅宗朝義興儒林爲繼承高麗忠臣敬齋洪魯先生
與朝鮮朝兩館大提學文匡公虛白洪貴達先生及其子寓庵洪彦忠
先生之節義精神以設立之地方私立學校也. 其規模, 完備廟宇講
堂東西齋門樓等傳統書院之定規制度, 立址則西背甑峰東向公山
南橫一嶺北屛鶴巖之澗畔, 可謂天惠靈地, 培養人傑之搖籃也夫.
不但如此, 院前溪谷, 南川玉水, 灘琴演奏, 晝夜不舍, 故稱其門樓
曰挹淸矣. 至朝鮮末期, 依國令毁撤全國書院之時, 陽山書院亦被
殃禍, 以書堂改額之後, 挹淸樓只遺一張懸板而頹落消失, 使人不
知其原樣, 然天運有循環, 人史有盛衰, 至於近來, 由蔣旭軍威郡守,
洪大一啓明大學敎授, 洪尙根軍威文化院長及洪晉圭慶北道議員

等地方官民之合心協力, 自農林水産食品部受領農村綜合開發事業基金, 以於其事業中, 爲傳統文化敎育而復元陽山書院, 又將其原額挹淸樓而懸於門樓, 門則正中爲神道, 左右有挾挾之木造三間矣. 嗚呼, 挹淸樓, 其端雅生動之氣象, 顯現陽山之韻致與書院之含意也. 衆所周知, 書院實有祭享先賢與培養後進之兩種目的, 故運營陽山書院之任員, 名實相符, 爲其目的達成, 盡心竭力而已. 又請出入此陽山書院者, 仰觀挹淸, 深想淸白淸潔淸淡之義而反芻於胸中, 爲明哲保身, 報國貢獻之龜鑑也哉.

西紀 二千十三年 三月 日

嶺南大學校 名譽敎授 文學博士 洪瑀欽 謹記

『설문해자說文解字』에서는 '루樓'를 중옥重屋 즉 1층 이상의 고층 건물이라 하였으니, 자고로 수려한 풍광을 조망眺望하거나 군중의 동정動靜을 감시하기 위해 건조建造된 루가 많았다. 중국의 악양루岳陽樓·황학루黃鶴樓, 한국의 촉석루矗石樓·영남루嶺南樓 등은 전자에 속하고 도성이나 궁궐 및 사원 등의 문루門樓는 후자의 유형에 속하는 것이니, 읍청루挹淸樓는 경북 군위군 부계면 남산리 소재 양산서원의 대문으로 건축된 누각이었다. 양산서원의 유래를 살펴보건대, 조선 숙종조에 의흥 유림이 고려 충신 경재敬齋 홍로洪魯 선생과 조선조 양관대제학兩館大提學을 역임한 문광공文匡公 허백虛白 홍귀달洪貴達 선생 및 그 아들 우암寓庵 홍언충洪彦忠 선생의 도덕과 절의정신을 계승·발전시키기 위해 설립한 지방사립학교였다. 그 규모는 묘우廟宇·강당講堂·동재東齋·서재西齋·문루門樓 등 전통서원의 정규 제도를 완비했으며, 입지는 서방으로 증봉甑峰을 등지고 동방으로 팔공산八公山을 향하면서 남방의 일령一嶺과 북방의 학암鶴巖이 흘립위요屹立圍繞하고 있는 간반澗畔이니, 그야말로 천혜의 영지靈地요 인걸을 배양하기 위한 요람이었다. 어찌 그뿐이랴. 서원 앞 계곡에는 남천南川의 옥수玉水가 주야불사晝夜不舍 탄금灘琴을 연주하고 있으니, 그래서 그 문루를 읍청挹淸이라 명명했던 것이다. 조선 말기 국령에 의해 전국의 서원이 훼철되자 양산서원도 그 재앙에 의해 서당으로 명칭이 격하됨과 동시에 읍청루는 다만 한 장의 현판만 남긴 채 퇴락소실頹落消失, 그 원래의 모습을 잃어버리고 말았다. 그러나 天運은 순환하고 역사는 성쇠를 반부하는지라, 근래에 이르러 장욱蔣旭 군위군수, 홍대일洪大一 계명대 교수, 홍상근洪尙根 군위문화원장 및 홍진규洪晉圭 경북도의원을 위시한 지방관민의 합심협력에 의해 농림수산식품부로부터 농촌종합개발사업기금을 승인받은바, 그 사업 중 전통문화교육을 목적으로 양산서원을 복원함과 동시에 그 문루에 '읍청루'란 옛 현판을 걸게 되었다. 문루는 중간의 신도문神道門과 좌우 액문掖門을 겸비한 목조 겹삼간이다. 오호라, 읍청루는 그 단아하면서도 생동하는 기상이 양산의 운치와 서원의 함의를 현현顯現하고 있다. 누구나 잘 아는 바와 같이 서원은 선현을 제향하고 후진을 배양하는 두 가지 목적을 지니고 있다. 그러므로 장차 양산서원을 운영하는 임원은 명실상부 그 목적달성을 위해 진심갈력盡心竭力해야 할 것이다. 그리고 이 양산서원을 출입하는 분들은 읍청루를 우러러 보고 가슴속에 청백淸白·청결淸潔·청담淸淡의 뜻을 되새겨 명철보신明哲保身, 보국공헌報國貢獻의 귀감으로 삼아 주기 바란다.

2013년 3월 일

영남대학교 명예교수 문학박사 홍우흠 삼가 지음

양산서원 복원 삼선생 환안 고유문
[三先生還安告由文]

西紀二千十五年十月三十一日, 陽山書院運營委員長○○○, 謹
告于高麗門下舍人敬齋洪先生, 朝鮮朝兩館大提學文匡公虛白洪
先生, 吏曹正朗寓庵洪先生, 埋版嶝下,

義興士林, 曾設本院,

奉安尊靈, 仰德爲範.

師弟合心, 敎學不倦,

頌聲不絶, 養材實多.

時不利兮, 依勅毀撤,

哀慟罔極, 埋版已久.

嗚呼天理, 循環反復,

蒙國厚恩, 再構元樣.

完工廟宇, 設几備櫝.

伏請尊靈, 下瞰情況,

歸依元席, 照顧後生.

二千十五年 十月三十一日 文學博士 洪瑀欽 謹撰

서기 2015년 10월 31일 양산서원 운영위원장 ○○○는 삼가 고려 문하사인 경재 홍선생, 조선조 양관 대제학 허백 홍선생, 이조정랑 우암 홍선생의 매판등 아래 아뢰옵건대,

의흥사림이 일찍이 본 서원을 설립하여,

존령을 받들어서 덕을 우러르고 모범으로 삼아,

사제가 합심하여 가르치고 배움을 부지런히 함에,

글 읽는 소리 이어져 많은 인재를 배양했습니다.

그러나 시대가 불리하여 칙령에 의해 훼철된지라,

망극한 애통 속에 위패를 매장한 지 오래되었습니다.

오호라, 천리는 순환을 반복하여,

거액의 국비 보조로 원래의 모습을 다시 찾아,

묘우를 완공하고 궤독几櫝을 마련한 뒤,

삼가 존령께 청하옵건대 정황을 살피시어,

원래 궤석几席으로 돌아가셔서 후생들을 돌봐주소서.

2015년 10월 31일 문학박사 홍우흠 삼가 지음

양산서원 목재·수헌 양선생 추향 고유문

[木齋睡軒兩先生追享告由文]

西紀二千十五年十月三十一日, 陽山書院運營委員長○○○, 謹
告于高麗門下舍人敬齋洪先生, 朝鮮朝兩館大提學文匡公虛白洪
先生, 吏曹正朗寓庵洪先生,

時運隆盛, 復元祠宇,

三位先生, 回安故座,

義興士林, 由此契機,

發議追配, 嚴正考究,

木齋學行, 千秋爲範,

睡軒立功, 鄕黨頌業,

增設二楊, 合祀五位,

朝夕仰德, 爲是指南,

伏惟尊靈, 迎後敬先,

堅守斯文, 保佑國學.

二千十五年 十月三十一日 文學博士 洪瑀欽 謹撰

서기 2015년 10월 31일 양산서원 운영위원장 ○○○는 삼가 고려 문하사인 경재 홍선생, 조선조 양관 대제학 허백 홍선생, 이조정랑 우암 홍선생께 아뢰옵건대,

시운時運이 융성하여 사우祠宇를 복원함에,

세 분 선생을 다시 옛 좌석에 모시게 되었습니다.

의흥 사림은 이 계기로 말미암아,

추가 배향을 발의하고 엄정히 고구考究한 결과,

목재 선생의 학행學行은 천추에 모범이 될 만하며,

수헌 선생의 입공立功은 향당이 그 업적을 칭송하기에,

이탑二榻을 증설하고 다섯 분을 합사하여,

조석으로 성덕盛德을 우러르며 지남指南으로 삼겠습니다.

존령尊靈들께서는 이위二位를 맞이하고 삼위三位를 존경하시며,

굳게 사문斯文을 지켜주시고 국학國學을 보우해 주소서.

2015년 10월 31일 문학박사 홍우흠 삼가 지음

양산서원 복원 경과

이곳 양산서원陽山書院은 1786년(정조 10)에 처음 설립되었으며, 1868년 대원군 때 국명國命에 의해 훼철되었다. 이후 1897년 서원 옛터에 척서정陟西亭이 세워지고, 이어 1948년 양산서당陽山書堂이 세워져 여러 차례 보수하였다. 1990년 5월에 있었던 마지막 보수 작업은 문중 재력의 부족으로 후손들의 성금에 의존해 겨우 강당을 중수하는 데 그쳤다. 방대한 규모의 양산서원을 개별 문중의 재력만으로 옛 모습 그대로 완전히 복원한다는 것은 여간 어려운 일이 아니었다.

2004년 지방분권과 지역균형발전을 위한 특별법이 제정됨에 따라, 농림수산식품부에서 주관하는 '농촌마을 종합개발사업'과 안전행정부에서 주관하는 '살기 좋은 지역 만들기 사업'이 공포되었다. 이에 2006년 한밤마을 전역(대율 1·2리, 동산 1·2리, 남산 1·2리)에 이 사업을 유치하고자 본인이 중심되어 각계 인사들의 의견을 수렴하고 주민들의 뜻을 모아 사업계획서를 신청하기로

하였다. 이 사업신청을 위하여 한밤마을 추진위원회가 결성되었고, 초대 추진위원장에 홍연소洪淵昭 씨, 총무이사에 홍진규洪晋圭 씨, 홍보이사에 본인이 선임되어 각 마을별로 설명회 및 의견수렴을 위한 수십 차례의 회의를 가진 끝에 예비계획서를 작성하여 제출하였다.

2007년 군위군을 통하여 사업승인을 통보받은 뒤 기본계획서를 수립하게 되었다. 기본계획서 수립은 정부가 요구하는 절차에 따라 한국농어촌공사가 주관하여 대경연구원大慶研究院이 수행하였다. 한밤마을 추진위원회도 운영위원회로 개편하여 본인이 운영위원장을 맡고 총무이사는 노문욱魯文旭 씨가, 재무이사는 홍칠흠洪七欽 씨가 맡았고, 대경연구원의 연구진이 대거 투입되어 의견수렴과 조사분석을 거쳐 소득기반사업, 농촌생활 기반사업, 운동휴양시설 및 경관시설 사업 등 4개 영역으로 최종 사업 분야가 확정되었다.

그 중에서 특히 농촌생활 기반사업 조성은 한밤마을의 문화유산인 양산서원과 척서정, 대율리大栗里 대청大廳, 남천고택南川古宅, 10여 개의 재실齋室 등을 정비하여 전통문화 체험 및 예절교육장을 설립하는 차별화된 전략을 세웠다. 그리고 위 사업의 기본계획 과정에서 전통문화마을 조성의 일환으로 한밤마을 전통예절문화학교를 건립하기로 하고, 양산서원 내에 2층 콘크리트 건물을 건설할 것을 의결하여 부림홍씨 문중으로부터 20년간 토지사용 승낙을 받은 뒤 정부의 승인을 얻어 진행하게 되었다.

2010년 실시설계를 위하여 한밤마을을 중심 대상으로 한 <군위 관광자원개발 심포지엄>과 <양산서원의 역사적 위치와 교육공간 활용을 위한 학술심포지엄>을 두 차례에 걸쳐 진행하면서, 양산서원 권역은 문화재보호구역이기 때문에 문화재청文化財廳으로부터 형상변경形狀變更의 허가를 받아야 한다는 사실을 알게 되었다. 이에 학술심포지엄의 결과를 토대로 예지건축사사무소에서 설계를 완료해 문화재청에 제출하였으나, 형상변경심의에서 서원 전역을 시발굴試發掘해 옛 모습대로 원형 복구할 것을 지시받았다. 이를 위하여 문화재 전문위원 및 전문가의 의견을 수렴하여 양산서원을 옛 형태대로 복원하기로 결정하였다. 군위군과 한국농어촌공사가 시굴·발굴 전문회사인 (재)동서문화재연구원을 선정하여 시굴·발굴 작업을 실시한 결과, 묘우廟宇와 묘우 삼문三門, 입나재立懦齋, 구인재求仁齋, 읍청루挹淸樓 및 관리동管理棟의 건립을 결정하였다. 이에 따라 전사청典祀廳은 이건하게 되었다.

그리고 『경재선생실기敬齋先生實紀』와 『(목재선생가숙)휘찬여사(木齋先生家塾)彙纂麗史』(경상북도 유형문화재 제251호) 목판을 보관해 오던 석조 장판각藏板閣은, 목판의 영구 보전과 학술적 활용 및 한국국학진흥원이 추진하는 유네스코 세계기록문화유산 등재의 뜻에 동의하여 2011년 12월 20일 전량을 한국국학진흥원에 기탁함에 따라 헐게 되고 그 자리에 표석을 세웠다.

2011년부터 2014년까지 총 12억여 원의 공사비가 투입되어 양산서원 복원 사업과 척서정 개보수 및 주변정비 사업이 추진되었으며, 사업의 총괄시행은 한국농어촌공사 군위·의성지사가 맡고, 총괄감독은 군위군이 맡았다.

2015년 4월 일
한밤마을 운영위원장 홍대일

양산서원 연혁

1649년(己丑, 인조 26)
용재서원 창건, 경재 홍로 선생 배향

  사림의 공의公議에 따라 경재敬齋 홍로洪魯(1366~1392, 부림홍씨 9세) 선생의 유허지인 용재산 기슭(湧才之麓, 陽山 부근으로 추정)에 용재서원湧才書院을 세우고 경재 선생을 배향配享하다. 신묘년辛卯 年에 율리栗里로 옮겨 세웠으며, 이후 폐훼廢毁 시기 및 이유는 분명하지 않다.

  「용재서원봉안문湧才書院奉安文」(『栗里誌』)과 「상향축문常享祝文」(『栗 里誌』)이 남아 있다.

1711년(辛卯, 숙종 37)
율리사 창건, 경재 홍로 선생 배향

  용재서원의 옛 땅에 율리사栗里祠(栗里社)를 창건하고 경재 홍로 선생을 배향하다. 묘우廟宇는 율리사栗里祠, 당堂은 낙육재樂育齋, 원장院長은 산장山長이라 칭한 것을 보면 서원의 규모를 갖춘 것으로 짐작된다. 1742년(영조 17) 국령에 따라 훼철되었다. 「율리사봉안문栗里社奉安文」(洪錫箕 찬; 『敬齋先生實紀』)과 「상향축문」(洪大龜 찬; 『敬齋先生實紀』)이 남아 있다.

1783년(癸卯, 정조 7)
세덕사 창건, 경재 홍로 선생과 더불어 허백정 홍귀달, 우암 홍언충 3선생 합향

사림의 공의에 따라 양산에 세덕사世德祠를 창건하고 경재 홍로 선생과 더불어 허백정虛白亭 홍귀달洪貴達, 우암寓菴 홍언충洪彦忠 3선생을 합향合享하다.

「세덕사상량문世德祠上樑文」(宋履錫 찬; 『敬齋先生實紀』)과 「봉안문」(大山 李象靖 찬; 『敬齋先生實紀』) 및 「상향축문」(小山 李光靖 찬; 『敬齋先生實紀』)이 남아 있다.

1786년(丙午, 정조 10)
세덕사를 양산서원으로 승호

향의鄕議와 도의道議에 따라 사祠를 원院으로 승호陞號하고 양산서원陽山書院이라 현판懸板하다. 양산에서의 경재 선생 행적이 중국 고대 백이伯夷·숙제叔齊의 수양산首陽山에서의 행적과 닮은데다 지명마저 같아 선생의 도의와 충절을 높이기 위해 양산서원이라 이름 붙였다.

「양산서원승호시개제고유문陽山書院陞號時改題告由文」(鄭熺 찬; 『敬齋先生實紀』)과 「환안문還安文」(鄭熺 찬; 『敬齋先生實紀』)이 남아 있다.

1794년(甲寅, 정조 18)
양산서원 사액 청원

8월 양산서원의 사액賜額을 청하는 상소를 올렸으나 장계狀啓가 중간에 머무른 채 답이 내려오지 않다.

「청액상언請額上言」(幼學 李載馥, 金養浩, 李挺坤 등 찬, 『敬齋先生實紀』)이 남아 있다.

1795년(乙卯, 정조 19)
양산서원 사액과 관련 예조에 글을 올림

전년에 올린 「청액상언請額上言」이 본관本官을 통과하여 이해 10월 예조禮曹에 글을 올리다. 예조에서 사액과 미사액을 구분치 말고 양산서원도 사액서원의 정례定例에 따를 것을 답하다. 당시 예조판서禮曹判書는 이득신李得臣, 경상감사慶尙監司는 이태영李泰永이었다.

「정예조문呈禮曹文」(幼學 張東旭, 金養浩, 李升龍, 蔡師魯, 申泓 등 찬; 『敬齋先生實紀』)이 남아 있다.

1820년(庚辰, 순조 20)
양산서원 중건, 증축

서원의 모습을 완전히 갖추다. 당堂은 흥교興敎, 좌실은 입나立懦, 우실은 구인求仁, 루樓는 읍청挹淸이라 현판하였으며, 읍청루 옆으로 물을 파서 반무당半畝塘이라 하였다. 사묘祠廟와 동서재東西齋의 이름은 전하지 않는다.

「양산서원강당중건상량문陽山書院講堂重建上樑文」(李祥發 찬; 『敬齋先生 實紀』)과 「양산서원강당중건기陽山書院講堂重建記」(洪宅夏 찬; 『敬齋先生 實紀』)가 남아 있다.

1826년(丙戌, 순조 26)
『경재선생실기』와 『(목재선생가숙)휘찬여사』 목판 보관

1826년 경재 홍로 선생의 『경재선생실기敬齋先生實紀』를 초간初 刊하고 목판을 양산서원에 보관하다. 『경재선생실기』는 정언正言 홍종섭洪宗涉이 총책임을 맡아 각판 73판과 보판 5판, 총합 78판, 단권으로 간행하였다. 『경재선생실기』 서문序文은 일찍이 홍택 하洪宅夏가 승문원정자承文院正字로 있을 때(1788년) 이헌경李獻慶으 로부터 받았다.

이 시기를 전후하여 『(목재선생가숙)휘찬여사(木齋先生家塾)彙纂麗 史』(木齋 洪汝河 찬)의 목판도 양산서원에 보관하다. 본 목판을 양산서 원에 보관하게 된 연유와 시기는 정확하게 전하지 않는다.
「경재선생실기서敬齋先生實紀序」(李獻慶 찬, 1788; 『敬齋先生實紀』)와 「후 서後敍」(曺采臣 찬; 『敬齋先生實紀』), 「발跋」(丁範祖 찬, 1790; 『敬齋先生實紀』), 「지識」(洪宗涉 찬; 1826, 『敬齋先生實紀』)가 남아 있다.

1868년(戊辰, 고종 5)
양산서원 훼철

7월에 이어 9월에 거듭 본읍本邑 다섯 서원(陽山, 龜陰, 文陽, 道岡, 羅溪)에 대한 훼철령이 내려와 10월에 부득이 3선생의 위패를 강당에 옮겨 모시고 묘우를 훼철하였으며, 11월에 다시 위패를 뒷산 기슭에 묻고 강당과 동서재도 허물다. 양산서원 승호陞號 후 82년이 지난 때였다.

「양산서원훼철시이안고유문陽山書院毀撤時移安告由文」(洪龍佑 찬;『栗里誌』)과 「매위판시고유문埋位版時告由文」(『栗里誌』)이 남아 있다.

1872년(壬申, 고종 9)
양산서원 묘우 복설 시도 후 중단

종손 홍영수洪英修를 중심으로 양산서원 묘우 복설復設을 시도하다가 홍영수가 압송되어 곤양昆陽으로 1년간 유배를 가면서 중단되다.

「별묘상량문別廟上樑文」(肯菴 李敦禹 찬;『敬齋先生實紀』)과 「별묘부조고유문別廟不祧告由文」(洛坡 柳厚祚 찬;『敬齋先生實紀』)이 남아 있다. 당시 척암拓菴 김도화金道和가 찬한 「경절당상량문景節堂上樑文」은 남아 있지 않다.

1897년(丁酉, 광무 원년)
척서정 창건

양산서원 유허에 3선생을 기리기 위해 척서정陟西亭을 창건하다. '척서陟西'는 '서산西山에 오르다'라는 뜻으로, 경재 선생의 행적이 일찍이 백이·숙제가 서산(首陽山)에 올라 고사리를 뜯어 먹으며 숨어 살다 죽었다는 고사와 닮아 붙인 이름이다. '척서정陟西亭' 판액은 향산響山 이만도李晩燾가 썼다.

「척서정상량문陟西亭上樑文」(拓菴 金道和 찬; 『敬齋先生實紀』)과 「척서정 기陟西亭記」(趙秉瑜 찬; 『敬齋先生實紀』)가 남아 있다.

1920년(庚申)
척서정 내 묘우 중건

척서정 내에 묘우를 중건하였지만, 제향을 올리지는 못하다.

1948년(戊子)
척서정 이건, 양산서당陽山書堂 건립

척서정 내 묘우를 양산폭포 옆으로 이건移建하여 '척서정陟西亭' 판액을 달아 경재 선생의 '갱장지소羹墻之所'로 삼고, 구 척서정은 양산서당으로 개판改板하여 경재 선생의 '추모지소追慕之所'로 삼 다. 이후 척서정과 양산서당을 여러 차례 보수하다.

1969년(己酉)
양산서당 내 장판각 건립

『경재선생실기』와 『(목재선생가숙)휘찬여사』의 목판木板 보관 을 위해 석조石造 장판각藏板閣을 건립하다.

1990년(戊午)
『(목재선생가숙)휘찬여사』 목판문화재 지정

8월 7일 양산서당 내 『(목재선생가숙)휘찬여사』 목판이 경상북 도 유형문화재 제251호로 지정되다.

2011년(辛卯)
『경재선생실기』와 『(목재선생가숙)휘찬여사』 목판
한국국학진흥원에 기탁, 보관

　12월, 200년 가까이 양산서원(당)에서 보관해 오던 『경재선생실기』(총 41판)와 『(목재선생가숙)휘찬여사』(총 830판) 목판을 학술발전과 영구보전을 위해 한국국학진흥원에 기탁, 보관하다.

2015년(몰후 623년)
양산서원 복원 및 3선생 위패 환안還安, 그리고 목재木齋 홍여하洪汝河,
수헌睡軒 홍택하洪宅夏 선생 추가 배향
한국국학진흥원 기탁 목판 유네스코 세계기록유산 등재 결정
이완재李完栽 영남대 명예교수 초대 원장 취임

　정부의 지원금을 받아 3년 가량의 공사 끝에 양산서원을 복원하여 4월 준공식을 가지고, 10월 향내 유림과 인사들의 뜻에 따라 이전 3선생의 위패를 환안하고 목재 홍여하, 수헌 홍택하 양 선생을 추가 배향하다. 대원군 때 훼철된 후 147년이 지나 복원되었으며, 공사의 총책임은 홍대일이 맡았다.
묘우는 겹 3간으로 묘호가 숭덕사崇德祠이고, 당은 10간, 누는 겹 3간으로 이전의 이름을 그대로 가져와 흥교당興敎堂, 읍청루挹淸樓라 현판하였으며, 동서재는 각 3간으로 이전 정당 협실夾室의 이름을 가져와 입나재立懦齋와 구인재求仁齋라 현판하였다. 「양산서원복원기문陽山書院復元記文」은 국민대 명예교수인 전 한국국학

진흥원 초대원장 조동걸趙東杰 박사가, 「양산서원묘우복원상량문陽山書院廟宇復元上樑文」과 「읍청루복원기문挹淸樓復元記文」은 영남대 명예교수 채산採山 홍우흠洪瑀欽 박사가 지었으며, 양산서원 복원을 맞아 계명대 교수 이훤怡萱 홍원식洪元植 박사가 경재선생의 「개찬행장改撰行狀」과 「연보年譜」 및 수헌 홍택하 선생의 「연보」를 지었다. '陽山書院'과 '崇德祠', '日省門' 등의 판액 글씨는 홍우흠 박사가 썼으며 '挹淸樓' 판액은 전해 오던 구 현판의 글씨를 모사하여 걸었다.

10월 『경재선생실기』와 『(목재선생가숙)휘찬려사』 목판을 포함한 한국국학진흥원이 기탁 보관해 오던 목판 6만여 판이 유네스코 세계기록문화유산에 등재 결정되다.

10월 양산서원 운영위원회에서 이완재李完栽 영남대 명예교수를 초대 원장으로 추대하여 취임하다.

철학박사 계명대 교수 홍원식 정리

『경재 홍로 선생 실기』 마침

敬齋先生實紀

敬齋先生實紀序

青問學為禄幸之遇

時與善天下不專而莫遊

省於其身必問學之

推也猶愛善此四學之

特見雖若一莘之乃能

又學之挺則未也如龜末

舍人趣一而洪先生以淵

朗為之之探本源之強之

學述為之節名之當

正是輩重先生妙之

並科講經帷陸勉之

戟孫詠聖沃此冬志祁
當山形猶此也生功分方自
移縣星哲人而卷字遂
移疾歸觀于南事高云
固恆鄭先生之庠髦
覺云老正生不遠伸

苟卿以經術之賢之子不

學之性學不私標高焉

君也勇正之操韜晦之工

賓會書君子之嚴之獨先

生選集家訓等蜀左之兄

問學之原造之云承訓　說□

5

飛滿里唐之熟旨也些

懍漢勿雄物我固無眠些

傳之至聖讀也太極詩口君

中色實理二章辭學傳

有些云依若無自然查究

澤弟之鈔錄也惘田以游

許可諫之弱去學之根

性也惶辛筆无紕之精

深紀誼之独侑擔司克

之展之施之何豈以段

浮君甦之運付軍之極

不但立言可見筆亦作婢

觀不特歷瘥古法新又

不惟耀鄒於東萊先生

立志不於是宇盖不先生

雞翅湾三千二弓死所傳

言情不過齊棠新句埋

人以強予所挣之先生而

善述雖不肖初猶渊肴

多難以逮壁人許文榖

當時之名賢西而許之不

謙正之孝忠孝之成乎不

若不朽克生封以石已

10

享宙善蒼玄天羽玉今
尸祝勺迴昌之生生之風
麻樂與山邪勺老慶壺宅
生裔孫承文正字宅夏
鬼集成其朱謐并坐之
文不佞以杌報忻慕之乎

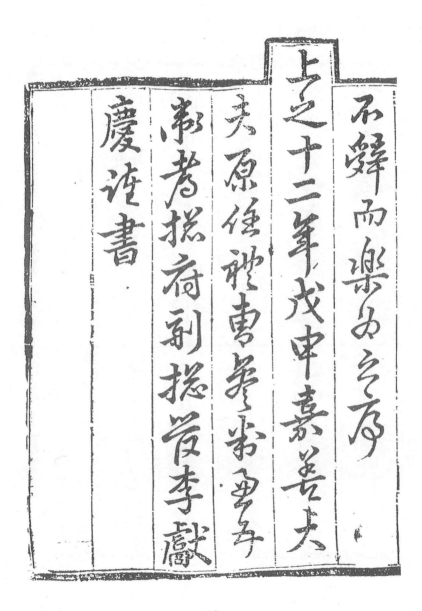

不韡而樂而之序

上之十二年戊申嘉善夫

夫原任禮曹書参米男子

弼考掋府刹掋茇李獻

慶谚書

敬齋先生詩集序

洪公得之余之同年友也學行雅望為儕類所
推而天不憖遺來得其壽余每抱先逝之恨公
之胤在明袖其先考行狀及遺藁若干篇泣而
示余曰竊聞先考於令公道義交勉臭味相合
知先考平日之所踐履者莫若我令公幸為
文以記之余遼嚌爾曰公之學也邃而正烏狀
其行者詳且盡矣則公之學行曾不假是而著
子之所囑如是其懇余雖恐見謏聞豈可虛孤
其誠意而不記其萬一也哉蓋洪氏之本貫岳

林者未知其幾百年美世濟其美蟬晃接武而
以德行文章鳴於一世者不能盡記至于公襄
九齋圭臬之芬著一心誠正之學持身謹重為
世所宗妙年登第顯親以孝經遜講道事君以
忠臣子之職可謂盡矣惜乎其中道夭夭不得
展施於明時而嘉言善行不傳於世也憶余以
蒹葭倚玉半世從遊同櫝當年甚喜冠公之得
人豈意今日泣編梛子之遺文悲愴嗄咽不忍
書亦不愍忘也
洪武三十一年戊寅八月日禮曹參議許稠謹

書

15

敬齋先生實紀目錄

卷之二

　遺詩

　　家訓

　　與崔伊論太極圖說二首

　　靜中吟

　　寫懷

　　歸田吟

　　贈許司諫裯

　　送李丞輕

17

詩集跋

卷之二

　附錄

　　行狀

　　追述遺事

　　墓碣銘幷序

　　舊碣遺字

　　舊碣跋

　　栗里社奉安文

　　常享祝文

18

世德祠上樑文

奉安文

常享祝文

卷之三

附錄

陽山書院墮號時改題告由文

還安文

竪碣時韻

呈禮曹文

請諡上言

請額上言

陽山書院講堂重建上樑文

講堂重建記

文科榜目

後敍

跋

識

卷之四

附錄

別廟上樑文

20

別廟不祧告由文

陝西亭上樑文

陝西亭記

次豎碣韻

書賣紀後

遺墨

上國隱先生書

國隱先生荅書

遺墨政

21

敬齋先生實紀目錄終

遺詩

家訓

皇天豐賦與物則備吾人子孝先惓邑臣忠貴

致身至誠承陟降庸敬閒飛淪交友思德切悖

宗務睦親獨居尢戰戰羣處必恂恂舜枕師爲

善湯盤法日新整襟輸肅鷹端窟坐閨和春志念

怕存道憂愁不以貪闈微揆理竈襲馥擇芳鄰

入室安吾分出門戒大賓當行日用事隨遇謹

持循克盡妻昏葬周旋禮義仁愛憎須勿辟物

我固無畛砥節當輕命廡廉芥重珍揚人無細

行修已絕纖塵默會參三鈔服膺敘五倫一心

游道學萬事聽洪勻嘘嗒麈塵慮冲恬養性真

於玆須勉勉所以語申申

與崔伊論太極圖說二首

太極君知否吾今辨析明方圓初未闢理氣已

先萌二五精凝合紛綸萬化生象山曾不曉貽

笑有無爭

極是陰陽劭初從造化生虛中包實理二氣幹

無停有豈云依著無何謂杳冥瀌溪超獨寤千

載旆羣盲

靜中吟

楊栁光風細方塘活水恬一般無限趣聊向此

中占

寫懷

平生忠義蘊諸心致澤君民抱負深萬事于今違宿計不如歸去卧雲林

歸田吟

秋入扶蘇木葉飛故園魚菜政甘肥三年作客庭闈曠千里思親官念微辭陛今朝心眷眷歸

25

田他日夢依依宸居漸遠南還路行邁邐邐懶

勸駢

贈許司諫稠

昨夜雙親入夢來今朝倍覺宦情灰多端苦緒

吾誰告壹鬱心懷爲暫開闕之人悲仗馬致

君無術愧涓埃離筵多少殷勤意扶廈昇平勉

憲臺

送李丞軺

半世潛郎久縶英一朝莊驛始揚名青袍馴馬

咸稱艷白髮烏紗衆噴榮莫道郵丞少澀味暮

年華職軼公卿男兒事業官無薄勤幹攻駒不

詩集跋

匊裔大龜

義與之南八公山下有岳林縣乃高麗舍人敬
齋洪先生之姓鄉也余以庚戌秋往宗族百餘
人始得奉覿先生詩集凡如干首其中有寓懷
歸田兩詩卽恭讓末年棄官時所作志操之堅
去就之明卽此而可徵已是時冶隱又有詩曰
身雖從衆無奇特志則夷齊餓首陽若先生者
眞可謂麗朝之忠臣而冶隱之徒也黙冶隱庚

午棄官已告其志於牧隱而牧隱之詩陽村之
序皆襃揚之焉先生棄官時乃稱疾而歸不欲
使人知其志固已與治隱異又未幾先生夭而
王氏亡矣故知已有如許文敬公而不曾稱道
之焉熙先生志操去就如此其明白而庋殿中
之狀亦足證據也余又觀先生家訓詩則學行
之純備也觀太極圖吟則見到之精微也觀靜
中吟則工夫之靜專也蓋先生所養湥故所見
精而先生之節又自學問中做出來文和公所
謂智炳幾先學於來後豈不信哉但天不假先

生以年而使先生之學益進而節益著是可惜

耳且先生於吾先祖虛白先生為四從族父行

也其文詞不少概見何哉吾王大父木齋公修

麗史撰義烈儒學等傳甚詳獨先生不見錄焉

今距先生之凶三百有餘年寂寥殘篇始出於

世其於無聞幽之君子焉何哉冶隱海平人也

晼退卜于金烏山下講明性理之學岜林麗時

為海平屬縣先生之同鄉人也

按木齋公修麗史而不為先生立傳蓋先生

之歸稱疾乞退不言其志故當世無知其意

者既不見知於人則其不入於王氏本史宜
也木齋公因本史而述之則其不得為先生
立傳亦空也自古節義之士殷有伯夷而周
召二公不曾褒異晉有陶潛而李唐諸人不
曾稱述向微夫子表而出之晦菴特而書之
孰知西山之有餓夫而晉國之有徵士哉憶
遭遇命也顯晦時也東菴公跋語微婉成章
發前人所未發悲壯感慨帶了千載不平之
氣讀之可隕淚後孫龜命謹書

敬齋先生實紀卷之一

附錄

行狀

公姓洪氏諱魯字得之進士諱敏求之子監務

諱連之孫以至正二十六年丙午正月十三日

寅時生幼莊雅粹笑年甫七歲通孝經一部遂

孜孜不舍昜及長勵志性學古今家禮及伊洛

淵源錄日潛翫焉於舉子之業未嘗經意進士

公曰夫幼而學之壯欲行之況親老在堂者乎

公於是遂事科臼之業年二十二擢生員試二

31

十五中別試第時洪武二十三年庚午六月口

也公以妙齡又章彬蔚德望巍碩一楒之人無

出其右同朝推仰天眷優紆遂以不次除左拾

遺由翰林學士坐門下舍人公平生所學誠敬

上做著以成就君德焉已任焉越二年壬申朝

政日非時事維棘公遂凌歸田之計稱疾乞退

來覲進士公于粟里之私第奉養盡誠無意就

仕扁其室曰敬嚌是年秋七月四日公始有疾

十七日巳時整衣冠就寢而逝時年二十七也

葬于崳東市峴良坐之原公內舅文和公作

以弔之有曰惟靈圭璋之質冰蘖之操智炳幾

先學矜來後云爾則觀此益信夫公之平生所

養之卓卓也公配與陽韋氏廼相公臣哲之女

有一男日在明幼而穎悟可以繼公之業仁者

有後豈非驗歟

行司憲府監察庚子休謹狀

洪武二十六年癸酉七月日同進士朝散大夫

　　追述遺事

先生諱魯字得之洪氏貫子巳自侍中諱鸞始

其初與南陽人同祖學士公至侍中縱橫之击

林縣因以為氏有諱祐諡忠爾於先生為六世
祖也是生諱敍左僕射是生諱仁祖左僕射寔
先生高祖曾祖諱文正隱德不仕祖諱漣監務
考諱敏求進士號竹軒奉母以孝聞今於牧隱
李先生歸養詩跋可攷先生以至正丙午生幼
姿重端雅儀貌如玉甫七歲通孝經及長篤意
研究文章日進牧隱李先生嘗歎曰得之之文
真穀粟也洪武丁卯擢生員庚午中別試文科
聤恭讓王二年也圍隱鄭先生薦八翰苑辛未
陞門下舍人先時舍人趙璞與左司議吳司忠

等上疏請治李穡曹敏修之罪廷臣惴惴無敢
出一言事將不測先生心傷也乘間密啓召還
多其力也壬申朝政日紊遂浚歸移疾乞假不
唉報而行諸公間先生歸相顧愕然圍翁歎曰
得之矣蓋以先生之宇戲之也及歸觀溫
凊備至日讀古人書以自娛未嘗語及時事或
得邸報輒戲欷不視曰無益徒亂人心曲爾所
居里舊號大食或稱大夜先生乃改以大栗擴
之邸報輒戲欷不視曰無益徒亂人心曲爾所
一小室扁曰敬齋手植五柳于門前平日最愛
陶詩每遇月夜正坐諷誦聲韻悲壯進士公傷

35

其意語之曰間居無聊盡訪冶翁為也先生對
曰此老有時望與之往還是自標也進士公曰
汝言之是也四月聞金震陽等疏起先生歎曰
此將死者譫語爾已而圍翁被籍先生法然曰
人之云亡邦國殄瘁時門前柳新栽未結根舊
葉盡凋祐新葉方抽就而撫之曰嗟乎那時得
見汝之成蔭乎自是意忽忽不樂七月初始有
疾恐傷親意未嘗作呻吟聲十七日晨起盥櫛
家人止之先生曰吾夜夢太祖王將以今日歸
乎遂冠服入謁于祠堂詣進士公寢室拜跪受

教又設席于庭北面四拜曰臣與國偕亡死亦
何言遂就枕家人泣請命先生終無一言命侍
者屛婦人有頃逌熙而逝卽其日巳時也享年
二十有七是年九月葬于市峴邑坐之原先生
娶與陽韋氏相公臣哲之女賢有行傷夫子早
歿事舅姑謹舅姑終葬之以禮後十年韋氏
亦歿墓所未詳或曰與先生同穴云有一子曰
在明早孤幾不能保數世後始蕃行今至數百
餘人矣始進士公得九齋之學又與益齋牧隱
諸老游名重當世先生內承庭訓外則請益於

諸老先生德器成就大異常人家貧親老屈意
就公車非其志也性簡重未嘗妄與人交及釋
褐年妙聲望翕赫文敬公許稠曾曰吾榜中多
得人醖藉無如洪某諸名士輻湊請欵一不往
謝由是知其面者蓋希人或疑怪欵其自守益
堅壬申之歸進士公問曰來時見圍爺否先生
愀然曰知其心矣見之何及且見之必不許歸
歸無日矣俄而時事大變先生又降年不求茲
非命歟竊伏惟念先生負當世德望進不苟合
退不苟名時則有若圍隱牧隱冶隱諸先生每

加推獎又契分甚厚未嘗往復訂質何哉移疾
徑歸其意甚微當時無知之者迄今數百載亦
無所謂後世之子雲者抑又何哉豈篤信好學
守死善道人不知而不慍者耶文和公祭之日
智炳幾先學矜來後違八字說出先生心跡而
皮殼中書之於狀其旨亦微矣哉舊有墓碼歲
久而泐已至沒字碼本且燬于壬亂無可徵信
天祐以謏識未及廣採國乘與野史而喬徃外
裔敬慕有素矣謹據舊碼遺字參其家乘質之
與誦綴爲一通以備當世秉筆君子之裁擇云

墓碣銘 幷序

蓋當麗氏運訖冶隱去圓隱死牧隱罔僕以終
身此其義各殊然自靖自獻蓋未嘗不同耳若
敬齋洪公其跡婉其志微不欲使人知而君子
之尚論者以公爲三隱之徒豈無所稽而然哉
恭讓壬申公以門下舍人移疾不俟報歸觀大
嶺之南己而聞圃翁死之泫然曰人之云亡邦
國殄瘁自是意忽忽不樂以其年七月初得疾
十七日晨起曰夜夢太祖王吾其以今日歸乎

遂入謁祠堂詣進士公寢側跪受教又北面拜

曰臣與國偕亡整衣冠就寢而逝年二十七公

諱魯字得之七歲通孝經及長志性理學進士

公命就公車二十二擢生員二十五中別試第

恭讓二年也以不次除左拾遺由翰林學士坐

門下舍人嘗密啟救李穡曹敏修不抵罪公之

移疾歸也圍翁歡曰得之得之矣蓋以其字戲

之也進士公問曰來時見圍爺否公愀然曰知

其心矣見之何及見之必不許歸歸無日矣得

邸報輒歔欷不視及聞金震陽等疏起歡曰此

將死者譫語爾性愛淵明詩每月明夜溪端坐
朗誦音聲悲越進士公傷其意語之曰閒居無
聊盍訪冶翁爲公對曰此老有時望與之往還
是自標也時冶翁棄官在金烏山下已三年也
公岳林人洪之貫岳林自侍中諱彎始有諱欽
諱仁祖連兩世爲左僕射僕射生諱文正寔公
曾祖祖諱漣監務考諱敏求進士事母孝與益
齋牧隱游知名當世公媲韋氏相公臣哲之女
一子曰在明公葬在岳東市峴艮坐之原今三
百七十有餘載子孫家焉蕃衍至數百餘人公

有詩若干首傳於人世言東國之知有程朱學
自圃隱始今以公之詩觀之理趣見識宛是洛
閩口氣於是乎益信公之問學淵源有得於圃
翁而出處之正節操之確未始不由於講明之
有素欲知公者盍於是攷之銘曰
淵明之終紫陽書特曰晉處士卒公之門手植
五柳其必尚友於柴桑高躅公墓之石書之曰
高麗舍人之藏足矣
崇政大夫行戶曹判書兼判義禁府事弘文館
提學藝文館提學知春秋館事蔡濟恭撰

43

以至正二十六年丙午正月十三日寅時生

儀貌如玉　德器成就大異常人家貧親老

屈意公車非其志也　牧隱　得之之文眞菽

粟也　圃隱鄭　薦入翰苑　舍人趙璞與

左司　吳司忠等上疏請治李穡曹敏修

臣惴惴無敢出一言事將不測公心傷之乘

間密啟召還　其力也　諸名士輻湊請歎一

不往謝　圃翁歎曰得之得之蓋以其字戲之

開金震陽　疏起歎　將死者譫語爾　蓋

訪冶翁爲與之　還是自標　吾夜夢太祖王

將以今日歸　逝　其日巳時也　享年二十

七進士公　知其面者稀人或疑怪然其自

守益堅　葬于　峴艮坐　原

舊碣跋　　　　廣陵李萬運

敬齋洪先生墓前有舊堅碣莓苔剝落字多刓

缺後人恐其久而不辨摹索石面錄其可讀者

其不可讀者殆半無以盡見其首尾亦不知作

者名姓爲可恨然此蓋當時信筆據其遺字尋

其句語先生志事猶可考信於斯文非如崎嶁

石鼓之不可辭也今於累百載之下尚論其本
末大節歷歷無疑以碣足徵也世之君子必取
而藏之石室編之集古而敬瓻之不已是皆俱
載于斯而傳示於無窮也

　栗里社奉安文

　　　　　　　後孫錫箕

鐘璋之質介石之貞嫡傳九齋詩禮鯉庭時丁
大龕志乖彌綸言尋逮初栗里之村斷斷其心
婉婉其跡不知何慍我思囧僕天之胡意而壽
之闕青天白日想像英烈士林齋慕緦禮未遑
公議弗泯百年乃彰湧才之麓廟貌維新肯

其丁謹以精禋

常享祝文

千古栗里一髮鵠岑廿八字詩五百年心　　菊裔大龜

世德祠上樑文

岳林古仁賢之鄉一門之世德惟舊栗里亦柴　宋履錫

桑之地三賢之廟奕今美哉奐輪永言芬蕊

恭惟敬齋洪先生圭璋之質冰蘗之操七齡通

孝經進修造詣之可驗三隱爲道契出處行藏

之同歸人入國入身任綱常之重世遠澤遠誰

識靖獻之心何其二十七歲成就如斯惜乎三

47

百餘年沈晦無聞迺若虛白亭洪先生百世烏

宗師一代主文柄幾年荷　光宣之遇方看潤

色乎王猷不幸值喬桐之昏惟知死報于先

主袖中諫獵視刀鋸如甘飴塞外招魂柰鐺鐉

之無眼小人有所畏而不敢善清時有所待

而遂雱易名亦粵寗菴洪先生名父佳兒四傑

稱首科闈蓮桂上天衢之驥步鵬矯序居元季

間竹梧之鸞停鵠峙文章是其餘事熊魚之取

舍已明忠孝本自傳家爐虎之咆怒何怵是守

死而善道惟自軔之悲人久矣吾道之東逮孛

聖明朝而大闡偉哉間氣之毓至於夫子家
而悉叢孰為後世之子雲乃能發潛而顯晦若
議今日之尸祝莫如舊德與本鄉睠茲屳溪寔
惟奧域水清山秀想像豚胎之前光祖繼孫承
允空俎豆之並薦倕匠之徒咸效才技於焉並
置其齋堂材木之多近取山林庶幾易就乎功
役翠飛鳥革奄觀有宮之枚枚牲潔罍清庶歆
其香之苾苾子孫不億其數士林永觀厥成茲
伸短辭助舉脩梁兒郎偉拋梁東公山秀氣曉
葱蘢此心提掇如初皦嚴肅虛明捧璧同兒郎

偉拋樑西圓峯持立未能梯蓐收有意呈金氣

紅燭朝天語孰稽兒郎偉拋樑南石上飛流下

作潭潭上有魚魚自躍須看至理此中涌兒郎

偉拋樑北蒼崖壁立臨無極丈夫氣槩看千仞

雨打風掀摧不得兒郎偉拋樑上夜看衆星光

迭盪天地有文亦在我何敎墨墨終迷障兒郎

偉拋樑下清流如帶瀯瀯盈科進處達于海

莫使停休夜或舍伏願上樑之後棟宇不改香

火無愆瞻廟庭之駿奔惟本支多士之何盛想

精靈之陟降于臨湖近嵒而有光國族聚於斷

興

懿歟宗誼之盖篤生徒業有所仿見文風之丕

奉安文　　　　　　李象靖

圭璋令資冰蘗雅操庭傳詩禮學究誠明弱歲
蜚英歷敭華顯文章德行冠冕一時國步艱危
炳焱邇邇園成栗里五柳在門偉節清風輝映
百代鄉鄰慕德公誦愈濙尸祝縵崇　邦制旋
掣惟陳董氏寔創別祠巍茲後昆積年經紀某
郊某水有伾閟宮剗日斸誠式蘆牲醴恭惟虛
白曁厥寓菴龑襲箕並麻龕萃一室合堂同朕情

禮卽空像設儼然精爽如在報事伊始祗薦駿

喬惠我後人永世無數

常享祝文

李光靖

顯親遂志忠孝一理清風五柳今古栗里

敬齋先生實紀卷之三

附錄

陽山書院堕號時改題告由文　鄭熺

鑿初廟饗饗由子孫寔傲陳董尚簡儀文公議
未泯爰圖共尊清風百代衿佩駿奔祭何止社
禮宜堕遵兹將改題先師是云諏日擇士告厥

蕊芬

還安文

資挺良王神凝秋水聞詩聞禮有學有守妙年
蜚英館閣之右長途方聘國步斯頻炳幾先作

卷懷林園一敬名齋五柳種門今古栗里伯仲

清芬聞風百代采薇中原徒潑敬慕未遑精禋

有翼斯廟本支攸建始雖報本因可揭虔與議

克協豆籩是薦三賢一堂精爽如在於千萬年

芬苾伊始有來駿奔春秋匪懈庶幾惠我陟降

庭止

堅碣時原韻

後孫龜命

苔荒汐字百年淡碑上誰憐白日臨伐石應從

顏氏顧徵文始闡伯夷心階前一道歸東水碣

下千尋拱北林拜讀黃絹還飲泣人間矗簷有

知音

次　　　　丁範祖

青蔥雲木八公巒想像先生杖屨臨軒冕非關
高枕夢日星常揭本朝心百年邱壑扶人紀南
國鎭鼇愴士林天半金烏分體勢衆峯琴操有

遺音　　　　金夢華

又

忠義堂堂問學溪山河大夜日星臨獨憐王氏
統三業高揖冶翁不二心五柳門前今靖節八
公山下古雲林遺篇盟手薔薇露一讀猶餘不

盡音

數畝靈宮窈且深瞻之在上儼如臨澗松不改

前朝色山日長懸故國心公議百年仍建院儒

風他日莫慚林一通實紀皆徵信莫借拙吟續

大音

又　李鼎揆

遺碣當年鐫不湮只教麗日卷中臨先生欲守

烏山節一死非無圖老心懿蹟潛淪由史闕鄉

祠論議自儒林極圖家訓今猶在千古瑤琴未

盡音

又　　　　　柳澧

舍人當日入山溪頭上高麗日月臨非乏廣陵

擎藥地自同冶老閉門心清祠惜撤今天馬片

石巍劉古岳林認得孤忠歸臥處那堪每夜聽

鶻音

松岑雲暮朴淵溪二絕遺篇一讀臨異代聞風

猶可立先生自獻此其心片碑三尺銘墳道特

節千秋揭史林看取玉笙踰嶺地誰聽五百年

前音

又　　　　　李集斗

江漢東流歲月淃南祠遺像暮朝臨山河異代
孤臣淚星日當年故國心終古馨香雙老巖至
今光色八公林金烏舊竹曾同調栗里枯桐不
盡音

又　　金宗德

金烏山下開門漢樹木莽蒼相對臨何事先生
靳命駕當時顯達劃窺心溯流行色遙分酒回

知音

又　　鄭璞

棹風懷耿透林此意有人能解得千秋方許遇

齋顏驗得敬工溪夙夜淵冰履夏臨出世未能
行所學歸田非但逾初心公山逸士今元亮麗
代貞臣舊翰林何處野花春已晚竹橋流水有

哀音

又　　　　　申宅和

風聲異代樹之溪景仰新碑古墓臨閬閬麗朝
清選地節操烏岳晦藏心千年秘德銘金字百
世遺庄誌岀林此日光先由孝裔山禽亦獻賀

成音

又　　　　　李萬達

人間何處首陽濱山上分明殷日臨短碣半千

年改石廢祠曠百世傷心斜陽草綠南歸路夜

月鵑啼古卧林間說真珠學士惠蕭蕭不絕白

楊音

又　　　　　　　　　苗裔必龜

金烏東望八公滾曾有清祠日月臨芳躅今無

山仰地碉松猶帶歲寒心荒碑改立多孫子盛

酬音

又　　　　　　　　　　趙相拤

學爭傳瞽士林刊事吾家當此際一時相慶唱

不有孤臣戀國溪先王何事夢中臨范傳太極
瀺溪學柳帶殘春栗里心一片精忠爭日月百
年靈字僑園林碑陰題故舍人字烏竹清風叟

送音

又　　　　　權思浩

東淮垂渴主恩溪一曲岳溪赤日臨史氏闕文
由隱跡圍翁稱許正知心前朝志節光今世鄉
里誠裡式士林敬讀遺書盟手罷端球廟瑟又
希音氏高麗時有淮水渴而王之誰故首句云

又弁序　　　權以復

61

嗚呼當麗氏之末爲世間扶植綱常者死焉
而圍隱也生焉而冶隱也若夫不失存凸之
幾從容晉退之間生固爲　聖朝之臣僕死
作故國之純臣者即敬齋洪先生也世皆知
竹橋之碧血斑斑砥柱之卓節巍巍而至於
公山之下栗里之中有此苦心卓行而直與
之埓高風而配貞躅而或未之及知也是可
恨也抑未知今之太史氏書之曰高麗舍人
洪某卒云耶否乎今其遺書不過家訓太極
韻數篇而已比如崑山一片愈少而愈爲世

間寶也余於泮邸遇先生之裔宅龍氏出示

余錄中韻因要余一言蓋不知其拙也然其

感慕之心不以不習而已也謹忘拙以呈即

先生發夢後三百九十九年也

先生歸臥故山溪舊國君王夢裏臨知退克遵

夫子誠園臣端合父師心家謨鄭重仁人語巷

㭠扶疎處士林國破身亾同一歲竹橋蕭瑟和

清音

又　　李寅炯

公山岑岑鳳溪濺一節吾東兩曜臨要把天經

供隱趣肯將人爵攬初心禮虔古廟趨縫掖光

闡新碑瞽嶽林硈礦刑神畱宇宙巋絃曲裏少

知音

又

　　　　　金始全

山自巋巋水復滾先生高躅昔登臨松杉翠老

前朝色日月照懸故國心一代倫常扶道脈百

年根柢立詞林孤桐栗里無絃曲冶隱清標獨

和音

又

　　　　　申體仁

霜露荒原歲月滾摩挲遺跡客登臨柴桑處士

曾同趣圍隱先生獨解心零落殘篇塵泥篋蒼

范往事鳥啼林墓前三尺瞻新碣百世高風想

德音

衣冠難作九原濱惟記堂堂大節臨一體邦家

終盡分同時已滅却從心忠魂想帶寒空月清

夜歸啼故國林五百倫常扶一脈休憐冥漠閟

容音

又

申完

三復瓊篇曠感漵君王當日夢中臨始知張翰

秋風與終是淵明歲暮心萬死丹忠依國社一

生素發於儒林如何太史波濤筆不識瑤琴有

又

今甲龍

自靖孤忠堅且澈孰將周粟敢來臨山河壯結
爭秋色日月明懸照本心五柳猶存今栗里八
公長鎖古雲林沈吟四字終時語君子由來有

末音

又

金若鍊

投笏當年此意溶丹衷炳炳上天臨金烏山近
聯雙節善竹橋危矢一心誰闡闡幽光登丈筆謁

66

將高蹋贄儒林松老隧前爭下馬謖謖清風萬

又　　　　　金熙稷

跪讀遺碑釀淚潢滿山星月照空臨穆田運歇

悲諸隱松嶺天寒見一心元亮宅邊無落絮伯

夷塚下有脩林至今嗚咽寒溪水萬古長流不

變音

又　　　　　權聖躋

移疾當年去意淒出城惟見日星臨從游冶老

猶嫌跡黙契圖翁獨喻心潛德一時違史籍清

67

風千古動儒林遺詞數板堪傳後五百麗朝有

又

李楨國

萬古綱常烏岀滾堂堂大義日星臨如何自靖
同歸地不見當時共討心史籍至今無佳感門
前爭說敬齋林乾坤不墜文和句片石寒山是

又

金象九

栗里春長五柳渙精靈千古月空臨好山萬里
看花淚南嶺一時祭菊心明理學傳論極園崇

賢祠古式儒林闡幽豈乏韓公誌家訓寫懷是

正音

又

金光鍊

大栗爭如栗里溪㴑明今古日星臨淵源濂洛

相傳法出處義文不俟心遺澤千年流滾滾間

風百世起林林遙知箇竹橋頭水鳴入岀溪咽

一音

又

趙相彥

、

八公歸卧水雲溪大夜王家日月臨舊國風光

惟有榊新朝爵祿本無心扶綱大義撐天地獎

69

節靈宮起道林一體三仁同自靖圉翁冶老報

知音

又

成彥根

前朝契遇夢猶潨太廟先靈枕上臨門外柳垂

元亮宅山中薇老伯夷心一方遺慕新精舍百

世清風舊翰林浩劫驚塵能不朽瓊箱玉珮尚

餘音

又

李東沆

罷官南下入山溪心事分明日月臨五柳田園

陶令宅一家松竹冶翁心吟詩對月悲桑海居

敬名齋起士林數足荒碑光墓道樊巖文字是

知音

又　　　　金宗發

山夏高高水夏溪何年杖屨此登臨處身有地
方懷跡知我其天肯說心義意當時應直筆風
聲百代尚空林金烏一髮遙連翠長送寒霄玉

珮音

又　　　　申光五

仁聲仁聞入人溪精爽依如古地臨一似桐江
垂釣趣同符西峀採薇心揄揚盛烈銘牲石芬

茲遺祠簇士林景仰高山無語立空餘門栁送

清音

又　　　　　姜式雋

一腔丹血得天溪大義堂堂白日臨生惟不讓

金烏節死亦同歸善竹心萬古綱常撐宇宙千

年俎豆映岳林須信忠貞根道學潺湲洛脈有

遺音

又　　　　　成彥述

瞻拜祠前景慕溪千秋氣像儼如臨巖巖壁立

風生面混混泉流月照心平海日紅公嶺樹烏

山雲白岙溪林洞中松栢飀飀響擬和薇歌太

山有巖隙有薇兮西山春日兮映殘暉矣憶

西方之美人兮夢維何兮將安歸矣薄言採

之不盈傾筐兮于以實被山之陽矣善竹橋

下水源通洛兮流入岙溪兮清且長矣採薇

採薇歌啾啾兮松琴栢瑟兮風入寒飀飀矣

蜀魄何意來相近兮上枝下枝竟日終宵兮

啼血聲聲愁矣

又　　　　　　　　柳泰春

水回山轉廟宮渀想得精靈儼若臨隔世田園

眞樂界懸天星月是公心同時節義爭烏峀千

古聲名在岜林　聖上卽今修廢典佇看旌美

下綸音

又

金宗憲

當年茅屋玉人渶夢裏松巒舊日臨太極圖中

審至理歸田篇上寓貞心聞風百代方成廟慕

德羣髦蔚似林須識三仁同自靖冶翁圖老送

知音

又

姜世文

岳山漠漠岳溪濊獨有前朝日月臨圖老襟期

絃上淚顯陵松栢夢中心餘風不沫於多士片

碣依暎映故林一酌蘭槳侑何曲淵明詩句有

清音

又

金台翼

田園歸卧地濊濊壁立公山萬丈臨大厦欲傾

空隻手蒼天可質只丹心千秋斗仰苦碑字一

餘音

又

鑿芬雷桂樹林流落人間詩律在盤然廟瑟有

金敍九

濺淚城春草木淒煌煌麗日短碑臨蘭芝尚濕

西天露蔡籬長傾北斗心芳澤百年添活水清

風千古灑岳林烏雲橋血爭光色去國遲遲不

盡音

又

八公之洞窈而濮曾有高麗學士臨翠滴晴嵐

權馨復

雙淚眼紅昇曦日百年心釣臺風古清生螯島

峀氣佳爽透林一敬由來爲入道名齋遺韻永

垂音

又

李祥發

先生衣履此間溪宰樹蒼凉浩劫臨山自高麗
雷片土碑開南斗得眞心緒言獨揭昏衢燭祠
屋長鄰大栗林繼起名門多節義千秋薦設仰

知音

又　　　　　　　　　金驥燦

風聲百載入人溪一片碑頭白日臨畫邑誰知
王蠋義首陽高挹伯夷心誠通寤寐夢先主學
濟濂閩倡士林最愛溪山遺躅地門前疎柳有

餘音

又　　　　　　　　　朴鼎元

孤臣苦戀晦而淩遽遷危衷赫有臨地叶柴桑

元亮宅山抽薇蕨作夷心當時大老知微意異

代高風絕岳林一片貞珉泉路煥莫言千載少

知音

又

黃翼熙

先生令德入人淡朕食南祠儼若臨栗里清風

今古士陽山高躅後前心由來門戶揭扁號繼

往根基植岳林撫劍長吁浩歎意斯文無復續

希音

又

蔡時澤

刻字團團石面溪圍翁冶老若相臨磨成十代
賢孫計鎬得千年烈祖心一片精神麗世界萬
校廳德岳溪林拜瞻墓左還多感山有薇風作

晚音

又

李奎鎮

鳳聲凜凜樹之溪史策煒煌星斗臨松嶽千秋
猶正氣竹橋當日許同心貞忠不但扶綱紀文
學由來倡士林過刼遺篇今不泯琅㟧山水有

清音

又

金宅鎰

衣冠俯仰百年溪圃冶同襟宛觀臨慷慨永辭

周粟日歸來初服晉臣心山南公議修籩豆海

左詩篇賁蟄林地隔恨無趨院拜清風回首惠

新音

又

李期榮

敬齋先生永慕溪羲千秋日月臨歸來東晉

陶潛事去就高麗冶隱心自古人臣無異節八

公草木獨青林龜頭三尺重磨立幸有肖孫誌

祖音

又

申在緯

圖老涓源活水淡忠臣有語考終臨篠貞何待

殷薇採全節偏憐晉菊心異代芬芳傳隧石專

門膝享聲儒林八公山下東流洛嗚咽千秋不

盡音

又

申道一

仁聲終古入人滾蕭蕭英靈廟宇臨炳炳貞忠

不二節堂堂高義囷臣心清風百世鄉鄭則遺

罵八公杖屨林莫恨後生親炙末餘篇悅若聽

微音

又

都字暻

百世風聲慕濺陽山猶有舊登臨滄桑獨灑

君凸淚松栢能傳歲暮心簡策於今懸日月邊

豆之禮走儒林箇中只要無絃聽剩得千年粟

里音
又

家訓詩中翫味濺先生悅若儼然臨千春雷首
申宅中

採薇義一代烏山種竹心本欲君民致仁澤空

看歸去卧雲林道源始發貞珉字又聽育齋絃

誦音
又
柳仁彥

敬以名齋學力溪先生生死彼蒼臨一時金塿

樓鳥躍萬世同歸叩馬心報祖諸孫重建廟尊

賢多士夏如林五株柳植相傳語續得無絃去

後音

又　　　　　金慶基

先生已遠景昂淡今看碑文若日臨種菊東籬

元亮節採薇西岀伯夷心志全五百年高麗跡

遯一隅地岳林德必不孤鄰冶老兩賢相望有

知音

又　　　　　申鼎五

83

公山片石水雲溪銘闡丹衷白日臨不愧當時

元老血齊名千古注書心衣冠想像辭松岳詩

禮傳家守岳林猶有精神餘墓栢風搖老樹聽

希音

又　　　　　　　　　　　　　　　李光增

八公高秀磵溪溪杖履何年此地臨栗里名同

扶晉義陽山號近恥周心苔文重煥樊翁肇緖

禮今行嶺士林始識瑤琴猶不絕精通圍冶許

知音

又　　　　　　　　　　　　　　　趙尚濂

84

先生之學本源浚主敬存誠儼若臨兩隱行藏

雖異道三仁惻怛共傳心夢朝是夜歸松嶽色

擧何時臥岳林信筆貞珉無愧字至今山水和

清音

又　　朴天祐

公議千年始發揮幽堂重煥鹿牲碑山含麗代

衣冠色石帶松京泰穫悲栗里豈專元亮羹黃

絹無愧伯喈辭嶠南多士如雲集好德方知出

秉彝

呈禮曹文　乙卯十月日。儒生幼學仝同　張東旭　義城金養浩　永川李升

伏以我東國名敎蔚然可觀稱爲小中華者以
其有先賢忠義之遺風也肆惟我　列聖朝扶
植之方褒尚之典至矣盡矣而當今　聖明臨
御典禮彌隆獎掖崇報之　恩靡不用其極凡
在爲我國臣民者孰不思所以仰體　洪恩興
起斯文哉生等之本道義興縣有陽山書院卽
高麗舍人敬齋洪先生妥靈之所也夫先生之
苦心卓節道學淵源可質於諸先輩所撰文字
中而當時同節者鄭圃隱李牧隱吉冶隱是已

龍大邱蔡師魯
義興申泓等

噫西山採薇之清風栗里詠菊之貞節卓立千
古邈焉寡儔地之有其名而又有其人者實非
偶然先生之居在於栗里先生之廟在於陽山
則俯仰千古誠可謂若合符契矣至今累百年
之久而士林景仰之誠窣徙架切者豈非卽地
想人同出於秉彝而自有不能已者乎中國道
議之齊發以文匡公虛白亭洪先生及寓庵洪
先生配焉蓋建院之必於義縣追配之必於陽
山者以義縣爲先生桑梓之所而虛白寓庵爲
先生一門之賢也虛白寓庵兩先生文章懿範

昭載於海東名臣錄及國朝仕籍則何必氊床
而縷縷乎竊伏念三賢一廟百世可師而邈矣
千里迩未蒙宣額之　恩典者實由於士林之
未及陳請故也封疏吽　閤固不必後於他院
而第因本院之凋殘尚未一舉公議之抑鬱容
有已耶以此之故享禮及守護之具蕩然莫振
若此不不已則未蒙額之前殆不能保矣噫環東
土數千里祠院非一而毋論額未　朝家典
禮已有定式而惟此本院則享奠與院生凡例
徒存虛名反為文具章甫之慨然為如何哉兹

敢齋籲本院之享需凡節及院生額數依　國

典施行事另加申飭俾有實效則風教幸甚士

林幸甚皆題曰無論蘆篷豆致賜教謹之地故自賜額書院朝家院

未賜額之地故自賜額書院

意則近來各院之不均誠一痼弊不但事體之德

定給募軍護已備巽需亦出於優異之德

之未究當初定式之意果安在哉卽速置無論

同幼學張東旭等呈辭內考事卽速如例仁

○禮曹關文○禮曹爲相考事○時判書李得臣如例

賜額未定給之意該邑良中申明知委施行卽速

如例定給之意該邑良中申明知委施行卽速到

付日時卽先回移禮曹關辭相考陽山書院兼使

爲相考事先回移云○時監司李泰永○本官甘結

上之募屬依法典卽遞募入正案修報以爲營上

募屬依法典卽因禮曹關遞募入正案修報以爲營土

之地關文來到茲以發甘諗院院生墓屬卽
速募入後修正案上官以烏轉報營門之地
云云〇時主
倅李洛秀

請諡上言丁巳八月日　後孫洛瑞

伏以襃忠尚節賊代之徽典發潛闡幽子孫之
情私也樹名節於前朝曠百代而播揚者豈非
懿範今世激勵後人哉以言乎麗末則或有殺
身成仁以殉社稷或有守義囷僕以保名節而
恭惟我　列聖朝襃尚之典靡不用其極專由
於扶植風教爲萬世立綱常者也竊伏念臣所
居鄉有陽山書院卽臣　先祖高麗舍人洪魯

本朝先正臣文匡公洪貴達燕山朝直節名臣

洪彦忠安靈之所也臣先祖洪魯之貞心苦節

道學淵源可質於諸先賢所撰文字中而當時

同節者文忠公鄭夢周文靖公李穡忠節公吉

再是耳洪魯之登第筮仕在恭讓末年鄭夢周

薦入翰苑以不次除左拾遺由翰林學士塦門

下舍人平生所學誠敬上做著以成就君德爲

已任焉洎乎人心已去天命有歸見國事日非

遂凌意歸田移疾不俟報而行時與鄭夢周李

穡義兼師友而不見其歸恐其不遣歸也又不

欲見志於人也同朝諸公聞其歸相顧愕然鄭

夢周歎曰得之得之矣蓋以其字戲之也手植

五柳於門前每月夜誦淵明詩及聞鄭夢周死

泫然流涕曰人之云亡邦國珍瘁自是廢食成

疾北向四拜曰臣與國偕亡因就寢而逝卽壬

申七月十七日也有若干詩行于世觀其靜中

太極吟則淵源之接於鄭夢周矣觀其寫懷歸

田吟則去就之符於吉再矣先正臣文敬公許

稠弁遺集曰惜乎中途天天不得展施於明時

而嘉言善行不傳於世也蓋當時之知已者處

92

於當時雖不敢明言節義之如此而隱然有百

世以俟子雲之意矣臣豈敢以無稽之言仰陳

之哉噫南歸之志北向之拜炳炳然一片丹心

千古白日則西山採薇之風栗里種菊之節庶

可並美於前後矣遠近章甫慕義立祠至今尸

祝而俎豆之公議之不泯此亦可見而惜乎其

志微其跡婉當時芸閣諸人未及稱述而闡揚

焉迄今累百載之下尚未蒙爵諡之　恩典噫

遭遇命也顯晦時也自古節義之士殷有伯夷

而周召二公不曾褒異晉有陶潛而李唐諸人

不曾稱述向微夫子表而出之晦菴特而書之
孰知西山之有餓夫而晉國之有徵士哉稱疾
乞退跡雖晦於一時扶綱殉國節不泯於千古
則與鄭夢周之殉社稷吉再之保名節別無輕
重難易於其間而易名之典宣額之　恩獨有
彼此之殊者雖緣不肖屢孫僻在遐陬未及陳
請而終使卓然忠義泯沒無稱則安得無向隅
之歎乎或以爲事係前朝久遠難舉云而竊伏
念臣先祖與鄭夢周李穡吉再同是一體之節
義而鄭夢周李穡吉再之諡額在於　聖朝亦

有先後之不同則愈久愈彰一體並舉凡有光

於曠世之　恩典或以為位至正卿乃可貤諡

云而竊伏念吉甫以注書而　贈諡則臣先祖

舍人之職未必不及於注書矣以　本朝臣論

之端廟朝生六臣亦因其本孫之上言李孟

專趙旅南孝溫或以正言而特施或以章布而

蒙　諡苟有節義之可尚可襄則不拘於位卑

也明矣又況臣先祖洪魯與吉甫去就之相符

節義之相埒而北向四拜與國偕亡凡有難於

其間矣吉甫則爵諡而襄之　恩額而崇之而

臣先祖尚未蒙襃異之典者非獨爲子孫之寃

鬱在 朝家一體尚節之道恐爲欠典惟我

聖明臨御以來揚微闡幽無遠不屆凡在三百

州忠義之蹟燦然彌彰實爲億萬年羣固之根

本而惟此臣先祖洪魯以鄭夢周吉再之一般

忠義獨漏於大同之澤者誠寃矣不勝抑鬱之

私敢冒猥越之誅裏足千里仰籲於 凝旒之

下伏乞臣先祖洪魯扶綱殉國之節特降 恩

諡之典使百世貞忠昭著 聖代事得蒙 天

恩謹

啓

啓下令該曹稟處時本曹以體重回　啓事遂寢

請額上言 甲寅八月日。道儒幼學
李載龥金饗浩李挺坤等

伏以襃尚節賊代之徽典欽風慕義章甫之
秉彛也前朝之名節而異代之播揚者豈非儀
範今世激勵後人哉古之表此干閭封王蠋墓
者蓋爲此也以言乎麗末則或有殺身成仁以
殉社稷或有守義因僕以保名節而恭惟我
列聖朝襃尚之典靡不用其極專由於扶植風
敎爲萬世立綱常者也竊伏念本道義興縣有
陽山祠卽故忠臣高麗舍人洪魯妥靈之所也

97

洪魯之苦心貞節道學淵源可質於諸先賢所

撰文字中而當時同節者有文忠公鄭夢周文

靖公李穡忠節公吉再是耳蓋洪魯之登第筮

仕在於恭讓末年而見國事日非遂凌意歸田

移疾不候報而行時與鄭夢周李穡義兼師友

而不見其歸恐其不遣歸也又不欲見志於人

也手植五栁於門前每月夜誦淵明詩及聞鄭

夢周死法然流涕曰人之云亡邦國殄瘁自是

廢食成疾遂北向四拜而死卽壬申七月十七

日也有若干詩行于世而觀其靜中太極吟則

淵源之接於鄭夢周矣觀其寶懷歸田吟則去
就之符於吉再矣先正臣文敬公許稠序其詩
集曰襲九齋圭臬之芬著一心誠正之學持身
謹重爲世所宗勝國皮殿中子休狀其行曰平
生所學誠敬上做著又曰見時事維棘遂凌歸
田之計稱疾乞退又曰公內舅文和公作文以
弔之曰圭璋之質冰蘗之操智炳幾先學矜來
後噫西山採薇之風栗里詠菊之節庶可並美
於前後而南歸之志兆向之拜可見其一片丹
心矣惜乎其志微其跡婉當時芸閣諸人不曾

稱述至今累百載之下尚未蒙爵諡頒額之
恩第切向隅之歎而　本朝先正臣文匡公洪
貴達燕山朝直節名臣洪彥忠腏享於一廟蓋
以三賢之並出於一門而義與為桑梓之鄉也
洪貴達洪彥忠之文章懿範爽言直節俱載於
海東名臣錄及　國朝史籍而洪貴達被　世
祖成廟兩朝之殊恩久典文衡掌銓選而言
無不盡諫無不入逮至廢朝終始抗言不避斧
鑕卒以直諫而死所陳諫疏凡累千言而觀其
疏有曰顧欲少報於　聖明之朝又曰惟有一

寸丹心知無不言蓋受　雨朝厚遇之恩以遺
嗣王義不得不以死爭之也太常之謚以文匡
非以是耶其平日見道之明立志之確可質神
明而洪彥忠之守義立節視死如歸眞所謂俯
仰無愧矣噫前朝之節臣有如洪魯　聖朝之
直臣有如洪貴達洪彥忠一門三貴百世丹心
而歸然遺祠迄未蒙額青衿之慨悒已無可論
而在　朝家衰崇之道實爲欠典惟我　聖明
臨御以來揚微闡幽無遠不屆凡在三百州忠
義之蹟燦然彌彰而實爲億萬年肇固之根本

則惟此貫日之忠如矢之義獨漏於大同之澤

者誠冤矣又況洪魯之節義與吉再一而二者

而贈諡宣額尚有彼此之殊者恐有皡於一

體尚節之　恩兹敢裹足千里聯籲於凝旒

之下伏乞以忠而襄洪魯以義而嘉洪貴達洪

彥忠本縣所享之祠　特賜恩額使此忠義三

賢並著一世事謹　啓　雷中下下

陽山書院講堂重建上樑文　李祥發

三賢並胚公議可驗同人一堂增修規撫盖取

大壯眼前突兀兀心上經營恭惟敬齋洪先生志

102

慕登山跡遜野圍翁歎牧老賞遇知音於同
時敬字扁極圖吟得鈔旨於絕學瞻鶴髮而諱
病寸寸草心夢龍顏而通神炳炳葵性政所謂
忠孝兼備庶可期氏葉重光果見虛白爺棄靈
亦有寓庵翁踵美橋樺上下擢層秀於漢庭金
石鏗鏘播希音於周雅瞻關中而安止雲視文
衡托言外而寓庸人推國器貽謀則金心鐵百
典刑則麟角鳳毛姁也戴盆而飲寃縱祓尺霧
障日終焉昭雪而尊德允協同宮薦禋肆於岳
林靈區爰設庚桑尸祝八公鍾淑哲人之生長

103

有村兩賢聯芳名門之貫籍是地殆類蔡氏麻
沙建廟豈止社儀蓋倣魯公澝溪遺規仍堲院
號第緣講堂之狹隘久欠多士之觀瞻惟新是
圖豈待遠近齊倡撤舊政制實由本支殫誠左
焉夾右為寮間架盈大山如贄水如動物色咸
欣苟欲尊道而象贄莫如合堂而觀善杜陵翁
思庇廣厦殆歸虛夸篤州社增飾正齋㝊見實
效自此肄業有所宛爾聱欵崇奉之親承從今寓慕
無窮丽睋囷丈間侍坐勿替崇奉之典永為依
歸之方請駐郢斤試聽巴唱兒郎偉抛樑東霧

104

罷前林日吐紅雷揭當時心事曖誰言畫季世

無工兒郎偉拋樑西春巖秋英極望迷一種清

風吹不盡無人夏續晦翁題兒郎偉拋樑南萬

丈公山碧落參名節爭高誰最大吾人從古貴

為男兒郎偉拋樑北有石森然表獨立水涸霜

清猶不磷使人對此心先肅兒郎偉拋樑上月

印晴空涵萬象光影雖分本體全此心要在舉

吾養兒郎偉拋樑下谷谷紅漚滿眼瀉始信花

源非別區桑麻是處見平野伏願上樑之後儒

風不變院貌益新揭鹿洞舊規矣但誦讀兩

止堂闢湖學遺制允宭講劘是先歷浩刧而長

存棟宇免風雨之會厪縛儀而起敬生徒崇節

義之堅

詩曰陽祠一體祭三賢松栢蕭森歲暮天病

託歸田人莫識焚經烈火王彌堅山空化碧

周臣血菊老書黃晉士年此去烏岑知幾許

精靈兩地水行黙

陽山書院講堂重建記

八公之山迤邐西南走行十餘里又折而北走

眾峯環立如拱揖者首山也首山又北走數里

許崗巒鬱鬱翁翁者陽山也合二山而言之則
首陽山也山有松栢長焉薇蕨生焉南有飛瀑
直下數十尺滙爲一潭深不可測因繞谷而北
流北有蒼壁屹立數百尺有丈夫氣像中有書
院卽敬齋洪先生妥靈之所而以虛白亭洪先
生寓庵洪先生並享焉院號之稱以陽山盖因
其地名而想像先生之道義風烈也惟我先祖
敬齋先生當麗氏運訖見幾先作退卜于此逍
遙於兩山之間而尚友乎西山高躅故後人景
慕而俎豆之迺取其節義之相媲地名之偶合

而因建院于此名之曰陽山書院院之作在於

蕭廟庚寅而祠以墮院亦尚矣院宇舊在湧

才之麓而三遷而建于此故講舍凡百頹圮殘

不稱制度尋常慨歎者久矣歲乙丑春以　國

臨未克享吾從君宅坤合一二同志謀曰今番

所需物質雖甚寡若逐歲補長庶可為日後藏

修之資遂親自扛夯其用意立心豈徒為先而

止哉將以啓後學於無窮矣嗚呼功未就而早

逝其孤秉周遹追先意繼而幹其事至于今日

而物力亦不為不多迺者僉議峻發以為重建

講堂之計乃於戊寅春伐木于先寵敦族人漢

瑞甫尸其事自二月初吉攻位越三年庚辰三

月日功告訖堂凡十架左右寮夾相對東曰立

懦西曰求仁三楹爲正堂堂曰興教合堂與室

而揭舊扁又掄舊堂之材仍搆於正堂之南命

曰挹清樓樓之倚鑿而實之引水瀄其中名之

曰半畝塘於是乎昔之委靡者今焉綴密昔之

陿隘者今焉奐輪多士有所依歸後學有所講

習登是堂而入此室者想敬翁之清標則愚所

以矜式之慕涵虛之節操則愚所以砥礪之昰

寓庵之問學則恩所以師表之周旋進退不自

知其立懦而廉頑則祠院之作其有關於風教

也審矣然氣數升降廢興無常今日之落其成

宣由於士林與子孫之彈誠而不朽之責顧不

在於用力之何如耶院之左右溪邃奇絶處可

亭而可臺者亦多有之而力縣未及之後之君

子有踵而成之者又幸之幸矣盡勉旃子哉既

以諗于衆退而為之記庚辰三月日後孫通政

大夫敦寧府都正宅夏謹書

洪武二十三年恭讓王二年庚午文科榜目

知貢舉門下評理成石璘

同知貢舉趙浚

乙科三人

生員李悌

生員申商

生員李合

丙科七人

生員鄭守弘

生員許稠

111

生員朴剛生

生員金可琤

生員朴寬

新進士李遜

生員金宗羲

同進士二十三人

宗簿注簿皮子休

進士鄭忖

生員劉直

生員尹壽台

生員鄭孝復

新進士金邁

新進士李輕

生員張弛

生員盧仁度

生員吳一德

生員洪魯

生員李子澂

生員崔潤

生員李簡

113

生員康慮

慈惠府注簿金汾

生員崔沅

生員崔伊

新進士金有生

新進士林栖筠

生員任聘

生員金彥璋

生員金孝恭

畢

後敍　　　　　　曹采臣

君子立於危亂之朝抱伯夷之貞操而審於進
退存亡之道一朝超然見幾而作則此非道成
德立不能焉爾故夫子於大易嘗論幾之一字
而引介于石不終日貞吉之爻辭繼以贊之曰
萬夫之望蓋聖人之所貴乎見幾也如是哉余
觀敬齋洪先生以麗末舍人先知時事天命之
將變革也遂不終日作介石之行其卓然徽躅
前賢之撰述已備今何用更贅焉而其間有三
箇隱節尤得見幾中最難處百世之下令人不

覺節節起敬而起歎也公與圍隱鄭先生志義
素孚倚依濊至其凌歸也不見卽行此恐其歸
意之不能自斷也至於冶隱則旣同鄉土其跡
又同及歸之濊旣如是隱德之潔又如是使表襄
也勇退之濊旣如是隱德之潔又如是使表襄
首末一出於正及麗亡之日月先生之疾革又
在其時則當日整衣冠比向之拜實無異於竹
橋景色又何其卓卓也此皆老成君子之所難
而時公之年纔二十有七則透得義理至處又
何其如是之夙也就觀實紀中畧爾編集則其

資地之間得氣者固有此天成而問學之功亦
有所不得揜焉者矣故見幾之哲歸侍之孝避
名之高寢第歸化之安皆出於守道貞吉斂跡
韜光不使人知之之中也其與國偕凶伯仲於
圍老击林幽馥爭光於金烏今距先生之歿巳
四百有餘年而愈久彌彰潛光遠乎尸祝於青
衿日月於東國使王氏五百年社稷墜而不墜
者存惟先生夫子所云萬夫之望者其殆庶幾
乎先生之喬孫漢宅一日齎先生實紀屬余以
一言以備揆德之列余雖拙於言者豈敢自黙

117

於山仰之下哉謹再拜盥手續貂而歸之

敬齋先生實紀卷之三

跋

人臣處鼎革之際所以報本朝者在盡其心而
已故有糜粉身軀以殉難者有斂退邱壑以全
節者蓋視所處之地為權衡而各盡其心則同
也麗運託圖隱鄭先生社稷俱存以性命易網
常血肉塗地靡悔凸宅位居三事宗國將覆其
義有進死而無退生此所以流涕山僧之詩而
卒不去者也若冶隱吉先生則位廁也無安危
責也無回斡力也與其徒殺身無益寧先幾遠
引保完名節為王氏遺老其志義峻潔謂之金

119

烏山爭高可也二先生之跡雖殊而其出之至
誠惻怛之意則一也同時而有敬齋洪先生蓋
亦吉先生之倫乎考其立朝在恭讓王二年明
知國之末運而猶有當世志論忠劃切匡君德
爲任陰救李牧隱曹敏修之禍若將有爲也泊
乎人心已去天命有歸大廈傾覆非一木之可
支則以死社稷之責付之大老掛冠之行與門
下注書相先後若鵠舉而虯潛跡之高也智之
明也雖然悲憤成疾臨死北向之拜辭曰與國
偕亡是則蓍竹橋授命之義而顧其事微婉世

莫得以測知也蓋扶天常立人極質百世而無

怍者與二先生奚間哉使吾夫子尚論必曰麗

有三仁焉先生遺文殘毀猶足以求先生之微

意所附諸公序若銘又可以徵先生之大節不

佞何用贅

聖上十四年庚戌仲秋通政大夫吏曹參議錦城

丁範祖誤

敬齋先生稟河嶽之靈挺珪璋之姿本諸六經
而學問之純正也原於性理而見解之高明也
妙齡釋褐侍講經帷慨然有扶世敦壽國脈之
意三畫晉接無非匡格之論一心憂愛藹然忠
悃之篤及其國步頻矣天地閉也則遂筮介石
之貞而作掛冠之行盡孝乎庭闈寓忠於魏闕
家訓以修齊極圖以挨賾謝跡名塗無復當世
之志時則有若鄭文忠李文靖之知已推轂而
不見志於移疾先見幾於將行慨恐人之或知
也則栗里一區遂為肥遯之所垂楊採菊愛吟

陶詩相望烏山心馳神交而亦不命駕過從以
爲自標噎若先生眞所謂不易乎世不成乎名
逝世无閔不見是而不悔者歟倘使天假以年
益之以晚暮造極之功則其所就奚但止於是
而已而惜乎二十七而早逝使斯文寥而世莫
得而測知也最其寢疾疾不可爲也猶整衣冠
北拜告歿之辭同符乎竹橋金烏之節至今令
人凜然有生氣而諸賢稱述單陳無蘊今何容
贅疣焉昔穆叔論三不朽曰太上立德其次立
功立言蓋言是三者之久而不廢也然功有時

而應言有時而湮惟德則愈久愈彰而又況㯾
天地亘古今之節義自學問中做出來有以日
星乎昏衢砥柱乎頹波照人耳目赫赫若前日
事者尤豈非立德之大者乎程夫子有言曰感
慨殺身易從容就義難先生見幾之早凌臨化
之從容不啻最難而跡自韜於當時則名不編
於麗史固也嗚呼俙矣後之人慕其風烈尚其
德義尸祝于陽山之坊蓋取其地名節義之脗
合於西山清風也世久澤遠遺文蕩侠今其見
存不過寂寥數首詩其章奏簡牘莫由尋逐其

影響雖若可恨然崑山美玉片零猶寶全貌彪

蔚一斑可窺此之藻績粉飾誇多競巧畢竟如

草木榮華之飄風鳥獸好音之過耳矣翅霄壤

之懸哉恐遂泯埸淨寫一通附以後賢述作蘆

烏三編而以事力之未逮久藏巾衍矣先生後

孫宅文及夏龜氏克成先志竭力經紀幸今購

工鋟梓以壽其傳斯亦足以不朽先生矣讀之

者必將因其跡而得其心也工旣成僉宗氏要

以一言附尾顧惟文詞蕪拙安敢比事屬辭自

託於撰德之列而第念宗涉於先生旁裔也且

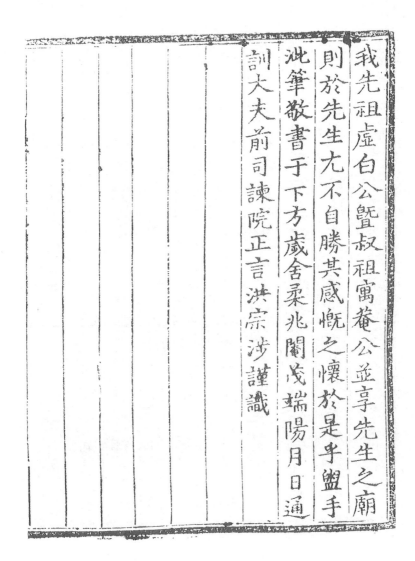

我先祖虛白公暨叔祖寓菴公並享先生之廟
則於先生尢不自勝其感慨之懷於是乎盥手
沁筆敬書于下方歲舍柔兆閹茂端陽月日通
訓大夫前司諫院正言洪宗涉謹識

126

127

附錄

別廟上樑文

屬晉運之將傾史獨書五柳淸節許賢祖之別
祠禮式遵一敏明宮義在崇賢誠浚追遠恭惟
高麗舍人敬齋洪先生岳林華閥勝國孤忠七
歲孝經已能器成坯璞一部家訓可見學貴天
人有非著無非宴浚得極翁旨誖壯而行幼而
學知是尊庭裕謨資琢磨於羣賢契采重於鄭
圃翁李牧隱折蓮桂於妙歲榜最多於成獨谷

許敬巷齊聲廟廊人是一代國老晉登館閣位

至中書舍人邢意驥步方展之初遽有魚菜八

夢之愚忠孝一致允矣夙昔講磨舍藏隨時自

是一生功用乾旋坤幹五龍方飛於震雷海闊

天晴宴鴻忽舉於雲水半千年宗社既屋竹橋

之時事可悲卄七歲光陰方舒王京之歸夢何

促燬先明炳是所謂識微大人國凶身隨魐不

日殉社高節原禮貴反夫本也雲仍篤刲牲之

誠固鄉社汲而祭於衿紳切慕饉之忱所以於

岳溪桑梓之地厥有此陽山芬苾之祠後豆前

觴其各勤於二百周甲春嘗秋禘庶無怠於三
九元丁不意朝禁方嚴毀令僩天孔忌亦粵士
林有罪幽宪無地敢控食見奚坐見牆感懷之
不以遠代而有間廟已毀主已窩俎豆之雖欲
夏舉而無由於焉博采門論又以遠效通禮茲
就宗祊正廟之右別立來世不祧之祠其自今
粗伸私情自考妣之定位無於古可以義起短
公士之通行山高水長吾道屬泰來之運辰良
日吉名區星賁飾之休禅角不華何煩小畜材
而大畜力升斗從簡實賴同人助而家人謀茲

130

豈為從文華而資觀聽蓋亦出厚風俗而敦宗
族初一人身也苟信睦之講修今百年漠然必
精靈之慰悅用欽僉鼻孫之誠意敢陳六偉郎
之禱詞兒郎偉拋樑東海山朝旭上青空扶持
大義明千古夫子留中一道紅兒郎偉拋樑西
鵠嶺秀光天外齊終古榛苓餘恨任美人何處
不歸兮兒郎偉拋樑南公山碧落與天參先生
卓節爭高了始信人間不朽三兒郎偉拋樑北
蒼厓萬丈臨無極努力崎拵自有觀吾人莫憚
理爾展兒郎偉拋樑上蒲天星日精華盍若教

曾次如斯明歲得中間□月朗兒郎偉抛樑下

清流一帶抱前野但願年年歲比登曾孫多稼

頌周雅伏願上樑之後先烈彌光遺澤益遠百

世報本足文獻之有徵千載華休傳子孫而無

替以妥以侑有始有終

通訓大夫前行弘文館應教知製　教兼經

筵侍講官春秋館編修官文臣兼宣　傳官韓

山李敦禹撰

　別廟不祧告由文

恭惟先生挺于麗季良玉精金天資特異承聞

詩禮蜚斅館閣貞彌介石操勵冰蘗維時吾道
甬來于東誰其倡者曰維圃翁同明繼照如鍾
斯撞丕哉正學紹我箕邦宗國其凶密啟炳幾
五柳于門新綠正肥惟茲綱彝敬義眞誃同時
文忠異代靖節百世聞風孰不尊慕揭虔明禋
其來有素近因 邦制遂撤瞻依士林怒傷來
雲悲歡今之栗里昔先生宅舊廬歸然過者所
式先生不祀其奚祀道祧墓縱久復主可玫於
焉義起輿論一辭祠宇創別象設如儀世祭伊
始配位同妥諏吉齋士潔鱐腆果精爽如往陟

降歆齊子孫萬年與之无替

大匡輔國崇祿大夫原任議政府左議政兼領

經筵三軍府事監春秋館事豐山柳厚祚撰

陜西亭上樑文

感慨發於彝衷執不聞靖節之風者與廢關於

氣數幸復覩靈光之歸然爰就芝芳舊墟乃闢

突兀新構恭惟敬齋洪先生金精玉潤璧苦冰

清耽讀孝經書見七歲之坯樸誄歎太極旨濟

千古之淵源道契則圍牧兩賢文望則洪武一

楠方擒華於鳳藻蚤見幾於鴻蘆五百年宗社

遂墟顧一身之何惜二十七仙籌遽促寧九泉
之是安惟其志事之婉微是以名跡之沈晦幸
賴皮殿中之信筆日星昭臨亦粵蔡文蕭之顯
銘天壤不弊肆於陽山一局并臘岳林三賢虛
白老寓菴翁一體之精爽完在金烏山竹媯水
千古之物色相連不意邦制之極嚴奄見神栖
之遂撤髮髯儀像與白雲而俱空幽鬱轉恍籟
蒼天而無路益因邁軒之所夏謀琴書之傳材
取樸斲之勤日叶經營之吉軒於涼室於燠悉
遵吾黨之規模山益高水益潑宛見昔日之光

景瞻桑梓於大栗於乎不忘詠薇蕨於首陽抑
有所感豈徒遊息之是事庶幾瞻仰之無窮姤
駐邺片試聽巴唱拋梁東大海澀冰浴日紅試
問何人題壁去當年心事不謀同拋梁西滿月
臺空草樹姜夢裏龍顏今不復空罳杜宇隔囹
啼拋梁南公山秀色碧如藍千年舊物依然枉
鐘得人間幾箇男拋梁北巖巖石立撐宸極丈
夫志節欲如斯驟兩顛風撓不得拋梁上天體
洞然羅萬象大抵入心元一般莫敎些子烏之
障拋梁下花樹春風龍大野也識先生貽厥謨

諸君何莫養梧檟伏願上梁之後地靈眷騰家

教彬興講明鹿洞之規于有光於前烈修舉藍

田之約亦足徵於後承藏焉修焉以嗣以績

通仕郎前行義禁府都事後學聞部金道和謹

撰

陟西亭記

君子所守者義也義有不可則死以之而立人

極扶世道若伯夷之死首陽是也伯夷之後夏

無伯夷而以余觀之高麗門下舍人敬齋洪先

生殆庶幾乎先生不幸生於亂世不得展其才

而早率人以是悲之然其進也正其退也正其
病也正其死也正始終不失其正非君子能如
是乎蓋先生稟山河之正氣得洛閩之正學闇
然自修不苟合于世爲圍隱先生所薦始立于
朝是進之以正也既而時事日非無如之何而
社稷之責圍翁荏焉則遂移疾不竢報而行是
退之以正也間圍翁之死慟邦國之殄瘁自是
日因臥于床是病之以正也壬申七月既望夜
夢麗太祖歟明風與沐浴更衣見于廟誒于親
北向席地而拜曰臣與國偕凶遂正枕逌然而

138

逝是日卽麗囚之翼日也國囚身亦囚是死之
以正也傳曰慷慨殺身易從容就義難若先生
可謂從容就義者也圍翁死於竹橋之下先生
死於栗里之中死雖不同義則同也九可異者
栗里之於松京八百餘里也郎報不來何以知
國已囚於前日乎且先生病雖篤矣起居如常
亦何以知身必死於今日乎至誠有前知之道
先生之所以前知者出於至誠也七月旣望以
後天命有所歸矣若使先生少須臾不死則所
居之土非王氏之土也所食之粟非王氏之粟

也雖一日非其土而居之非其粟而食之非先
生之志也則安得不早從圍翁遊於地下乎夫
明哲保身君子事也危難殉國臣子職也然志
不得以兩全也惟先生則不然以明哲保身之
在保身則難以殉國誠切殉國則難以保身勢
其兼危難殉國之忠身不毀傷國與偕匹其心
烈其節奇雖謂之與日月爭光可也昔先生之
南歸也圍翁歎曰得之得之若使圍翁枉於世
見先生之死焉則又豈不曰得之得之也歟首
陽二山之間舊有遺祠後人慕其義亭於其墟

而號曰陟西蓋西山採薇之義也余嘗陟其亭
低回不能去遂記其平昔所感於心者以揭于
壁嘻此可與知者道不可與不知者道也後學
趙秉瑜謹記

次賢碣韻　　　　　　　　王性淳

松嶽嵯峨禮水渡　高麗時朝天之使皆從此匯
府中國使之來高麗者至此迎接故名禮成舊
江上有世祖昌陵陵下尚傳求安城舊址云
時簪佩此登臨求仁自是成仁術去國誰知報
國心已上採薇應有曲門前種柳未成林歸田
故云　逢君說得遺詩好復聽人間正始音
未幾卒

書實紀後

先祖文忠公圍隱先生祖理學而革愚俗大東
名賢多出門下而如敬齋洪先生早年及門趨
向端的所學得正二十二中進士二十五中別
試以先祖薦官翰林學士門下舍入見時事日
變棄官歸大嶺沒跡於陽山之側而恭讓壬申
七月十六日夜夢太祖大王十七日晨冠服謁
家廟省進士公寢側退而設席北向四拜曰臣
與國偕亡卽就枕而逝嗚呼其忠君愛國之意
與先祖竹橋之事同一心法矣元教撰一馬南

下拜先生尸祝之址與先生雲仍講討世好矣
路遠未遂可勝惜哉日先生後孫義佑哲佑氏
訪余於龍陵之精舍示敬齋先生實紀盟手敬
讀松京之時事宛然遂感淚而書以寓百世尊
慕之忱云爾

通訓大夫行　綏陵參奉後學烏川鄭元敎謹
書

遺墨

上圓隱先生書

見書備審比闊
氣宇佳秋浮用嘉五牧
翁昨去貂江姑去塞云
今日以　　　南郎
八滅　　　不宣
　月三日　鄭夢周

炳勳世家京城多蓄先賢遺墨其一卽圂隱先
生書也其一卽敬齋先生書也其他大賢名儒
之手澤指不勝掘矣日洪淵恩洪輎佑訪余於
齋洞精舍縮開是帖因出涕而語曰先祖手跡
幸見於此且蚤從圂隱先生遊而其掛冠之語
辭門之實如是詳切當奉還爲傳家之寶余鄭
重而不敢諾矣翌年春先生後孫友欽氏又以
邪事申之其事勤矣其志慽矣遂出帖而爲之
說曰昔歐陽子得昌黎文於覆瓿中布之天下

146

傳之萬世萬一藏之而不出則只爲一家之寶

而已歸之於子孫則當錄榟而傳于世使後之

人知先生之事如是其偉也豈敢惜哉旣歸因

書其實以爲卷中故事

歲丁巳春三月淸明節從二品嘉善大夫行漣

川縣監宗後學洪炳勳謹書

又

嗚呼高麗門下舍人敬齋洪先生仕于恭讓朝

以時事日非炳幾自靖于大嶺之南此其報鄭

文忠公手書也言簡意切字不踰三十而所學

之正所守之確概可想耳內辰冬先生裔孫淵

惠輙佑過余崧陽講其世好出以見示噫高麗

之匹已經五百有餘載矣而藐玆遺仍輾到今

日得觀此帖三復之餘肅然而敬慨然而歎不

覺世代之爲遠人事之變遷也爲錄一通藏于

篋笥敬書其後以歸之

迪訓大夫前弘文館侍講後學開城王性淳謹

書

又

右遺墨敬齋洪先生與我先祖文忠公圃隱先

生書也五百餘年之後得此古紙於人家簏笥
中心盦如昨辭旨凜然先生之心與跡復著於
世於乎偉矣航頭之傳爲千古眞經則今日此
書之出豈偶然而已哉況蚤親有道之蹟昭然
如日星非但於先生益榮於吾祖有光可謂神
人共乎者也掛冠賦歸四字又在書中其告師
門處義之實於此可見矣先生之後孫友欽氏
間關千里責余以識其事然徵卽文忠先生之
裔也雖執鞭之役何敢辭今此劘爛一紙尋手
古淵源之正又爲後嗣難忘之資故敬書一言

以歸之

又

洪武八壬申丁巳後學烏川鄭煦徽謹書

忠誠貫日窮天地亘萬世而不顧者皆自學問
淵源中出來也先祖敬齋先生師事圓隱先生
官至翰林學士門下舍人恭讓壬申掛冠南下
應跡于栗里陽山之側旣而聞圃翁之藥泫然
流涕日邦國珍瘁七月十六日夜夢太祖大王
十七日晨謁家廟省親側退而席地北向四拜
曰臣與國偕匕遂就枕而逝嗚呼懍矣貞忠卓

節豈不與竹橋之事同條而共貫乎樹此大節
而不聞於當世不垂於竹帛者非萬世不顧者
乎既聞道於大賢門下無一言一字於賦歸之
日者為子孫百世之恨也何辛輶山之王不得
掩其精彩埋道之鐘自有應於勵聲蓋有本者
自然露其實也先生掛冠時上圓隱先生書今
丙辰十二月日始出於漢城洪侍郎炳勳家簡
帖首一帖卽圓隱先生書也第二帖先祖書也
過漢朝五百二十餘年而今始發見者抑又何
哉遺書蠹食存者無幾然足以知先生學問之

151

有來也可以知先生去就之分明也載之集中
以寓子孫感慕後珠義欽盥手謹書

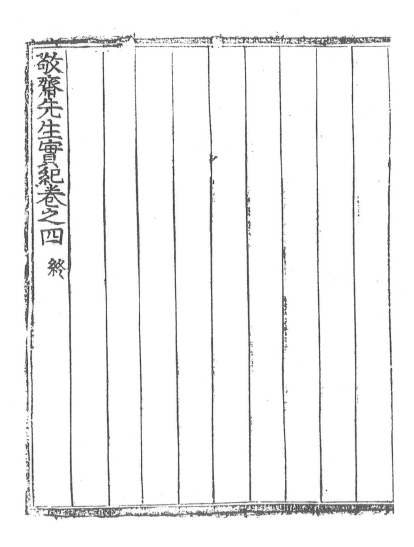

敬齋先生實紀卷之四

終